蒙台梭利

早教经典原著

享誉全球的早教经典名著

Dr. Montessori's Own Handbook
蒙台梭利儿童教育手册

蒙台梭利
儿童教育手册
Dr. Montessori's Own Handbook

〔意〕玛丽亚·蒙台梭利⊙著
蒙台梭利丛书编委会⊙编译

中国妇女出版社

图书在版编目（CIP）数据

蒙台梭利儿童教育手册／（意）蒙台梭利（Montessori，M.）著；蒙台梭利丛书编委会编译. —北京：中国妇女出版社，2012.1（2025.9重印）

（蒙台梭利丛书）

ISBN 978-7-5127-0354-4

Ⅰ.①蒙… Ⅱ.①蒙…②蒙… Ⅲ.①儿童教育-手册 Ⅳ.①G61-62

中国版本图书馆 CIP 数据核字（2011）第 232673 号

蒙台梭利儿童教育手册

作　　者：〔意〕玛丽亚·蒙台梭利　著

编　　译：蒙台梭利丛书编委会

责任编辑：姜　喆

封面设计：吴晓莉

责任印制：王卫东

出版发行：中国妇女出版社

地　　址：北京市东城区史家胡同甲 24 号　　邮政编码：100010

电　　话：（010）65133160（发行部）　　65133161（邮购）

网　　址：www. womenbooks. cn

法律顾问：北京市道可特律师事务所

经　　销：各地新华书店

印　　刷：北京通州皇家印刷厂

开　　本：170×230　　1/16

印　　张：13. 75

字　　数：180 千字

版　　次：2012 年 4 月第 1 版

印　　次：2025 年 9 月第25次

书　　号：ISBN 978-7-5127-0354-4

定　　价：22. 00 元

前言

玛丽亚·蒙台梭利博士是意大利第一位女医学博士，是20世纪享誉全世界的杰出幼儿教育家。1870年8月，玛丽亚·蒙台梭利在意大利安科纳地区的基亚拉瓦莱小镇出生。父亲亚历山德鲁·蒙台梭利是贵族后裔，并且性格平和。母亲瑞尼尔·斯托帕尼知识渊博，善良，开明。玛丽亚·蒙台梭利是独生女，深得父母的宠爱，自小受到非常良好的家庭教育，并且养成自律、自爱、乐于助人的独立个性。

蒙台梭利在实验、观察和研究的基础上，创立了给世界教育带来翻天覆地变革的蒙氏幼儿早期教育法，风靡整个西方世界，对欧美国家的教育和社会发展有着深刻的影响。她认为，一直以来，儿童的成长都在受成人的压制，成人在各个方面干涉儿童的自由行动，成人对儿童的教育都是强制性的。她提出，成人必须信任儿童内在的力量，因为儿童有一种与生俱来的“内在生命力”，而教育只是为了促进儿童“内在潜能”的发挥。蒙台梭利教授通过观察和“儿童之家”的实验，提出了儿童发展敏感期、心理胚胎期、儿童在“工作”中成长等一系列对今天的早期教育仍然影响广泛的规律。

到目前为止，蒙台梭利的著作被翻译成30多种文字，蒙台梭利学校遍及110多个国家和地区。在中国，以蒙氏教育为基础创立的早期教育班和幼儿园，受到越来越多父母和儿童的喜爱与信赖。

为了传播蒙台梭利的经典早教理念，我们策划出版了本套蒙台梭利早教经典原著系列，在忠于原著的基础上，对内容、结构进行了梳理，以更加方便广大读者阅读和理解，希望广大父母通过对蒙台梭利早期教育理论的学习，真正走进孩子的心灵，发现孩子，为孩子的成长创造自由的环境，让孩子实现自我教育，自我成长。

《蒙台梭利早期教育法》，是蒙台梭利的第一本儿童教育专著，也是对她亲手创立的“儿童之家”的经验总结。本书揭示了蒙台梭利的教育原理和教育方法，主张从日常生活训练入手，配合良好的学习环境、丰富的教具，让儿童自发地主动学习，独立思考，自我发现，自我教育和自我成长。通过应用本学习法，孩子不但能轻松、愉快地掌握阅读、计算的基本能力，还能掌握相当多的自然知识，更重要的是会对学习产生浓厚的兴趣。

《蒙台梭利儿童教育手册》，为一本操作性手册，是蒙台梭利在美国传播蒙台梭利教育方法时所写。所有“儿童之家”运用的教具都有相似之处，本书详细讲解了如何针对儿童使用这些教具，以及该如何为孩子提供一个能够进行“自我教育”的环境，以刺激儿童观察力、认知力和判断力的发展。蒙台梭利在书中强调，教育每个孩子的方法都是不同的，无论老师还是家长，成人的作用是让孩子自己去试验，自己发现错误，甚至在学习中让他们冒必要的风险，这样才能让他们更好地成长。本书是蒙台梭利教学方法的全面讲授，是应用蒙台梭利教育方法的必备手册。

《童年的秘密》，揭开了儿童心理发展的神秘面纱，提出了“敏感期”这一极富革命性的理念，即儿童在智力、节奏、运动、人物角色认识和工作等方面的发展拥有一个特殊的敏感期，处于敏感期的孩子会根据“敏感性”的指令，以一种独特的方式从周围的环境中进行吸收和学习。抓住敏感期，将对儿童的发展起到极大的促进作用。同时，本书也对父母教育孩子的方式进行了反思，指出成人应该处于观察者的地位，不要压抑孩子的发展，要学会富有智慧地爱孩子。

《发现孩子》，提出了培养孩子的新观念和新方法，指出每个孩子都应该去观察周围的世界，都应该学会集中自己的注意力，都应该自然地进行学习和成长。蒙台梭利以此为基础，努力地进行着打破传统教育的探索，去寻求爱孩子和理解孩子的新方法。在本书中，蒙台梭利展现了她独特的、革命性的儿童观，揭示了儿童具有的内在潜力，展现了儿童是作为一种积极的、活动的、发展的存在。她描述了孩子的特性，以及更充分地唤起孩子学习和成长热情的方法。她将幼儿作为一个活生生的人来看待，更重要的是提出了教育的任务是激发儿童内在潜能的发展，而成人能做的就是为孩子提供他所需要的环境，让孩子自由地成长。这本书告诉了我们儿童发展的规律，教我们真正地发现孩子。

《有吸收力的心灵》，是集蒙台梭利的理论思想与方法经验的大成之作，呈现出了蒙台梭利的革命性教育观念。本书中，蒙台梭利从儿童的心理和生理特点出发，结合实际的现象和自身所得经验，揭示出了大自然赋予儿童的内在发展力量，阐释了儿童具有吸收能力的心智特点，思考着儿童与成人、儿童与社会、儿童与自然的关系，具有一定的启发性。本书体现的是蒙台梭利后期的一些教育思想，其中一些理念超前于她的教育界和心理界的同行，特别是书中提出了人类自身的自然发展的重要作用，提出了孩子的知识是通过他们在自己所处的环境中吸取经验获得的，以及教育必须与人类自身的实际相符合等。本书对儿童发展和传统教育的思考与分析，对于家长、教育工作者、心理学家及所有研究儿童和社会的人都具有非常重要的价值。

本书编委会

2011 年 12 月

英文版前言

本书是总结蒙台梭利教育方法的一本实用指南，是应美国众多对此深感兴趣、颇有需求的父母和老师的要求而著。

“非凡的教育工作者”是美国民众对蒙台梭利教授的称赞，1907年，她在罗马的贫民窟建立了第一个“儿童之家”，率先进行了早期教育。当时的美国民众还在讨论她的教育方法和理念是否适用于四五岁的孩子时，她就已经在研究如何对二三岁的孩子进行早期教育了。《蒙台梭利早期教育法》这本书十分畅销，第一版在4天内就销售了5000册。但是许多普通读者和一些老师都认为此书太过理论化，没有考虑到孩子父母的需要，都希望能有一本更具体、更详细、更直接的，描述如何进行蒙台梭利教育的实践指南和实用手册。

因此，本书应运而生。本书提供了在“儿童之家”已经实践过的具有很好效果的教具使用方法和教育方式的具体描述。那些通过各种途径间接地、零星地知道蒙台梭利的教育观念和方法的父母和老师们都非常期待能从她本人那里得到系统、权威的论述。本书就用简洁明了的方式，论述了蒙台梭利教育方法的最基本、最有用的原则，以提供给众多有迫切需求的父母和老师。

蒙台梭利所说的“非教师”或“女导演”在美国的学校中还没有出现。美国儿童研究运动没有培养出这样的老师，著名的福禄贝尔幼儿园也没有培养出这样的老师。蒙台梭利坦率地说过，裴斯泰洛齐、福禄贝尔和卢梭对她教育观念的形成有很大的影响，并提出了让孩子学会爱老师，而不是害怕老师，这一观点还是具有一定先进性的。蒙台梭利教育法主张，要本着对自己有益的事情和为达到自己期待的目标去自我学习，也就是让孩子通过自我学习来满足自身的需要。从罗马贫民窟孩子的表现可以看到，孩子似乎在说“请帮助我，以使我能够自己工作”，这是蒙台梭利从孩子的行动中观察到的重要信息。

当蒙台梭利还是临床医师时就开始了对教育的研究。一直以来，她都非常关心那些被大家忽视的卫生学和学校教学之间的关系。她在发育缓慢的孩子身上取得的成功激励着她又花了7年的时间进行人类学和心理学的深入研究，这也为她的儿童教育做足了准备。

蒙台梭利的早期教育对教育界有着重大的影响。她所拥有的医学知识，她所主张的环境对孩子的发展至关重要等观点，她又考虑到了老师与孩子之间的新角色，所有的这些结合起来就产生出了一种独特的教育理念和教育方法。

在蒙台梭利的教育理念中，老师不再是课堂的主宰者，而只是为孩子管理和维护学习和工作的环境。书中所述的孩子对教具的使用是根据他们的兴趣而自觉自主地进行练习，并通过这些练习获及了感知能力和智慧发展。其中很多内容都是从她的前辈——法国医生爱德华·塞昆那里继承来的。很多爱德华·塞昆的学生和崇拜者都把关注的焦点放在了教学用具上，但蒙台梭利认为这些教具只有在适合的环境中才能发挥它们的作用。

老师首先是一个观察者，然后才是教育环境的管理者和维护者。观察是任何有机实验最基础的工作。例如，在动物的栖息地观察动物的习性时，尽量不去打扰它们，才能最准确地了解它们。就像麦克卢尔把蒙台梭利比喻成“一个像自然学家观察蜜蜂一样观察孩子的女性”。

对于老师，最重要的就是要拥有敏锐的观察力。蒙台梭利认为，哪怕是孩子行为的细微差别都是非常重要的信息。孩子的行为会在成人的身上有所反映。1913 年，蒙台梭利在罗马的第一节培训课上，特别强调了观察的重要性，认为观察能力是教育者最应具备的能力，是最常用、最重要的一个技能。但是，在这节培训课上，她并没有向大家介绍如何能够获得敏锐的观察能力。蒙台梭利所说的是：“老师在观察孩子的同时，也会在这一过程中发现很多新东西，并继续学习更多的新内容，这些东西我无法给你，你的助手也无法给你，任何人都不可能给你，你只能通过自己的努力才能获取。身为老师，如果不具备敏锐的观察力，就无法从孩子的一举一动中察觉出他们的真实状态。只有你自己才能正确地观察这些现象，就像孩子必须通过自己练习、自己实践才能够自我成长一样，老师也要通过实践来获得观察能力。因此，在我的教学方法中，老师更多的是一个观察者，而不是施教者。老师最重要的技能就是懂得如何去观察孩子。”

老师的任务是让孩子尽可能自由地学习。但是，每一个孩子的发展情况不同，他们各自所需要的东西，所发育的阶段都不尽相同，如果老师不了解每个孩子的实际情况，不懂得孩子之间的差别，就不能很好地完成自己的职责。用蒙台梭利的话说，一个不会观察的人根本没有资格从事教育行业。

“非教师”这一观点是孩子通过自己的行动暗示给蒙台梭利的。这里的“孩子”这个词有着特殊的含义，每一个孩子的“特性”就是蒙台梭利教育法的关注点和实践点。

蒙台梭利没有将“工作”和“玩耍”对立起来，她认为工作其实就是“正在进行着的生活”。因此，老师必须要尊重每一个孩子的生活，并让其有所提高，让孩子得到更进一步的成长和发展。

在尊重孩子生活的同时，老师也要给孩子的自由活动设置一些限制。老师在引导孩子时，不能让孩子感觉老师无处不在。因此，老师在给孩子提供帮助时，不要成为孩子专注工作的障碍。这种帮助应该是间接的，而且要保持好孩子旺盛的求知欲。如果老师能在履行自己的职责时一直对孩子保持着关心、尊重、耐心和没有任何偏见的态度，那么他就能成为一位合格、出色的老师。

老师作为一位默默的观察者，可以让孩子自由地在自己所选择的道路上进行不断尝试，并在这一过程中发现自己的错误，独自承担责任。每一个孩子都有独特的个性，老师只能尊重每一个孩子的不同特点和个人风格，而不是把自己的风格以任何方式强加给孩子。每个孩子的兴趣、特征、发展情况、注意力持久程度都会不同，老师要了解每个孩子的差别，才能更正确地引导孩子用各自的方法使用各种教具。

在本书中，可以看到蒙台梭利对于教具的使用是非常重视的。通过对教具的操作练习，孩子自动完成了其身心发展和自我成长。事实上，各种教具练习只是激发和培养孩子感知能力的众多手段之一，是孩子一系列变化的开端。教学之路是多种多样的，不只是一条道路、一种方法。书中，蒙台梭利就提出这样的观点，“儿童之家”并不是一个固定的模式，而是“根据实际情况进行资源配置，以便给孩子提供更多机会，它是多样化的”。书中还体现了她的另一个观点，并不是老师在对孩子进行教导，正好相反，“是孩子自己创立教育方法，并根本改变了老师的性质”。蒙台梭利的感知教育作为早期教育中心任务的观念，对教育界产生了巨大影响，并激起新一轮的早期教育的研究浪潮。

南希·麦考梅克·拉姆布斯克

于纽约育婴堂

目　录

第1章　蒙台梭利教育法的发展情况

了解了孩子存在的巨大能量对孩子、对整个人类的重要性后，我们意识到必须要认真仔细地观察孩子，以便找到更适合孩子成长的方式方法，帮助孩子更好地发展。

心智发展的敏感期

时代已经不同，只研究历史上的大教育家如卢梭、裴斯泰洛齐、福禄贝尔等人的教育观念和方法是不够的，教育要进行改革，而改革的立足点必须是儿童。我并不认同人们给我的“本世纪最伟大的教育家”这个称号，我只不过是孩子的代言人。40 年来我从事研究儿童，搜集并发表有关儿童教育的信息的工作，这就是蒙台梭利教学法。刚开始时，我从医学和心理学的角度去研究，帮助心智发展迟缓的孩子。当我改变切入的角度，从潜意识的心智这个方面入手时，发现这对孩子很有帮助，于是将实验和研究拓展到正常孩子。

儿童之家最早在罗马最贫困的地区开始，接纳 3 岁以上的孩子。来到儿童之家参观的人们会惊讶地发现，这里的孩子 4 岁左右就能读、写。当他们问孩子：“是谁教你们的?”孩子们会疑惑地望着他们，并回答：“不需要任何人教！我们自己学会的。”于是，报纸就出现了大量有关“自然学会的文化”这样的教育观念的报道。有些心理学家认为，这些孩子一定是具有天赋，非常优异的孩子。我曾一度认同这样的观点，但过了一段时间发现，这种观点十分错误。正因为这样的错误观点，孩子要到 6 岁才能受到教育，白白浪费了大量的宝贵时间，孩子的发展也因此受到极大的阻碍。

读、写这两项技能是学习其他科目的基础，如同一个人不会说话，那么他就很难学习其他东西一样。很多人觉得学“写字”是一件枯燥且颇有难度的事情，只有大孩子才能做到。而我教 4 岁左右的孩子认字母，将以前用于心智发展迟缓的孩子的教育方法用于正常孩子身上。在这一过程中，我发现，只向孩子展现字母，没过几天孩子就不再记得了。我换了一种方法，将字母刻在木板上，让孩子沿着木板上的纹路进行临摹之后，孩子很快就能认得字母。即使是心智发展迟缓的孩子，通过这种教具，这样的学习方法，一段时间之后也能写一些字母。从这一实验我认识到，对孩子而言，触觉经验对他们的发展与成长有很大的帮助。为了让孩子更好地认字，我制作了一些字母教具，让孩子用指尖去触摸、去感觉字母。当正常的孩子接受了这样的训练，便产生了让我意想不到的结果：他们在 9 月中旬学习字母，到了年底就可以写圣诞卡了。这么快的速度，真是让我做梦都想不到。在认得字母之后，孩子开始问更多的问题，开始想深入地了解字母，例如字母的发音。孩子就像一台吸尘器，想把有关字母的知识都吸进去。

孩子渴望获得更多的知识，当看到不认识的单词，其中的字母发音超出了他所学的内容，自然就会提出很多问题，并拼写出他已会的字。当老师念出单词，孩子会从拼音字母盒中挑选字母，按照老师的读音进行单词拼写。不管这些单词有多长多难拼写，孩子都可以进行听写。老师只需要念一遍，4 岁左右的孩子就能完成单词拼写，可是 7 岁或者更大一些的孩子却做不到，他们需要老师多念几遍才能做到。从这一比较，我了解到孩子的心智发展是有敏感期的，这个阶段就如同软蜡一般，对某些刺激有相当大的反应，当敏感期一过，这些刺激对孩子的影响力就会逐渐变弱。

经过触摸与书写

一段时间的练习之后，孩子要开始学习书写了。孩子通过对字母的触摸，了解了字母的形状，也知道单词是由许多声音组合而成，并凭借字母盒的练习能够分析并组合拼写出单词。拥有以上知识储备之后，孩子就可以开始学习书写了。孩子拼写出一两个单词，很快就会写其他单词，用不了太长时间，就能学会他所能说的所有单词了。就像孩子在2岁这个阶段会出现“说话爆发期”一样，心理结构一旦形成，很快就学会了说话。对于受过这种练习的孩子，不需要像传统学校那样一个个单词地教他书写。书写对孩子来说，不再是毫无乐趣的任务，而是一种对知识的内在渴望。这种渴望会让孩子利用各种工具，在各种场合进行书写，用粉笔、用木棍，在墙上、在走道上，无论何时何地，我们甚至在面包上发现了单词。一些供不起纸笔的贫困、不识字的母亲，常来学校寻求帮助，于是我们提供了纸笔，发现这些孩子回到家后仍然不断地写，甚至睡着时手里都拿着笔。

开始我们设计了一些特殊的纸给孩子练习书写，线条之间有双倍的空间，再逐渐缩小。不久之后我们发现，这样做完全没有必要。孩子在任何格式的纸上都能书写得很漂亮，有的孩子甚至能把单词书写得像印刷的铅字一样细小、工整，比小学三年级的孩子写得还要好。由于孩子触摸的是一样的字母，字母的形状已深深植入孩子肌肉的记忆中，所以他们书写的字形都很相近。

这时孩子已经能够书写，却还无法阅读。听起来是不是很荒谬，其实不然。大部分人都认为，孩子应该先会读然后才会写，而我们的教育方法是：先让孩子知道每个字母都有一个声音，然后根据字母的读音用活动的字母将单词拼出来，这种将字母与读音结合起来的教学方式在孩子的敏感期特别有效果。随着能力的不断增强，孩子能用“手”书写表达，而不再只会用“口”来说话表达了，可他们仍然不能阅读。我原来认为孩子不能阅读的原因是，他们无法辨认印刷体。正当我想解决这一问题时，发现孩子突然会自己阅读了。之所以会发生这样的变化，是由于孩子在进行了 5 个月的拼字训练之后，心中充满了对知识的渴望和对单词意义的求知欲。孩子的这种行为方式，就像考古学家研究史前文化一样，对未知的符号进行研究、分析，期望找出其中的意义。孩子对单词意义探求的激情在胸中燃烧，父母甚至抱怨，一家人在散步时，孩子总是要停下来拼读店外的招牌或广告。到孩子 6 岁的时候，差不多就能阅读整本故事书了。

高度准确性的活动

相对语言，数学是一门很难解释的学科。我们认为，数学包含以下

3 种：

· 算数：数字的科学。

· 代数：抽象的数字。

· 几何：抽象的抽象。

凭借着对孩子的了解，我们在孩子很小的时候，就将这 3 种数学全都教给孩子，这让很多人觉得难以置信。我们发现，将 3 种数学全部教给孩子的“三合一”的教学方式非常有效，就像只有一个支点维持平衡的东西远不如三角支撑稳固。例如，在介绍“个”“十”“百”“千”等数量单位时，用几何形状（点、线、面、体）来展现，我们所设计的教具也都体现这 3 种特性。这样的教学方式，让孩子饶有兴趣，非常热衷。令人惊喜的事情是，经过一段时间，抽象的量之间的关系就能用代数的方式表达了。由于数学的学习枯燥且抽象，不像语言那样生动有趣，孩子自然不是很喜欢，很多人就会因此说孩子喜欢语言而不喜欢数学。这其实是一种偏见。孩子给我们呈现的事实完全不是这样，5 岁 ~ 6 岁的孩子非常愿意学习 10 进位计算，所运算的都是 10 以上的，而我们开始教给孩子的只限于 1 至 10 以内的四则运算。4 岁的孩子也想要学 10 以内的运算，而且非常投入。如果这些运算是以实物的形式进行操作，孩子会表现出更浓厚的兴趣。例如，有个孩子在学会三项式（a + b + c）之后发现，既然可以用 a 和 b，那么就可以用其他的字母来代替。由此看来，孩子的学习能力是无限的，是不愿被限制的。

孩子的发展令人激动，且没有任何征兆，就像语言学习一样。我们并不知道其中的缘由，只能将其归因于孩子早期的某种特殊能力。经过长期的观察，我们发现，孩子对高度准确性的活动很感兴趣，而且越复杂就越感兴趣。高度准确性的活动不仅是指动作方面，还包括具有操作性的工作。孩子对准确、细节的追求是一种天然倾向，在观察花卉或昆虫时就有所体现，而且这种对准确性的要求会向数量方面发展，并将准确性带向抽象的数学。孩子从具体的实物开始，慢慢过渡到抽象的“数”，再进入更抽象的代数阶段。由于数学的 3 个方面，即实物、抽象、代数，都会涉及准确性的问题，这就让孩子十分热衷于了解这些“单位”的游戏。我们从大哲学家兼物理学家巴斯卡那里获得启发，他曾认真研究过数学，认为人类具有数学的特性，并因此发展、进步。他的这一观点很受大家欢迎，而且他的这个观点又在孩子身上得到验证，因为在传统的教学方式中，数学的确是最枯燥、最让人提不起兴趣的科目。

我们再来研究一下巴斯卡的观点，他认为人类的行为都在围绕其所处的环境进行，而且这些行为会越来越精准。这种精准性也只能由人类的心智发展而来，因此证明了人类的心智具有数学的特性。纵观历史就能发现，人类社会的发展就是在致力于改善自己所处的环境，解释人类感知的事物及其所产生的现象。而要做到这些，就必须要正确地了解这些事物，这就是人类对事物精准性的追求了。200 年前的巴斯卡就发现，准确性是人类的基本特性之一。

帮助孩子运用自身的巨大潜能

孩子在学习过程中会感到疲劳，这是很多人提出的问题。我们通过对6岁以下孩子的观察，了解到了活生生的事实。在传统的教学模式中，孩子会很容易感觉疲惫，一旦孩子有了疲惫感，就很难再进行学习，所以早早就将孩子送入学校是一件让孩子痛苦的事情。这让爱护孩子的父母很难受，他们希望孩子只是玩耍、睡觉，不用再做其他事情。但孩子显然并不这样想。事实上，孩子痛恨这种作息模式，并以各种方式表达自己的不满。我们通过对3岁~6岁，甚至更小的孩子进行认真的观察，并没有发现他们在学习时出现疲惫，而是越学越兴奋。并不是所有的活动都会产生疲惫感，例如吃饭。吃饭的时候，人的上下颚、牙床、舌头会不停地运动，这个过程能给人带来能量，就像健身能给人带来活力一样，并不会让人产生疲惫感。事实上，心智的发展让孩子更有活力，更有力量，更健康，根本不会产生疲惫感。上帝赐给孩子强大的学习能力，让孩子能不断地接受新知识，但是传统的教育模式却让孩子在玩耍和睡觉中错过了学习和接受新知识、新能力的“敏感期”。孩子会不断学习，不断吸收新知识，不断地活动，如果真的没有什么东西可以吸收学习，就会通过玩儿玩具来满足。

有心理学家这样说，孩子是通过玩儿游戏来使自己进步、发展和完善的。孩子会不断吸收身边的所有信息，了解自己所处的环境，然后将过去与未来连接起来。孩子就是通过游戏与现实生活联系起来，在这一过程中，成人只需要观察，而不要去打扰他们，不需要提供帮助，让孩子自由自在地玩耍。可是，孩子通过玩儿玩具、堆沙堡这样的游戏就能认识复杂的现实世界，吸收如此众多的知识吗？一面说要在孩子的吸收期多与孩子沟通，而另一面却说不要打扰孩子，让孩子构建自己的知识体系和能力，这两种说法存在巨大的矛盾，应如何理解呢？

我认为正确的方法应该是，如果 3 岁 ~6 岁的孩子真的能够自然、自觉地吸收知识，就应该抓住时机，将孩子放置在配备了合适设施和教具的环境中，让孩子进行探索，一点点吸收知识，并容许孩子模仿成人。这样的教学方式让 3 岁的孩子拥有趋向成熟的能力，并让孩子逐渐适应现实，适应当下的文化。我们不会用娃娃、玩具兵这类的玩偶去引诱孩子，我们能给孩子的不仅是玩具，还有有趣的教具。想知道孩子会更喜欢哪一种吗？当我们将蒙台梭利教具放在孩子面前时，他们争相取用，对这些教具的喜欢程度超出想象。孩子们长期被束缚的心灵，突然发现了能让自己成长发展的东西，简直就像一头饥饿的狮子吞食猎物一般，孩子对这些能帮助自己成长的教具十分着迷。正是通过这样的方式，孩子渐渐开始学习，开始融入社会，并开始继承人类的文明。

了解了孩子存在的巨大能量对孩子、对整个人类的重要性后，我们意识到必须要认真仔细地观察孩子，以便找到更适合孩子成长的方式方法，帮助孩子更好地发展。我们认为，与其相信玩具给孩子带来的魔力，不如相信孩子自身所拥有的巨大潜能。因此，我们必须研究出一种实用的教育方法，能激发孩子的潜能，帮助孩子学会运用自身的这股巨大能量。

第 2 章　通过细致观察获得的方法

经过长期观察，我们验证了两件事：一件是孩子在相当幼小的时候就能通过自己的活动来吸收知识和文化；另一件是孩子的个性发展和培养要及早开始。

3 岁 ~6 岁是孩子性格发展的关键期

孩子的“书写爆发”现象，使得公众非常关注我的教学实验。这不仅仅是书写的爆发，更是孩子内在潜能的爆发。一座看起来似乎永远都不会改变的山，其内部可能蕴藏着岩浆，有一天会穿透地壳迸发出来，我们所说的爆发也是如此。孩子没有课本，没有教条，缺乏老师，他们贫困、无知、一片空白，而正是一片空白，孩子的潜能才没有束缚，才能无拘无束地发展，直至爆发。我再次强调，引起这种爆发时，“方法”并不“在场”，反而正是由于没有任何教条约束爆发才得以实现。我们只是根据心理学对这种爆发进行追踪、探究，才找到了方法。“方法”其实是孩子内在潜能爆发的“结果”，媒体将它称为“人类心灵的发现”。

随之产生的科学并不是建立在直观思维，而是直接的知觉。经过长期观察，我们验证了两件事：一件是孩子在相当幼小的时候就能通过自己的活动来吸收知识和文化；另一件是孩子的个性发展和培养要及早开始。传统的教育理念认为，是成人的教导使得孩子拥有良好的性格，过早培养孩子的能力和性格意义不大。其实不然，把邪恶转为善良，拥有一颗向善的心是一个人一辈子要做的事。孩子性格发展的关键期是3岁~6岁，这期间如果没有束缚的话，孩子会按着自己的方式去成长。

语言敏感期

孩子能够集中精力思考脑子里的事情，就是因为在第一个时期（0岁~3岁）从环境中吸收了一切他能够吸收的知识。孩子吸收的所有信息和知识都会在大脑里存档、归纳，在能说话之后，语言的爆发期也就随之而来了。在孩子 5 岁半到 6 岁之后，语言的敏感期就会慢慢消退，在这个时候学习书写能让孩子感兴趣，并且着迷，而到了八九岁便没有了学习书写的热情。看得出来，孩子在学习书写动用相关器官之前是经过“间接预备”的，“间接预备”这个概念是蒙台梭利方法的组成部分。生物的胚胎期就是在做间接预备，在器官还没有成熟之前，是不会下达任何指令的。对于孩子而言，仅仅通过模仿或强迫其学习不会产生任何效果。只有孩子做好了“间接预备”，之后的一切才能有意义。所以我们要给孩子提供一个“预备好的环境”，让他能够自在成长，自由发展。

孩子小的时候，其口语发展似乎是按文法的顺序进行，即由声音、音节到名词、形容词，再到副词、连接词、动词和介词等。因此，在孩子的第二个时期，我们依然应该按照文法的顺序来进行。可以说，我们的语言教学就是在教孩子学习文法。其实，在孩子 3 岁时就应该教文法，甚至在他们开始读、写之前。很多人觉得这样的教学方式很荒谬，但我观察到的现象告诉我，这时的孩子非常热衷于学习，而年龄大一些的孩子却没有了这样的积极性。文法是语言的架构，孩子尽早学习、吸收它，对以后的学习会大有裨益。

孩子非常渴望认识新单词，而且他们一旦认识就可以书写出来。儿童之家里的老师受教育程度不高，当他们不能满足孩子的需求时，他们就会来我这里求助，以学习更多的单词。为了了解孩子的接受能力，我特意给出了颇有难度的单词，例如多边形、梯形等几何图形的名词，及一些文化术语。孩子一天之内就轻松学会了这些单词。我再加大难度，让孩子学习科学实验的器材，例如温度计、气压计；生物学方面的名词，例如花瓣、花托、花蕾等。我教孩子越多新词，他们就越想学习更多。3 岁 ~6 岁真是一个对词汇学习十分渴求的时期，不管词有多长多复杂，是动物学、生物学还是其他内容，孩子都非常热衷，极有兴趣。在教授过程中，出现困难的却是老师，他们对这些名词很陌生，需要很长时间才能理解并记住。

如何面对孩子的问题

孩子非常富有想象力，他们看到的实物往往超过了物体的本来面貌。例如，他们可以将桌子当成房子，将椅子当成马；能凭借想象创造出仙境或仙人的样子；如果他们看过地球仪的话，还能想象出美国或者世界。

几个 6 岁的孩子在讨论地球仪时，有一个不到 4 岁的孩子加入其中，说道："我能看一下吗？这是整个世界吗？太神奇了！原来我叔叔环绕世界三次是这样的啊！"孩子知道了真实的世界很大，他看到的只是一个模型。

看到大孩子们在围着地球仪热烈地讨论，一个不到 5 岁的孩子也想要看看。大孩子在讨论美洲，突然听到这个小孩子问道：“纽约在哪里？”大孩子指给他看。他又问道：“那荷兰呢，在哪儿？”大孩子再次指给他看。在知道了纽约和荷兰的具体位置后，小孩子指着地球仪上的一大片蓝色区域说：“这块一定是海。我爸爸每年要去美国纽约两次。爸爸一出发，妈妈就跟我说，爸爸在海上。没过多久，妈妈告诉我，爸爸到纽约了。又过了一段时间，爸爸又在海上，接着我跟妈妈就会去鹿特丹接他。”这个孩子以前只是听到很多关于美国的事情，现在他在地球仪上找到了美国的具体位置，他非常高兴。在这个孩子的心里又找到了一个定位点，就像心中的想法在外部世界找到一个定位点一样。孩子的心智发展和建立的过程，首先是从长辈那里了解到很多词汇信息，然后再通过自己的想象理解这些词汇，最后是将心中的想象与真实环境联系起来。很多 6 岁以下孩子的想象力都浪费在玩具和虚幻的故事上，其实可以让孩子想象真实存在的事物，让孩子能更准确地理解真实的环境。

孩子在 3 岁 ~6 岁这个阶段，总是有很多问题，想要知道所有事情的真相。面对孩子的众多问题，大人千万不能觉得烦人，而要当做一件有趣的事情，要知道你面对的是孩子渴求知识的心。在回答孩子问题时，要尽可能简单一点儿，不要给出过于复杂或冗长的解释，最好能用具体事物帮助孩子理解，例如用地球仪来回复地理问题。

面对孩子的问题，老师要做好准备，要了解孩子前一阶段的发展情况，放下固有观念，不能只用逻辑思考的方式来解答孩子的问题。作为老师，必须要够机智，才“对付”得了3岁~6岁的孩子。其实，孩子从环境中学习的知识远远比在老师那学得多，老师并不需要特别教导孩子，只需要在适当的时候给予帮助就可以了。

孩子的性格和道德教育

下面我们要谈论有关孩子性格和道德教育的问题，这些重要问题也必须从不同角度来看。孩子的性格是无法教导的，成人只能起辅助作用，协助孩子性格建立。关于性格培养，6岁是一个重要阶段。这个时期，孩子的性格已经形成，不是由于外力影响，而是自然形成的。孩子0岁~3岁是性格形成的关键期，很多因素会对孩子的性格产生影响。如果孩子在胚胎形成、十月怀胎、出生和生长全过程都受到科学的精心护理，到了3岁时，孩子一定是很优秀的个体。但这只是理想状态，因为会有很多的障碍影响到孩子的成长和发展。

如果孩子的性格缺陷是由于产后造成，那么其程度就没有怀孕时造成的影响严重。如果是产后造成的缺陷，那么在孩子3岁~6岁这个调整修复期还是可以治愈的。但如果孩子的性格缺陷是在出生时受到惊吓，或者像智力低下、癫痫、瘫痪这类官能性的因素，就难以治愈，无能为力了。面对这类的官能性问题，如果在 6 岁以前进行治疗，或许还能有所改善，不然会越来越严重。如果在一个 6 岁孩子身上看到了本不该属于这个年龄段的性格，就是孩子从身边的环境和自己所经历的事件中得到的。一个孩子在 3 岁～6 岁这个阶段被忽视的话，到了他 7 岁～12 岁开始发展性格和道德方面时，就有可能出问题。孩子会显得力不从心，缺乏道德品质的学习能力，背负着曾经受到的伤害，成为一个在心灵上满是伤痕的人。

在儿童之家，或者其他现代化的学校，都会对孩子进行生理状况记录，以便了解孩子在各个阶段的发展情况，并据此判断应如何处置。我们了解孩子是否有遗传性疾病，出生时孩子父母的年龄；在母亲怀孕阶段是否有意外事件，是否受到神经方面的伤害；生产的过程是否顺利，是否因难产而窒息等。我们也同样关心孩子的家庭生活，了解孩子的父母或看护人是否比较严厉，或者孩子是否有被惊吓的经历。了解孩子的这些情况非常重要，因为来到我们这里的孩子几乎都带着顽皮或怪异的性格，只有知道根本原因，才能进行有针对性地治疗。

一些不太正常的偏差行为会逐渐成为孩子性格的一部分。偏差行为进入性格中，会出现两种情况：一种情况是，性格刚毅的孩子的偏差行为以对抗性表现；另一种情况是，性格懦弱孩子的偏差行为以消极对待来表现。在偏差行为的影响下，性格刚毅的孩子会经常发脾气、大吵大闹、对抗、自私、有破坏行为、占有欲强、喜欢戏弄他人、虐待小动物等，还会出现注意力不集中、好吃懒做、常胡思乱想的状态。而性格懦弱的孩子则表现为，反应迟缓、爱哭泣、依赖性强、怕生人、怕独自一个人，甚至用撒谎、偷窃的行为进行自我防卫。

有些看起来像生理性的疾病，很有可能是由于心理疾病引起的，千万要分清楚。例如，像厌食症、贪食症而引起的肠胃问题；由做噩梦、怕黑而失眠引起的贫血症，这类疾病是无法用药物治愈的，因为它们都是由心理问题导致的。

如果孩子有了这些问题，反应会特别激烈，会让父母无所适从，不知道如何应对，便将孩子送到幼儿园或托儿所。这些孩子虽然都有父母，但他们与孤儿已没有太大差别。还有的父母面这类孩子会进行严厉管教，打骂孩子，不准孩子吃饭，使得孩子用更偏激的行为来反抗，或者转而进行消极抵抗。父母打骂过孩子之后会采取安慰、劝解的方式，希望孩子能理解自己，会问孩子“为什么要让妈妈这么伤心”，但已无法产生任何效果。性格懦弱的孩子总是很听父母的话，父母怎么说他就怎么做，喜欢缠着妈妈，没有妈妈的陪伴就无法入睡。有的妈妈会认为，这是孩子爱自己的表现，但时间一长就会发现，孩子的身体虽然健康，可是胆小怕事、反应迟缓、食欲欠佳，总是要哄着才能让他完成一些事情。这时妈妈如果还在自我安慰，认为孩子不过是神经质或者太过敏感了一些，说不定以后会成为诗人或哲人，那么过不了多久，孩子就需要借助药物来治疗了。

我们的学校之所以出名的原因之一，就是帮助孩子克服了这些消极症状。我们给孩子提供一个让他们能自由自在发展的环境，让他们在这样的环境中去探索、学习，这些活动能给孩子孤寂、饥渴的心灵带来满足感，激发他们潜藏在体内的热情。一旦孩子的学习热情被激起，他们就会不厌其烦地练习，做任何事情都会保持高度的精力集中。当孩子在兴趣的指导下，开始能够专注地做事情，消极的症状就会逐渐消失。可以看出，消极症状并不是与生俱来的，而是受环境的影响。因此，作为母亲要让孩子做自己感兴趣的事情，当孩子开始做事情的时候，不要随意打扰他。对那些总出问题、爱惹麻烦的孩子来说，成人不能太冲动，咒骂、严厉的态度起不到任何作用，更不能说他是笨蛋，他需要的是心灵上的慰藉。人不像其他动物，对精神的需求更甚于对物质的追求，这是人的天然本质。

第3章　孩子发展的敏感期

在孩子的敏感期进行适当的教育是非常重要的，比之后的任何时期更为重要。成人一定要顺应孩子的自然成长过程，不要粗暴、盲目地干扰、阻碍其正常发展，就像地狱魔鬼和天神之间的关系一样：天神拥有创造的力量，而魔鬼则拥有毁灭的力量。

在孩子敏感期进行的教育

对孩子的教育是否从孩子一出生便开始，一直是大家热烈讨论的问题，至于如何进行早教却还没有谈到。这个问题似乎并不注重实际，显得理论性过强，不像让孩子如何健康成长那样具体。

有医生为1岁孩子开设了一所专门的学校，帮助孩子进行一些手和脚的运动。这真是一个糟糕的事情，这样做很有可能对柔弱的新生儿造成运动伤害，再说新生儿需要学习的内容已经够多的了。但是不让新生儿做任何活动，过于保护也是没有必要的。只要明确一个原则，那就是在指导新生儿活动时，不要做像上述那些特殊学校所做的事情就可以了。成人帮助孩子进行手和脚的运动，就是将成人的行动方式套在孩子身上，将孩子变成小大人的样子，这十分错误。成人只需要让孩子按照自己的方式发展、活动，不要进行干扰，就是对孩子最好的帮助。

孩子开始肢体运动是由其内在的能力激发，是孩子自主、自愿的行为。肢体的活动是人体自我意愿的表达，因此只有孩子依照自己的意愿进行肢体活动，孩子的肌肉才能得以正常发展。对此，我们只能静观其变，并通过各种渠道去了解孩子的成长过程。我们要仔细观察孩子，并从中总结出一些方法，因为我们无法用语言与这么小的孩子沟通，而方法能让我们尽可能地了解孩子。

1岁以内的孩子不能完全控制自己的身体，需要成人给予特别细心的照顾，而一旦不舒服或不高兴就会大声哭闹，让一家人都不得安宁。成人只会从生理健康方面照顾1岁以内的孩子，而忽视他们的心理发展和心理需求。婴儿期就已经能对一个人的性格和品德有所影响，任何伤害或阻碍孩子成长和发展的事情，都会严重影响到孩子日后的性格和品德的形成。

要想了解孩子的心理发展，找到能够作为指导新生儿成长的模式，我们就必须认真观察孩子的一举一动，捕捉到孩子最细微的表情和动作。

教育学家将婴幼儿时期定义为“软蜡”（ceramolle），认为可以对这个阶段的孩子进行适当的指导。我认同“软蜡”这个观点，可这些教育学家觉得孩子应该由他们来塑造是不对的。实际上，孩子能自觉自发地塑造自己，正确的理念应该是让孩子通过各种方式确信自己、塑造自己。而在孩子眼中全能、权威的成人，很可能会粗暴、打扰、介入孩子的自我塑造过程，将孩子在“软蜡”上自己勾勒出来的轮廓毁掉。将成人的这一行为说成十恶不赦，并不过分。

就算成人对孩子的打扰是无意的，但也已经对孩子精心营造、构建的东西造成了无法弥补的损坏。孩子会在成人不注意的情况下，重新营造自己的世界，可成人仍然会粗暴地毁掉一切。就这样，双方的冲突会一直持续，直到孩子妥协为止，那时孩子不再拥有自己的主见，不再想做自己愿意做的事情。

因此，在孩子的敏感期进行适当的教育是非常重要的，比之后的任何时期更为重要。成人一定要顺应孩子的自然成长过程，不要粗暴、盲目地干扰、阻碍其正常发展，就像地狱魔鬼和天神之间的关系一样：天神拥有创造的力量，而魔鬼则拥有毁灭的力量。作为教育家，我们要用自己善于观察的能力去了解孩子，并作出正确的选择，弄清楚怎么做才是真正对孩子的成长发展有好处。我们一定不能用自以为正确的方式，那样很可能会对孩子造成伤害。让孩子自我成长、自由建造，而不是在成人的“指导”下进行。这是一个让很多人难以理解的概念，因为大多数人仍然认为成人才是孩子性格和品德的创造者。请成人抛掉这个错误观点，静心思考一下自己犯下的错误。

理解了孩子才是真正的创造者之后，我们就需要更了解孩子的人格形成。无论是对新生儿还是对大一些的孩子施教，老师首先要做的事情就是仔细观察孩子的人格，尊重孩子。当我们因为忙孩子的吵闹而拒绝与他们一同相处时，就是对他们的不尊重。一件事情如果能让成人觉得开心舒服的话，孩子的感觉也会很不错。例如，当大家共进晚餐的时候，将孩子一个人孤零零地关在另一个房间，将其单独隔离开，这对孩子非常不尊重，相信没有人会用如此不尊重的态度对待成人。我们应该平等对待孩子，让他们与我们一起坐下来吃饭，并深感能与孩子坐在一起是一种“荣幸”。成人要多与孩子亲近，并使自己愿意与孩子多待在一起。

有的成人认为，让孩子吃成人的食物对孩子的身体健康不利，其实没必要为此事担心。成人已经做了很多伤害孩子的事情却感觉不到。成人常常会忽视孩子的感受，并因此对孩子造成伤害，但却从未跟孩子道歉。

敏锐的观察力

孩子拥有非常敏锐的观察能力，这种能力让很多成人无法想象。因此孩子根本就不需要靠艳丽的色彩和高音贝的声音引起注意，孩子本身就有很强的观察能力，能观察到许多事情，不只是具体事情的形象，还有动作的影像，还能观察到事物与事物之间的联系。很多东西，在成人还未注意到的时候，孩子已经观察、理解到了。

例如，一个1个月大的婴儿，从未出过房间，并且只分别看过到过两个男人，一位是他的父亲，另一位是他的叔叔。当有一天，父亲和叔叔同时出现在他面前时，他会奇怪地看着其中一位，再转头看看另一位，而且看很长一段时间。这时如果两位成人能安静地站在孩子面前，让孩子能够长时间地认真观察，那么孩子就会加深对这两个人的印象；反之，如果两位成人一会儿就离开，或者是只顾着聊天，分散了孩子的注意力，就无法让孩子拥有印象加深的体验。离开孩子时，两位成人也应该慢慢地走，好让孩子有足够的时间进行观察，并让孩子明白父亲与叔叔是两个不同的人。成人这样做，是在激发孩子的内在潜能，让孩子建构自己的世界，以此来达到教育的目的。

再举一个与婴儿有关的例子。家长抱着几个月大的婴儿在看一幅画了许多水果的画，家长一边看画，一边在假装吃东西。这个原本只会喝奶的婴儿，看到家长吃东西的样子便会模仿。看到孩子如此感兴趣，家长就一直抱着他站在画前，一直到他觉得有些无趣才走开。这位家长是真正的"教育家"！家长激起了孩子的内在潜能，模仿成人吃东西的样子，并给予孩子足够的时间去进行这项活动。

当一个小孩看见大厅里芭蕾舞者的雕像，就会翩翩起舞。这是由于孩子看到别人跳芭蕾舞，所以一看到这座雕像就会知道这是跳舞的姿势。

孩子若是对房间里某些东西特别感兴趣。孩子会很快发现原来不属于这间房子里的东西，并向成人询问是什么东西。例如，有个小女孩外出游玩儿时看见了墙边的一块石头，她对这块石头很感兴趣，之后女孩每次出门都会停下来看看墙边的小石头。

孩子拥有敏锐的观察力，他们都喜欢看亮光、鲜花和动物，并将他们看到的东西依照顺序储存在大脑里。孩子会做一些事情来满足自己观察的欲望。例如，当看到大人说话时，会观察大人说话时的嘴形。由于很多成人并不了解孩子的这一能力，所以总是以大声说话或者大声叫出孩子名字的方式来吸引孩子的注意。其实完全没有必要，成人只需要作出假装说话的动作，哪怕只是嘴部细小的动作，都能让孩子专注地观察。成人说话的样子让孩子很感兴趣，因为他们对语言有种天然的敏感——孩子内在的发展规律要求孩子在这个时候需要完成这个任务。如果将一个4个月大的婴儿放在一个只动嘴不出声的人面前，婴儿会很认真地观察那个人嘴形的变化。成人的动作激发了孩子想要模仿的内在动力，这与孩子的成长发展规律是相符的。

给孩子适当、正确的帮助

我们再来看看较大一些的孩子。我曾经接触过几个日本爸爸，他们对孩子的了解程度甚至超过了我们。一位爸爸在带他2岁的儿子散步时，孩子突然坐在地上，这位爸爸没有大声斥责，命令孩子“快起来”，而是耐心地等待孩子自己站起来。这位爸爸体现了对孩子的尊重，不是用长者的身份而是像朋友那样对待孩子。还有一位爸爸，在跟孩子做游戏时，将自己的双腿分得开开的，让孩子在双腿间穿来穿去。这位爸爸在做这个可笑姿势的时候，脸上还保持着长者的尊严。我很敬佩这两位爸爸，他们能从传统的育儿经验中找到适合孩子成长的教育方式，而很多人只是急着让孩子尽快成为大人，成为社会中的人。

我在米兰遇到了一位妈妈，这位妈妈还曾上过蒙台梭利的课程。她当时正在牵着孩子的手要过马路。这时路边教堂里的钟声响起，孩子停下了脚步，想聆听钟声，可妈妈并没有感受到孩子的心情，只是一味地责骂并催促孩子快些走。看得出，让成人不要总是打扰孩子的成长是件非常难的事，但确实非常有必要。要想让成人做到这一点，需要成人了解孩子的需要，并且在与孩子的相处过程中控制住想用自己的方式去塑造孩子的冲动，要充分尊重孩子的成长，让每一个独特的个体都能得到内在生命的自我创造。

我们都知道，孩子不能缺少新鲜的空气和阳光，但这两样只是对孩子的身体有好处。从心理角度看，即使孩子身上洒满了阳光，可心里或许连一丝光线都照不进来。这是因为成人用粗暴、无知的力量毁掉了孩子身上拥有的内在力量——缓慢、重要且脆弱的自我建造。

成人要想给孩子提供适当、正确的帮助，就必须学会细致、敏锐地观察出孩子的需要和感受。如果想制订一套适当的育儿方法，那么首先要做的事情就是让孩子参与到成人的生活之中。因为在孩子的成长过程中，必须要对成人的行为进行模仿，如果孩子连成人是怎么做的都观察不到，他们就无法模仿，自然无法学会，就像失聪的人很难学会学好说话一样。我们要求成人尽可能多的与孩子相处，多让孩子参与家庭生活，可成人总是表现出难以做到。其实与孩子相处，并不会占用成人多少时间和精力，这只是一个心态问题。一个不模仿成人、不会提问的孩子，就像没有灵魂的躯壳一样。而由于偏见，我们提倡成人多陪伴孩子的观念得不到大多数人的认同，很大一部分人认为最健康科学的教养方式是孩子需要很多睡眠。可为什么要强迫孩子睡觉呢？其实如果让孩子多待在大人身边，他们想什么时候睡再什么时候睡，就能发现孩子并不需要过多的睡眠时间。

在北欧，人们坚持让孩子早早就上床休息，这一做法并没有什么科学依据，但很多人都这样去做。曾有一个孩子跟我说，他很想看一下人们谈论的美丽的星星到底是什么样子。由于这个孩子早早就入睡，他根本就没有看到过星星。早早就让孩子入睡的传统会使孩子觉得，进行自我建构是件非常累人的事情，他不得不跟成人斗争，最终成人毁掉了他的自主建造，孩子不得不服从命令早早上床休息。

耶稣基督教导我们要宽容：“不要熄灭冒烟的蜡烛。”意思是，不要再次熄灭已经熄灭的蜡烛。这一信条可以借用到教育上，即“不要毁掉孩子内在建造能力，不要破坏孩子的生命软蜡”。这对于正处于教育战线上的老师来说，非常重要，责任非常重大。

我们基本的教育观念是，绝不能成为孩子成长发展道路上的绊脚石。我们要做的事情，并不简单，也不会很难。最难的事情是，去除一些先入为主的观点和偏见，只有观念正确了，才能教育出好孩子。

第4章 “儿童之家”的环境设置

外部劳动他人可以替代，可是人内心的思想劳动则必须自己完成。除了生与死人类无法逃避，内心的思想劳动同样无法逃避。这种艰难的、不可逃避的劳动就是“儿童的劳动”。

科学、合理、有序地养育孩子

生活环境在不断改善，孩子的生活条件也越变越好。全球范围内，特别是英国，统计数据表明，婴幼儿的夭折率逐年降低。

现在的孩子身体更健康，体格更强壮，身体的发育情况有了很大改善。这正是科学的普及和推广给人类社会带来的巨大好处。母亲们接受了现代医疗卫生的知识，并将其运用到抚养孩子的实践中。新知识催生、完善了很多新的社会机构，为正处于身体发育阶段的孩子提供更多帮助和保护。这使得孩子的身体更健康、更强壮，能抵抗越来越厉害的病毒。由此，一个族群整体身体素质便得到了很大的提升。

这就是科学带给人类的益处。它能给人们提供方法和标准，依照这些方法和标准就能让孩子尽可能健康地生活，保证孩子的身体机能正常运行，并为孩子的成长提供秩序和规律。例如，科学的养育建议母乳喂养，不赞同使用襁褓，建议多给孩子洗澡、多带孩子到户外玩耍和运动，提倡孩子穿朴素、简单的衣服，保证孩子的睡眠，还要根据孩子的生理需求进行喂养。

除了这些，科学还能带给人们怎么样的改变呢?！母亲们还是如同以前那样，一天到晚忙个不停，忙碌地照料孩子穿衣吃饭。

虽然都是忙碌，但效果完全不同。盲目、无序、不科学地照料孩子，会让孩子生病，甚至死亡；而科学、合理、有序地照料孩子，则能让孩子得以正常、健康地成长。

或许，科学最大的进步就是让人们觉得自己能为孩子做任何事情。

我们应该认真思考这样一个问题：我们照料孩子的目标只是将孩子的身体养育得健康、强壮而已吗？难道孩子的成长仅仅需要一个健康、强壮的身躯？

如果是这样，那被我们养育的孩子和圈养的动物有什么区别呢？难道只是孩子比圈养的动物吃得更好，住得更舒服，甚至还可以吃这些动物，仅仅是这样的区别吗？

照料孩子远远没有如此简单，其涵盖的范围不仅仅是生理卫生方面，所涉及的内容非常多。给孩子洗澡、将孩子带到户外玩耍这些行为，不能说明这位妈妈履行了“人类母亲”这一伟大职责。猫妈妈用舌头舔小猫，鸡妈妈带着小鸡们玩耍，它们像人类母亲那样给自己孩子细心、温柔的照顾和呵护。

养育孩子仅仅做到这些是不够的，母亲内心更高的渴望被压抑了。孩子不只是身体成长，更在于心理的成长，在于精神的追求。母亲渴望了解孩子的内心世界，希望看到孩子除了身体在成长外，心理也渐渐成熟，并最终成长为一个“全面的人”。

科学只是迈出了一小步，它还在大踏步地向前发展，虽然现在科学还停留在关注人们身体健康成长的阶段。随着科学的继续发展，它一定会像改善孩子身体健康状况、拯救孩子生命所拥有的探索精神那样，努力地向未知的世界走去，去了解孩子的内心精神世界，加强对思想生活的探讨，并最终让人们受益，毕竟拥有内心思想才是人类真正的生活。在探索精神的激励下，科学将会指引智慧、性格和潜藏于人类精神胚胎的创造力的发展。

儿童的劳动

孩子的成长是一项伟大的工程，孩子的身体必须要从外部世界中获得新鲜空气和食物，精神也必须从外部世界中吸收所需的养料。不能否认，身体的成长的确是项伟大的工程。坚固的骨骼、长高的身体、大脑的构成和完善，以及牙齿的萌出和形成都是身体的生理器官进行的“劳动”，同时也是身体的各个器官在发育期间所必须要完成的。

器官的“劳动”与我们通常所说的劳动是不太一样的。我们通常所说的劳动可以从学校学习到，也可以通过自己的智力创造和周围的环境社会完成。说这些器官只是在“劳动”也不完全正确。在重要的成长发育阶段，器官能够执行一些外部的任务，还能完成程度很高、难度很大的任务，甚至超过一个人的承受能力。例如，过度劳累能让人精疲力竭直至枯竭而亡。

外部劳动他人可以替代，可是人内心的思想劳动则必须自己完成。除了生与死人类无法逃避，内心的思想劳动同样无法逃避。这种艰难的、不可逃避的劳动就是“儿童的劳动”。

我们让孩子多休息，就是让孩子通过这一方式进行思想劳动。也就是说，孩子不需要把精力都放在看得见、摸得着，而且依靠他们单薄的力量也做不出太大贡献的外部劳动上。所以说，孩子在休息时不是真正意义上的休息，而是在进行一项神秘的劳动，以达到自我建构的目的。孩子正是通过这样的“劳动”使自己长成大人，仅仅是长高长大是不够的，要想真正长大，就要具备运动神经系统和神经系统功能，智力的成长发育也需要发展到一定程度才行。

孩子成长需要具备的功能分为两种：一是运动神经系统功能。这项功能可以让孩子拥有平衡能力，学会走路和协调肢体动作。二是感觉功能。这项功能可以让孩子感受周围的环境，并通过对环境的观察、对比和分析，为自己的智力成长与发展打好基础。

孩子在熟悉了周围环境之后就能发展自己的智力，并开始开发、使用自己的语言能力。语言不仅仅是发音这一方面，还会因此产生发音的动作，这就涉及运动神经问题，还要理解语法、名称、句子的构成等内容。

打个比方，一个刚刚移居到新国度的人，他不了解这个国家的自然环境、风土人情和文化，也不会使用这个国家的语言。那么他要想在这个国家生活下去，与这个国家的人民相处，就要先去做大量工作来适应这个国家。这个适应过程只能是他自己完成，自己去认识、理解、观察和分析这个新环境，没有任何人能替代。与此同时，他还要努力学习和长期训练，使自己能掌握这个国家的语言。

对于刚来到这个世界的孩子来说，他们就像是“移居者”，需要面对的一切都是那样复杂和陌生。而他们的身体和各个器官都还未发育成熟，却要让自己在很短时间内适应这个复杂、陌生的世界。到现在为止，人们还没有找到合理、科学的方式来帮助孩子完成这项艰难的任务。我们面对孩子这个阶段的精神发展，好像又回到了只能任其发展、顺其自然的状态。必须要改变这种情况，我们要找到科学、合理的方式方法帮助孩子适应这种“内在劳动”，这与“外部劳动”有非常大的区别。

这就是我的婴幼儿教育方法的根本目标，因此我所提出的某些教育理念和教育方法并不是通用的，只是针对 3 岁 ~7 岁的孩子，满足这个阶段孩子的身体成长、性格形成的教育需求。我相信我的教育方法无论是从内容上看，还是所要达到的目标，都是科学、合理的。这些方法能指导孩子取得更好、更高层次的发展，而不只是停留在满足物质和生理方面的需求。

儿童之家的环境

“儿童之家”可以给孩子提供一个自由发展的活动空间，每个学校都没有固定的模式，而是根据自己所拥有的资金和所能给孩子提供的内容进行合理设置。“儿童之家”是真正意义上的“家”，它拥有一些房间和一个花园，孩子是这个“家”真正的主人。孩子可以在花园里玩耍或休憩，当然最好是有遮蔽物的花园，这样无论下大雨还是大太阳孩子都可以一整天在户外生活，甚至可以将桌子和椅子拿到外面，在户外进行工作、学习或吃饭。

“儿童之家”所设置的房间是孩子进行“脑力劳动”的场所，也是孩子能够自由支配的房间。根据学校的具体情况，也可以在主室周围设立一些小房间，例如小餐厅、小浴室、小客厅、小健身房或者一个休息室、一个手工劳作间等。

无论是什么用途的房间，其内部的设施一定要适合孩子，而不是成人。房间内的设施不仅要包括帮助孩子进行智力开发的教学用具，还应该具备一个小型家庭需要的所有东西。所配置的家具要很轻，可以让孩子挪来挪去；要便于清洗，孩子可以用水和肥皂清洗；要有各种大小和形状的低桌子，比如正方形、圆形、矩形的，最常见的是矩形的桌子，这样两三个孩子就能清洗桌子了；椅子最好是木头的，用柳条做的小扶手椅或沙发也是不错的选择。

在手工劳作间内，有两样家具是必须配备的。一件是开放式的长橱柜。橱柜要够低，这样个子小的孩子也能在上面摆一些像小毛毯、小工具等小物品。橱柜里摆放的是孩子公用的教学用具，这是孩子的共同财产。另一件是有两三排抽屉的衣柜，抽屉上有颜色明亮的门把手和写着孩子名字的小卡片。每个孩子都有属于自己的抽屉，可以放属于自己的东西，例如小杯子、小毛巾或者洗漱用具。

将黑板低低地挂满整个房间，让孩子可以在上面随意写字，或者画一些有艺术感的画，正好可以当做房间的背景。孩子们会画花草动物、自然风景、家庭成员、一起玩耍的伙伴，更多的是画他们听到的故事和历史故事的画面。

在劳作间里最好能摆放一些鲜花或者一些具有观赏性的植物。劳作间还要配置各种颜色的小地毯，如红色、蓝色、绿色、粉色等各种颜色。孩子可以随意坐在小地毯上，使用各种教具进行练习。由于小桌子、小椅子已经占据了大量空间，还要留下一片区域放置小地毯，所以劳作间要比其他房间大一些，这样孩子才能有空间随意将教具放在地毯上进行劳作。

客厅和起居室是孩子们玩耍、聊天、听音乐和做游戏的地方。房间的陈设要精致优雅，在房间内放置各种尺寸的小桌子、小扶手椅和沙发。在墙上挂各种尺寸的漂亮小托架，以便在上面放类似花瓶、雕像、相框等装饰品。最好是能让每个孩子都拥有属于自己的小花盆，孩子可以用这些小花盆种自己喜欢的室内植物，精心护理和照料植物生长。起居室里要有一本画有各种图形的图册，这样可以培养孩子集中精力看书或者能认识各种各样的几何图形，即可以做游戏又可以据此做模型。如果能有一架钢琴或其他乐器，特别是那种专门为孩子设计的小型竖琴，那就太完美了。老师可以在起居室里给孩子们讲故事，肯定会有很多对故事感兴趣的孩子围坐在老师身边听故事。

至于餐厅，除了摆放桌子，还要有许多低矮的碗碟柜，这样孩子就能自己拿取、放置餐具。此外，更衣间也必不可少，每个孩子有属于自己的衣柜或收纳空间。在更衣室里要有用桌子组成的盥洗台，每张桌子上要有一个小脸盆、肥皂和指甲剪。水槽放在靠墙地方，以方便孩子取水倒水。

“儿童之家”中的所有事情，都需要由孩子们来完成。他们清理房间，清洗家具、擦亮铜器，洗涤、摆放好餐具，打扫并收起地毯，还要做洗衣服和煮鸡蛋等工作。自己的个人卫生更要自己完成，要学会自己穿衣、脱衣，把衣服挂起来或者折好。

玩具产品已经能做到很复杂、很逼真的程度了，可以用这些逼真的玩具给孩子建构一个尽可能真实的场景。有给娃娃们装扮的各种服装，有可以假装做饭的厨具和食材，有形态逼真的动物玩具，这样可以将现实展现给孩子们，让其成为自己生活舞台的表演者。

必备的计步器

经过我多次改良的计步器是“儿童之家”必备的装备，它用来给孩子测量身高。计步器的底座是一个宽矩形板，底座中心竖起两根木制标杆，一个扁平的金属片放置在两个标杆的顶部并将其连接起来。每个标杆都有一个水平金属棒，这就是指示器，可以上下移动，外面包裹有一层金属制的外框。指示器与金属外框是用同一片金属做成，其末端还有一个橡胶球。在两个标杆的后面，放置着木制的座椅。标杆上都有刻度，没有座椅的一侧刻度从底座到顶部，大概 1.5 米的高度，有座椅的一侧刻度从椅面到顶部。有座椅的标杆测量孩子的坐高，而另一侧标杆测量孩子的身高。如果两个孩子能够合作，就可以一次性测量两个孩子，是非常实用的仪器。

仪器的实用性还表现在，它很好操作，孩子自己就能很好地进行测量。孩子会自己脱掉鞋，笔直地站到计步器上。他们可以很容易地将指示器上下移动，即使是第一次使用，指示器外的金属框也能保证指示器不会偏离水平方向。而且指示器末端的橡胶球能保护孩子不小心碰到金属器也不会受伤。

孩子们非常喜爱计步器，量量自己和朋友们的身高成为孩子们的重要活动之一，很多孩子会很高兴参与这项活动。因此孩子们很爱护计步器，把它擦洗得很干净，金属部分更是擦得很亮。计步器用其光滑明亮的外观回报了孩子们对它的喜爱。

计步器体现了我的教育方法的科学性，它记录了每一个孩子的身体成长过程，我借助这些记录能够观察到我在实施教育时孩子的身体发育状况。这一部分，我在其他论著中有着详细的描述。孩子们在计步器上测量身高的情况已经有了影像，我们可以看到一个又一个孩子在计步器上量身高的情景，包括最小的孩子。

第 5 章　蒙台梭利的基本教学用具

我们在对孩子的照料过程中，在周围环境的安排下，找到了适合培养孩子运动神经的方法，而感知培养和语言训练则可以通过我设计的教具来完成。

我认为孩子的生理和精神发展应该顺其自然，因此我的教育方法也秉承了这个原则，分为 3 个部分：

1. 运动神经培养；

2. 感知培养；

3. 语言训练。

我们在对孩子的照料过程中，在周围环境的安排下，找到了适合培养孩子运动神经的方法，而感知培养和语言训练则可以通过我设计的教具来完成。

下面是我进行感知培养使用的教具：

1. 3 套立体插件；

2. 3 套不同大小、不同颜色的立体图形（如粉色立方体、棕色棱体、绿色、红色和蓝色相间的薄板）；

3. 各种形状的几何立体图形（如棱柱、棱锥体、球形、圆柱体、锥体等）；

4. 表面粗糙和光滑的矩形板；

5. 各种材质的布料；

6. 不同重量的木块；

7. 2 个装有 64 块各种颜色小方块的盒子；

8. 装有平面插件的小柜子；

9. 有纸糊的几何形状的 3 套卡片；

10. 1 套圆柱形音响；

11. 2 套音乐钟和画有五线谱的木板以及用于标示音符的小圆片；

学习书法和数学需要的教具：

1. 2 个有坡度的桌子和各种形态的金属插片；

2. 有砂面字母的卡片；

3. 2 个彩色背景纸板字母表，2 个表要有大小的区别；

4. 写有砂面数字的卡片；

5. 1 套用于计算 10 以上数字，有光纸数字的大卡片；

6. 2 盒用于计数的小棒；

7. 彩色铅笔，适用于教学的图画书。

8. 能够锻炼手部动作的可以系带子、扣扣子的四方框。

第6章　运动神经的培养

孩子只要找到了适合自己的运动方式，就能朝着正确的成长方向发展，就像一个积极工作的人找到了前进的方向就会努力、认真且从容地进行自己的工作，这也是孩子在这个阶段进行肌肉锻炼的要求。

运动神经的培养必须要与孩子生理机能的所有协调运动相符合。孩子天生就闲不住，爱到处动，到处玩，他们的运动方式根本无章可循。如果没有对孩子的运动进行指导，孩子常会表现出调皮捣蛋、任性好动、任意妄为的行为模式。

面对这样的孩子，成人最常做的就是限制孩子的活动，重复着“老实待在那儿”这句毫无作用、没有任何意义的话语。孩子其实正通过各种活动找到能真正对自身发展有益处的运动组织和协调方式。不要再试图让孩子安静地待着，而应该指引孩子去运动。孩子只要找到了适合自己的运动方式，就能朝着正确的成长方向发展，就像一个积极工作的人找到了前进的方向就会努力、认真且从容地进行自己的工作，这也是孩子在这个阶段进行肌肉锻炼的要求。对运动神经的培养也是“儿童之家”特有的且有成效的训练方法，我在其他的论著中对这一内容进行了详细论述。

孩子在这个阶段需要进行肌肉训练的相关内容有：基本的活动，如走路、坐、站、立、拿取物件等；能照顾自己；处理简单家务；进行园艺劳动和手工劳作；体育锻炼和运动；韵律活动。

穿衣服和脱衣服

孩子能够照顾自己的第一步就是会自己穿衣服和脱衣服。我有这样一个教具，是钉有各种布料或皮革的四方框，针对孩子们进行训练。在这个四方框的教具上，有扣子、带子、拉链等，包括了人们会接触到的用以系衣服、裤子或鞋子的各种方式（参见图1）。

刚开始时老师要坐在孩子身边，慢慢地向孩子展示系带子、扣扣子等动作，最好能将动作分解，越细致越好，让孩子能看清楚、看明白。例如，老师可以这样分解动作。首先将四方框上的两块布对齐，如果是扣扣子，就先将扣子捏在手里，再将扣子对准扣眼，接着是将扣子完全放入扣眼，扣进去之后调整一下位置使布块平整。系带子也是一样的，老师将带子系成蝴蝶结的全过程像慢动作那样展示给孩子看。

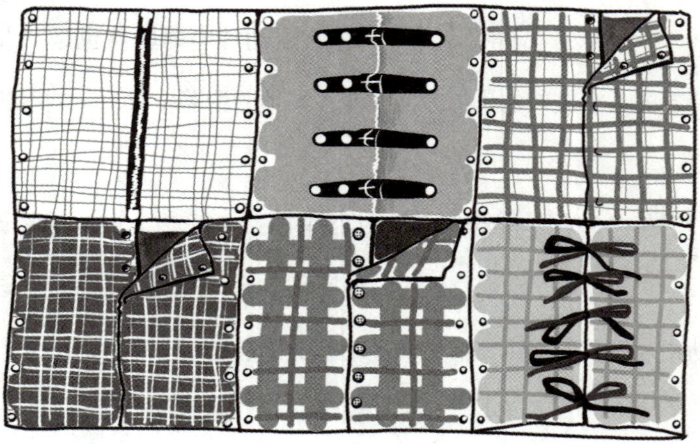

图 1　用于练习系带和系扣的四方框

在我们拍摄的电影中，有一段就是老师在教孩子用带子系蝴蝶结的过程。并不是所有孩子都需要老师一一教导，孩子之间是可以相互学习的，他们会很有耐心地分析每一个动作，并将动作慢慢地、细致地做好。孩子可以舒服地坐着，将四方框放在桌子上进行训练。孩子一旦对这个练习感兴趣就会反复在四方框上进行系扣训练，渐渐地，孩子的双手会变得十分灵巧，有的孩子只要一有机会就想给真正的衣服扣扣子，给鞋子系带子。四方框的训练激起了孩子穿衣的兴趣，我们常常可以看到，就连最小的孩子都想要自己穿脱衣服，还想着帮小伙伴穿衣服。

处理简单家务

教孩子洗东西、摆桌子等简单家务或比较重复的活动时也可以采用这样的方法。一开始先由老师带领孩子们一起进行，用正确的动作和方法教会孩子们如何去做，老师可以边示范边讲解，也可以不说话只做动作示范。老师要教孩子所有动作：如何站立，如何坐下，如何拿取物品，如何礼貌地将物品递给他人，如何能不发出一点儿声音就将碟子摆放好等。

孩子很轻松就能学会，并很乐意去做这些事情。可以安排孩子轮流去做洗碗、上菜、打扫等家务劳动。用不着要求孩子，孩子会很愿意这样的轮流制度并自觉地承担需要完成的工作，哪怕只有两岁半的孩子也不例外。我们经常可以看到孩子在工作时会努力回忆、模仿老师的动作，克服困难完成工作的动人场景。纽约的雅各比教授曾跟我讲过这样一件事。有一位 2 岁大的，看起并不是特别聪明的孩子坐在餐桌前，因不知道到底是右手拿叉还是左手拿叉而为难不已。孩子就这样坐着想了很长时间，看得出他在动用自己的全部脑细胞来思考这件事，一些大孩子用钦佩的眼光看着他在那儿思考。雅各比教授被深深感动了，就像我们一样，被眼前看到的这幕逐渐展开的生命成长过程所折服、所惊叹。

孩子的发展与成长只能由孩子自己完成，老师的授课只是一种帮助、一种提示，是给孩子的成长道路开启一个良好的开端。在“儿童之家”，孩子互相学习、互相帮助，乐观、喜悦、热情地面对日常工作。这样的氛围培养了孩子的同情心和助人为乐的生活态度，更神奇的是大一些的孩子在看到小同伴成长时心中充满了理解和关爱。孩子生活在这样的环境中，感觉就像在家里，能做到这点非常重要。在我们拍摄的影片中，可以看到孩子在“儿童之家”不停走动，都在进行自己的工作，老师就坐在一边，只是关注而不去打扰孩子。影片还有一些片段是孩子在整理“儿童之家”的场景，这也是孩子照顾他人和环境的具体行为。可以看到孩子们在擦洗家具，给地毯除尘，擦拭计步器等。在摆放餐具时，我们看到孩子们各司其职，独立将各自的端盘子、放刀叉、摆勺子等工作做好，然后在餐桌就座，接着一些孩子将菜端了上来。

园艺和手工劳作

孩子喜欢的课程还有园艺和手工劳作。大家已经认可了园艺是幼儿教育的重要组成部分，可以通过护理植物和小动物提高孩子的注意力，培养孩子的同情心。在这方面，“儿童之家”尽力效仿那些学校里最好的方法，这些方法多多少少都受了莱特夫人的影响。

手工劳作方面，我们选择泥塑，可以让孩子用泥土制作小碗、花瓶、瓦片、砖块等。孩子可以利用一些模具来制作这些物品，然后上好釉再放入炉中烘烤。孩子们会将自己制作好的各色瓦片排成一面墙，或者用灰泥和泥铲将自己制作好的砖块砌成一堵墙或给小鸡制造一个小窝。

“踩线”练习

体育锻炼也是重要的一环，其中“踩线”这个项目就很适合这个阶段的孩子来进行。老师用粉笔或者涂料在一大片空地上画出一条线或者一个大圆，孩子需要前脚接后脚地沿着线行走。在踩线时为了保持身体的平衡，孩子就像在走钢丝那样尽力稳住自己的重心，区别只在于走钢丝会有危险而踩线却不用考虑安全问题，因为“钢丝”是画在地上的。一开始老师先向孩子展示踩线这项动作，老师在前面做，孩子就跟在后面模仿，而不用语言进行解释。在孩子已经掌握如何踩线时，老师就可以离开，让孩子自己练习。

老师离开后，孩子会继续走下去，非常认真地去练习，模仿老师刚才示范的动作。为了不让自己从“钢丝”上“掉”下来，孩子尽力保持着身体平衡。其他的孩子看到后，会慢慢聚过来都想尝试。过不了多久，线上就会站满了摇摆不停的、寻找身体平衡的孩子，他们脸上是专注的表情，注视着自己的脚和脚下的线，一步一步沿线一直走着。孩子在做这项踩线练习时，老师可以播放一些音乐，例如一首非常简单明快的进行曲。音乐不仅能给孩子的活动伴奏，还能激发孩子努力向上的意识。

当孩子通过踩线这项活动的练习学会了掌握身体平衡，他们走的姿势会稳健、标准和优雅，不仅是走路的姿势，身体的整体形态都得到很好的提升，变得从容和优雅。可以通过各种方法增加踩线练习的难度。例如，可以在演奏钢琴曲时要求孩子根据乐曲的节奏进行踩线，一首曲子可以练习好几天。慢慢地，孩子会找到乐曲的节奏，用手和脚配合音乐节奏进行练习，还会将音乐作为踩线练习的伴奏。如同乔治小姐在华盛顿的学校里的孩子一样，做到了边唱歌边用教具做各种练习。于是，就能在“儿童之家”常看到这样的场景，孩子们一边工作一边在哼唱歌曲，就像一群嗡嗡哼叫的“蜂群”。

第 7 章　感知训练

经过较长一段时间的练习之后，孩子们开始根据自己周围的环境搞“发明创造”，不断地辨认着自己已知事物的形状、颜色等特征。这些练习激发了孩子体内的热情，他们眼中的世界是一个快乐的、充满活力的世界。

木制立体插件教具

在众多教学用具中，最能吸引 2 岁半到 3 岁孩子注意力的教具有 3

件，就是3套木制的立体插件。每套插件由10个小圆柱体组成，每个小圆柱体上都有一个圆顶小把手。第一套插件是高度相同，直径由大到小依次递减的圆柱体（图2）；第二套是直径相同，高度有变化的圆柱体（图3）；第三套是高度和直径都有变化，或大或小，或高或矮的圆柱体（图4）。

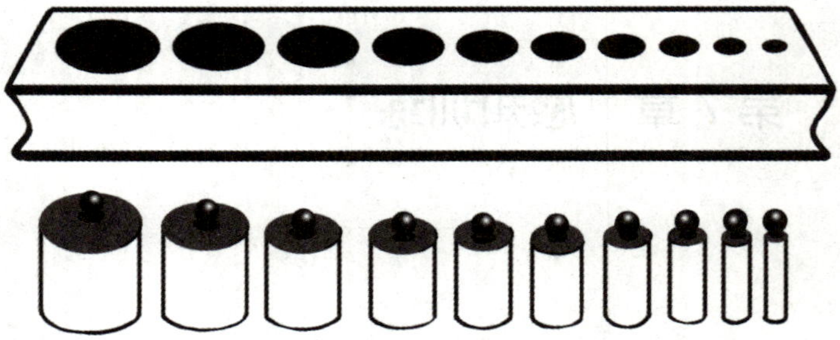

图2　直径依次递减的圆柱体

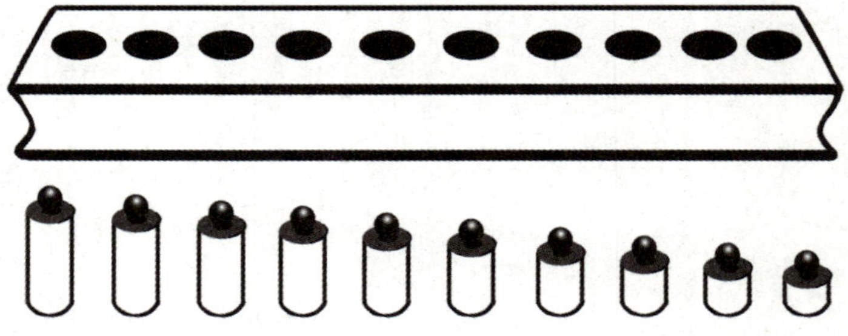

图3　高度依次递减的圆柱体

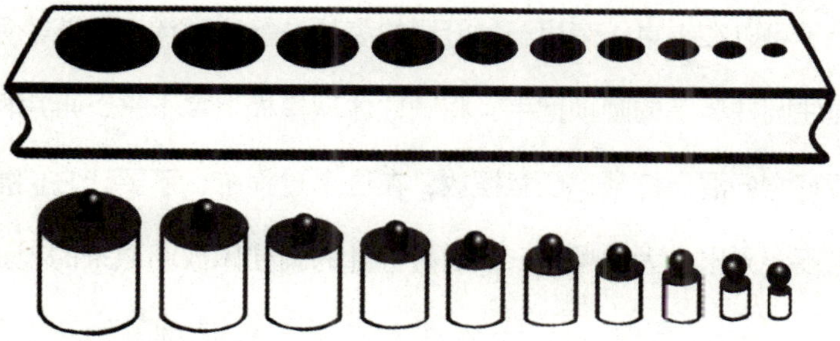

图4　直径和高度依次递减的圆柱体

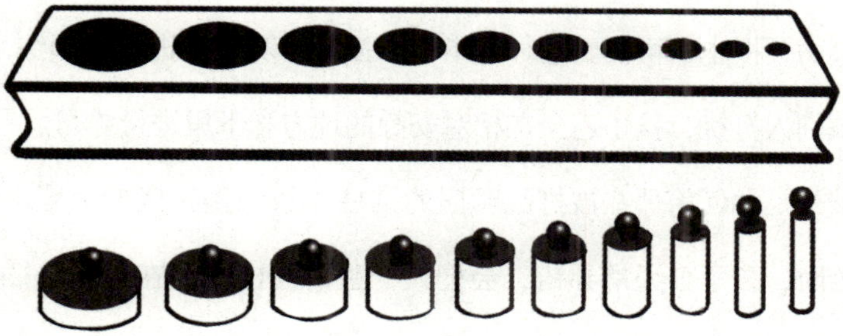

图5　直径递减高度却递增的圆柱体

第一套教具包含两个方面的变化，第二套教具只涉及一个方面的变化，第三套教具则含有三个方面的变化。我在设计教具的时候都考虑了圆柱体的排列次序所带来的难度。

这3套教具的具体使用方法是，先将所有的圆柱体插件全都取出来，打乱圆柱体原本的顺序，然后让孩子将打乱的圆柱体放回正确的位置。孩子可以在小桌子旁用一种舒服的姿势进行这项练习。孩子用两个手指捏住圆柱体上的圆顶把手，将圆柱体从模板上拿下来，再用两只手和手臂将它们混合打乱，任意摆放，在这个过程中，不要让它们掉下桌子，也不要弄出太大的噪声，最后将打乱的圆柱体放回原来的、正确的位置。

老师可以先做示范，将圆柱体取出，在桌子上将它们混合打乱，然后向孩子示范如何将圆柱体放回到正确的位置。其实，老师做示范这项工作大多数情况下并不需要，孩子们看到同伴在做这项练习会很自然地进行模仿，根本不再需要老师的指导。孩子喜欢独自进行这项练习，为了不被别人打扰，孩子还会在相对安静的地方私下里进行练习。

孩子是如何将那些被打乱顺序的圆柱体放回到正确的位置上的呢？刚开始时，孩子会经常弄错，会把大一些的圆柱体放在一个小插孔上，发现插不进去，就会换另一个位置尝试，直到圆柱体放进正确的插孔内。或者发生相反的情况，将一个圆柱体放入了相对而言较大的插孔内，孩子会发现这个插孔不属于这个圆柱体，应该是更大一些的圆柱体。孩子不断地为圆柱体寻找正确的插孔，最后会有一个圆柱体怎么也找不到合适的位置，这让孩子十分困惑。孩子停下了动作，皱起了眉头，开始认真思索，为什么其他圆柱体都放进了插孔里，而最后的那个圆柱体却放不进去呢？孩子会努力思考，查看到底是哪里出了错。孩子在想，是不是有个圆柱体放错了位置。孩子开始尝试再一次摆放那些圆柱体，一遍又一遍地寻找圆柱体的正确位置。最终，孩子成功了，绽放出灿烂的笑容。这项练习能激发孩子的智力潜能，当圆柱体放置的位置不正确时，孩子会开动自己的脑筋，不断进行尝试，并通过自己的实践寻找到圆柱体的正确位置。3 岁到 3 岁半的孩子对这项练习十分感兴趣，重复练习 40 多次仍然兴趣盎然。一旦给孩子呈现另外两组教具，孩子们会被圆柱体的不同变化打动，并再次唤起他们的兴趣。

这几套教具都是培养孩子用眼睛区别大小尺寸的能力。经过练习，孩子能够一眼就分辨出手里的圆柱体是放入小一些的插孔还是大一些的插孔。我的教具是我教育方法的重要一环：教具能够控制错误的出现，孩子在用教具进行练习时就能感受得到这一点。孩子在教具的指引下，不断纠正出现的错误，并最终获得成功。不是老师让孩子知道错误出现在哪里，而是孩子通过自己的努力实践发现了错误，并进行纠正，是孩子自己智力劳动的成果。孩子就是这样进行了自我教育。

进行这项练习的目的，不是表层的、外在的，也就是说，不仅仅是让孩子学会如何将圆柱体放入正确的位置，而是要让孩子学会如何进行练习。其深层次的、内在的训练目标是，通过这项练习训练孩子观察事物的能力，指导孩子对事物进行比较分析，并形成自己的判断、决定和认识。孩子在不断地做这项练习的过程中，就能使其注意力和理解力得到提高和发展。

木制几何立体图形教具

还有一种教具，是3套几何立体图形的木制教具。第一套是由10个粉红色的木制立方体组成，立方体的边长由10厘米到1厘米依次递减（图6）。孩子可以用这套教具搭建一座塔。先将最大的那个立方体放置在地板上或小地毯上，然后将其他的立方体从大到小一个一个搭起来，直到把最小的立方体放在最上面为止。有时候一阵风刮过来就会把孩子好不容易搭好的塔吹倒，将立方体刮倒在地板上，到处都是，孩子只得再一次搭建木塔。

第二套是由10个棕色的棱柱体组成。棱柱体的长是20厘米，截面的高度从10厘米依次递减到1厘米（图7）。在使用这套教具时，孩子将散乱放在地板上的棱柱体从最厚或者最薄的开始，按棱柱体的大小依次摆放。

第三套是由10个绿色或红蓝相间的薄板组成，方截面都为4厘米，薄板的长度则由10厘米到1米依次递增（图8）。使用这套教具需要大一些的空间，将薄板打乱。孩子通过比较分析，将散乱放置在地板上的薄板按照长短次序摆放好。

图 6　孩子们搭建的塔

图7　孩子们摆放的宽楼梯

图8　孩子们摆放的长楼梯

在进行这些练习之前，老师可以先做示范给孩子看如何摆好那些立体板。但是，实际上孩子并不是直接从老师那里学会如何进行这些练习，而是通过观察其他孩子的训练学会的。老师只需要认真观察孩子的一举一动，关注孩子的具体操作，在必要的时候纠正孩子的行为。所谓纠正孩子的行为，只是孩子在粗暴或者胡乱操作教具时进行纠正，而不是在孩子没有正确摆放立方体或薄板的时候。孩子在摆放立方体或薄板时发生错误，是由于孩子缺少练习造成的，比如将小的立方体放在了一个大一些的立方体下面。孩子通过认真观察、比较和分析，重复进行训练总会改过来的。有时候，孩子在摆立方体或薄板时发生了很明显的错误，甚至有些让人觉得可笑。这种情况下，老师也不应该打扰、纠正孩子，因为做这些练习的目的不是让孩子一定要将立方体或薄板按顺序摆放好，而是让孩子必须自己动手操作。经过不断地练习之后，孩子一定能将所有的立方体或薄板按顺序摆放好。成功之后，孩子会欣喜地将自己的杰作展示给老师看，这才达到了练习的目的。

立方体、棱柱体和薄板这三套教具的摆放练习使得孩子拿着木制模具不断走动，孩子的小手控制和操作这些东西实际上还有一定的难度。孩子通过这些练习能锻炼自己区别相似物体大小的能力，提高观察力。有些人会觉得这3套教具练习比起之前的圆柱体插孔练习要简单些，事实上，按次序摆放的练习难度要更大。因为按次序摆放练习，教具本身无法控制错误的出现，只能依靠孩子自己的观察比较来避免错误。

触摸教具

孩子可以在同一段时期内做各种不同的练习。我还有这样一种教具，它是一块矩形板，表面分成两个部分：光滑面和粗糙面。在进行这项练习之前，让孩子先清洗自己的小手。孩子们已经学会了如何用凉水和肥皂来清洗自己的小手了，洗好后擦干，再将指尖放入温水中浸泡几秒钟。然后，老师引导孩子用柔软的指尖轻轻地抚摸两个表面，感受两者的不同。在抚摸表面时，孩子的指尖轻微移动的动作是培养孩子们控制能力的好方法。孩子的小手清洗干净，还用温水浸泡过，则更增添了孩子在做这项练习时的优雅感觉。这项练习是对孩子进行触觉培养的开始，在我的教学方法当中，对孩子触觉的培养是相当重要的一环。

这项练习是培养孩子触觉的启蒙教育，在指导孩子做这项练习时老师必须要有积极参与的态度，要示范如何练习，还要引导孩子如何用指尖轻轻抚摸两个不同的表面。老师在参与这项练习时，不需要做解释，最好保持沉默，只需要握住孩子的小手即可。如果老师要说话，那就说些鼓励孩子动手去抚摸，体验两个不同表面所带来的感受的话语。

当孩子体验到两者的不同后，会按照老师的指导方法不断地、重复地体验两者的区别。体验过两个不同表面的教具后，可以给孩子感觉另一种教具。它也是一块矩形板，上面贴有不同程度的光滑和粗糙表面的胶带纸。也可以使用那种层次分明的系列砂纸作为培养孩子触觉的教具。通过对不同表面的抚摸，孩子体验到了不同表面所带来的感受，慢慢地就能分辨出差异细微的触觉感受，提高触觉能力的同时，也提高了对手部的控制能力。

在这些练习之后，可以让孩子触摸各种各样的布料，例如，丝绸、棉布、亚麻布、天鹅绒等。布料要选择颜色鲜艳明亮的，且形状大小要尽量一致。

然后，老师可以让孩子做一些新的练习。孩子抚摸布料，可以从粗糙的棉布到细滑的丝绸，可以让孩子根据布料的精细和光滑程度采取相应的用力抚摸或者轻柔抚摸来感受布料。经过之前的训练，孩子已经有了一定的触觉能力，能够在触摸这些不同布料时找到很多乐趣。孩子为了增加抚摸布料时触觉的感知力，会不自觉地将双眼闭上。有的孩子还会将自己的双眼用一块干净的手绢蒙起来，细心地抚摸每一块布料，并将不同触感的布料区别开，然后再将手绢从双眼上拿下来，看看自己是否出了错。

孩子对这类抚摸练习特别感兴趣，除了使用教具触摸，还会在自己周围的环境中寻找这种体验。例如，有一个孩子看到穿着漂亮衣服到访的客人时，先将自己的双手洗干净，然后走到客人身边，用手轻柔地抚摸客人的衣服，感受那件衣服的布料。这时，孩子的脸上洋溢着快乐和满足的神情。

木制矩形板教具

在经过一段时间的练习后，孩子会对那些更有难度的练习感兴趣。

可以让孩子使用下面这套教具（图9）。这套教具是由一些木制矩形板组成。矩形板大小相同，但是制作矩形板的木材特征是不一样的，所以每块矩形板的重量、颜色都会有区别。可以让孩子拿起一块矩形板，然后展开手掌轻轻地掂一下。这个动作是让孩子学会轻微动作的好方法。

孩子将矩形板放在自己的手掌上掂来掂去，感觉着矩形板的重量，但动作要尽量轻微。当孩子能够很快速地感受到物体的重量时，手部掂矩形板的动作就会越来越轻微。当孩子不需要掂的动作，拿起矩形板就能察觉到重量时，就达到了这个练习所要达到的目标。要想达到这个目标，对孩子需要不断地、重复地进行训练。

图 9　重量不同的矩形木板

老师一旦帮助孩子掌握了练习的技巧，孩子会将自己的双眼蒙住进行训练。孩子拿起矩形板，将较重的板放在右侧，将较轻的板放在左侧。当分类完毕，孩子会取下蒙住双眼的手绢，看看自己是否能够准确区分。

方块板教具

在进行上述所有练习的过程中，孩子还可以用另一种非常能吸引他们的教具来进行锻炼。

这套教具由方块板组成，方块板上裹着颜色靓丽的丝绸布料，由两个独立的盒子盛放这些方块板。每个盒子中的方块板有64种由深到浅的不同颜色，分为8种不同色调，每种色调都有8个深浅不同的色度。这个练习的要求是，让孩子给打乱的颜色或色度配对，就是让孩子从打乱了次序的方块板中找出两个颜色相近的方块板，然后按次序排列好。刚开始做这个练习时，老师不要将128块方块板全都混在一起让孩子来区分，可以先选择颜色鲜艳明亮的方块板，例如红色、黄色和蓝色，挑出3对或者4对这三种颜色的方块板混在一起。老师从里面拿出一块红色（或者黄色）的方块板，向孩子示范如何从那堆方块板中挑选出与红色相近颜色的方块板，并将配好对的方块板放在桌子上。然后，老师再拿出另一种颜色的方块板，例如蓝色，让孩子自己动手挑选出相近的颜色进行配对。之后，老师再将方块板打乱，让孩子重复这个练习。在孩子逐渐掌握了一定技巧之后，可以渐渐增加颜色的数量，可以由2种颜色增加到4种或5种。孩子3岁时，就能够从许多的方块板中配出10对或者12对颜色相近的方块板了。

当孩子能一眼就判断出颜色的一致性，一下子就能配对成功，那么就可以再加大些难度，让孩子做颜色深浅度的练习，感觉每种颜色的不同色度之间的细微差别，锻炼孩子的观察力。以蓝色系列为例。教具中有 8 种色度不同的蓝色方块板，从最深的蓝色开始摆起，老师可以示范给孩子看，如何由深到浅地将方块板摆好，让孩子知道接下来应该如何进行练习。

示范完之后，老师就可以离开了，孩子自然就会去操作这个让他们感兴趣的练习。虽然孩子已经知道如何进行这项练习，但是在练习过程中还是会经常出错，这说明孩子还没能快速地识别同一种颜色的不同色度之间的差异。孩子只有经过不断地、重复地练习，才能提高这一能力，才能区别同一颜色不同色度的细微差别，所以让孩子尽情地练习吧！

为了能让孩子得到提高，可以给他们提供两个建议以尽快掌握这个练习的要领。第一个建议是，每次练习开始先将颜色最深的方块板挑选出来，这样孩子在进行这项练习时就有了明确的方向。第二个建议是，老师可以时不时地引导孩子对颜色相近的两个方块板之间进行直接细致地观察和比较，然后将这两个方块板与其他方块板区分开。这样，孩子在摆放一块方块板之前会对与其颜色相近的其他方块板进行认真比较和仔细对比。

经过一段时间的练习之后，孩子会很愿意将 64 块方块板混起来，然后熟练地将方块板摆成8排，每一排都是将一种颜色按照由深至浅的顺序摆放好。这项练习还能提高孩子运用双手进行细微工作的能力，同时还能锻炼孩子的记忆力和注意力。在做这项练习时，孩子不能随意地将方块板攥在手中，手不能触碰到裹在方块板上的彩色丝绸布，而只能拿住方块板上下两端裸露出来的木头部分进行操作。将方块板一个接着一个整齐排成一条直线，使得方块板排列得像一条具有明暗深浅色彩的漂亮丝带，要做到这一点，孩子在操作时要特别仔细，要有一定的手工技巧，孩子只有通过大量练习才能达到这个要求。

这种色彩感知练习对大一些的孩子而言，是开发其“色彩记忆”的好方法。当孩子认真仔细地观察过一种颜色之后，他们无须用太多的时间就可以从一堆色彩缤纷的方块板中找到与其相近的颜色。可以看出，孩子实际上是通过记忆来识别颜色的，依靠的是色彩差异留在他们脑中的印象，而不再需要参考具体事物。

孩子对这种“色彩记忆”练习非常感兴趣，在练习过程中能有一种愉悦感。当孩子的脑袋里出现某种色彩的印象时，他们就会在现实生活中寻找与之相对应的具体事物。当孩子在现实生活中找到了脑袋里的印象相对的实际存在的具体事物，并将这一具体事物抓在手里时，孩子已经证明自己拥有了一定智能，这是一个胜利，会让孩子非常高兴。

小橱柜教具

还有一套非常有趣的教具，是一个带有6层抽屉的小橱柜，在每个抽屉里有一个木制的“方框”（图10）。在这些方框中央都插嵌着一个蓝色的几何图形，几何图形中央都有一个圆顶小把手。在每个抽屉里都衬着蓝色的纸，当拿走几何图形时，就可以看到抽屉底部复制出了一个完全一样的几何图形。

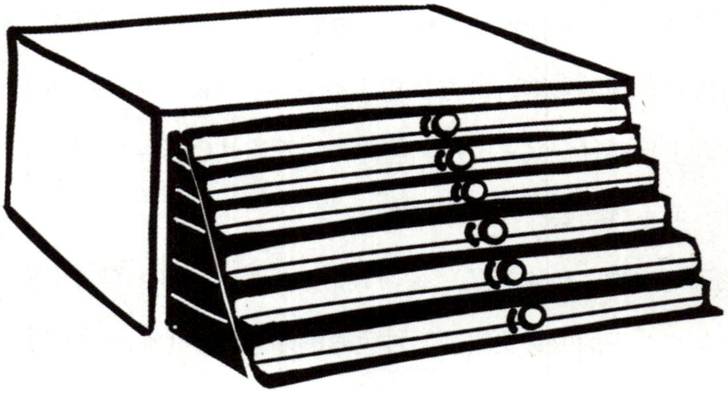

图10　装有几何图形插片的六屉橱柜

插嵌有几何图形的方框按照一定的规律放在抽屉里。

第一个抽屉：6个直径依次递减的圆形（图11）。

第二个抽屉：5个矩形和一个正方形，矩形的长度与正方形的长度相等，但宽度依次递减（图12）。

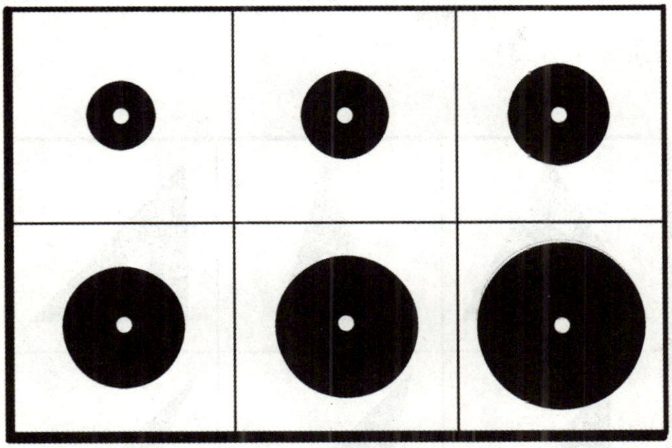

图11　圆形插片工具

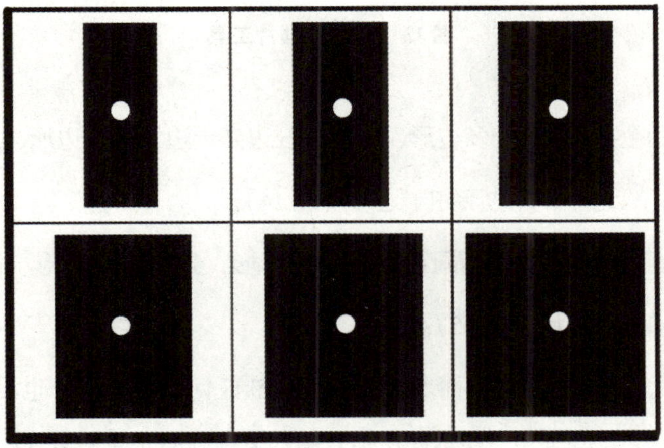

图12　矩形插片工具

第三个抽屉：6 个三角形，每个三角形边长和角度都不一样，分别为等边三角形、等腰三角形、不等边三角形、直角三角形、钝角三角形和锐角三角形（图 13）。

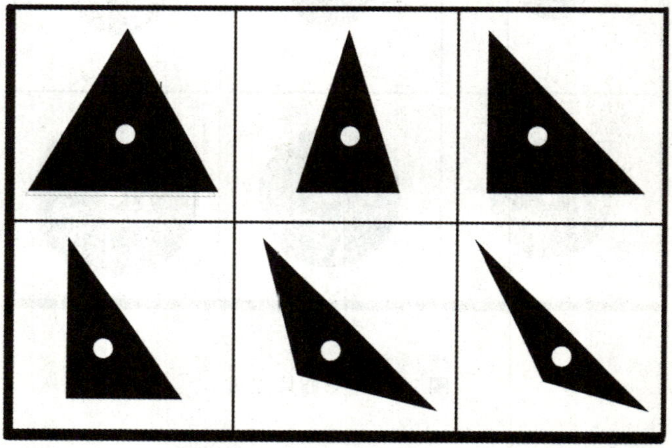

图 13　三角形插片工具

第四个抽屉：6 个多边形，分别从五边到十边，即五边形、六边形、七边形、八边形、九边形和十边形（图 14）。

第五个抽屉：6 个不同形状的几何图形，分别为鹅卵形、椭圆形、棱形、梯形等形状（图 15）。

第六个抽屉：4 块平面木板，没有插嵌任何几何图形，也没有固定图形所需的小圆把手，另外两块板是两个不规则的几何图形（图 16）。

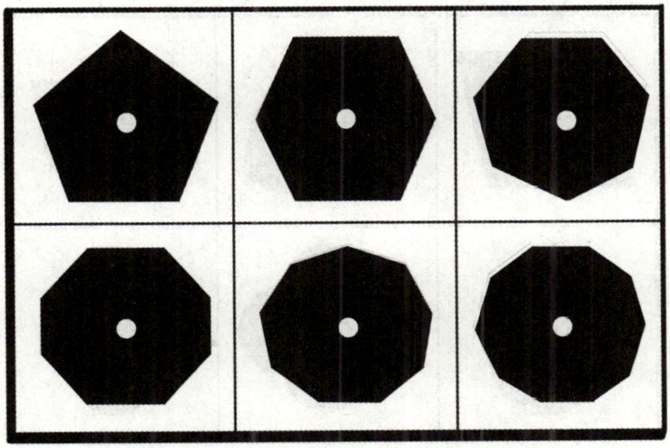

图14 多边形插片工具

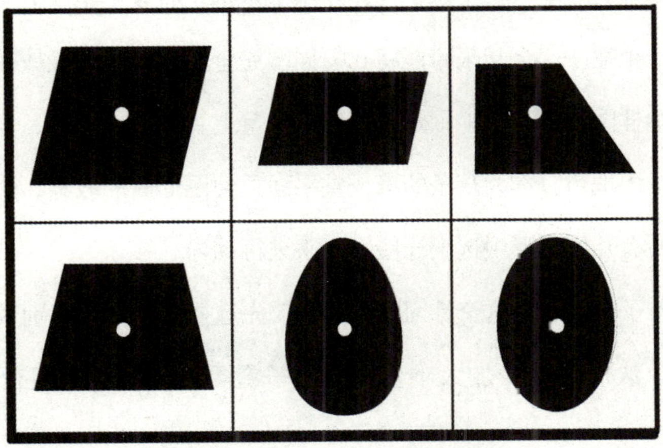

图15 不规则图形插片工具

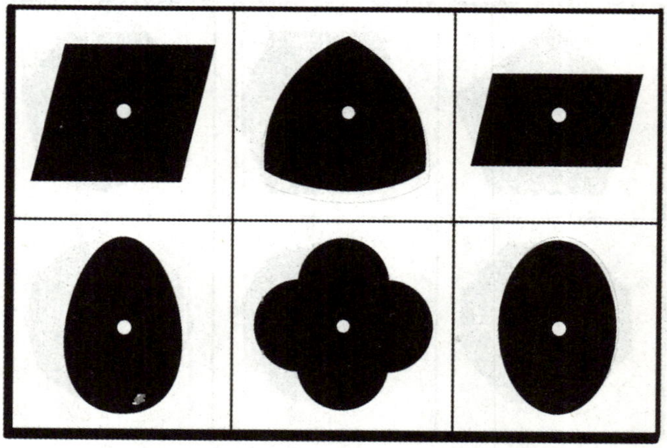

图 16　另一套不规则图形插片工具

这套教具要配合一个木框使用，这个木框里有 6 个格状分类栏，打开时像一个盖子，合起来时能将 6 幅插图完全盖住，使能摆放在木框底部的 6 幅插图模具牢牢地固定在正确的位置上。

这个木框可以作为孩子的第一堂平面几何图形课的教具，老师根据情况在所有几何图形中选出一些图形来进行练习。

在孩子第一次做这个练习时，我建议先选择一些形状区别较大的几何图形，然后再逐步加大难度，给孩子看更多、形状更相近的几何图形。

例如，孩子刚开始用木框做几何图形练习时，可以给孩子选择圆形和等边三角形或者圆形、三角形和方形这类形状较规整的几何图形，将这些几何图形摆放进木框中。老师给孩子提供的图形区别比较大，甚至是一些完全不相似的图形。比如，孩子要将上述规整的几何图形放入木框中时，可以将这些规整的几何图形与矩形、椭圆形、多边形等形状区别较大的几何图形混在一起。一段时间的练习之后，孩子已经掌握一定的技巧，就可以加大难度，用一些形状相近但尺寸不一样的图形进行练习，如6个矩形、6个三角形或6个圆形等。

这个几何图形练习与之前的圆柱体插孔练习有点儿相似，都是在做练习之前将模具从原来的位置上拿下来，然后打乱它们的次序，并通过小圆把手拿取，放回到原来的位置上。这个教具同插孔练习的教具一样，也能够控制错误的出现，因为几何图形插片只能放置在正确的位置上，其他地方是放不进去的。这样，孩子在经过一段时间的练习后，一定能将所有几何图形都放入正确的位置。要做到这些，不仅需要多做练习，还要求孩子在练习中多观察、多比较各种不同形状的几何图形。当出现了错误，孩子无法将手中的几何图形插片放入木框中时，孩子会开动脑筋，认真观察比较图形之间的差别。几何图形练习引导孩子意识到并发现各个几何图形之间的差异，并提高了孩子用眼识别各种几何图形的能力。

在做练习时手脑并用非常重要。孩子在观察几何图形时，老师可以指导孩子用食指和中指柔软的部分去触摸几何图形的轮廓。不仅仅是触摸几何图形的轮廓，还要触摸木框中与几何图形相对应的孔径的轮廓。

只有两者都触摸过之后，孩子才能更理解几何图形的形状，才能正确地将几何图形插片放入准确的位置。

经过一段时间的练习，孩子对几何形状的识别能力会有很大提升。原本不能一眼就识别出形状差别和将形状区别很大的几何图形放错位置的孩子，在触摸了几何图形和木框中孔径的轮廓之后，就能很快识别出几何图形之间的差异，并能快速将几何图形放入正确的位置。

孩子对几何图形的触摸过程，使得孩子的手对触摸的物体有了具体的了解。这一点在孩子触摸木框时表现得尤为明显。孩子的两个手指沿着木框边沿慢慢抚摸，木框既是一个阻碍，又是指引手指移动的明确指示。老师一定要准确地将触摸的动作示范给孩子看，在孩子进行这项操作之前这点非常重要，对孩子今后的练习非常有帮助。老师在示范动作时，手部的触摸动作一定要缓慢、清楚，示范之后还要指导孩子的小手进行第一次的触摸动作，要保证孩子的手指能抚摸到所有的细节部分——那些边边角角。当孩子的小手能独立操作并准确完成触摸动作之后，孩子就能通过触摸物体的轮廓来感知几何图形的形状。多次练习之后，孩子还能够协调自己手部的所有动作准确画出一个几何形状来。

这个练习并没有具体指向的训练目标，却可以为绘画做准备，能让手部拥有勾勒封闭形状的几何图形轮廓的能力，为绘画的基本功打下基础。孩子的手指清晰地感觉着如何沿着一个几何图形轮廓触摸、移动的过程同时也在为书写进行准备。当然，孩子并没有意识到这一点。孩子们为了提升自己精准触摸几何图形轮廓的能力，会自觉地加大触摸的难度，用手绢将自己的双眼蒙住，这样孩子就无法看到几何图形的形状。由于双眼被蒙住，看不到几何图形的形状，孩子只能依靠手指触摸图形的轮廓来辨别形状。

与几何图形在平面插片上形状相对应的有三套白色方形卡片，卡片的大小与木框的插孔相一致，分别放入 3 个立方体形状的纸板盒里（图 17）。卡片分为 3 组，上面有与木制几何图形插片的大小、尺寸和形状都一致的几何形状。

第一组卡片上粘着的图片，是用蓝色纸剪出来的几何图形；第二组卡片上的图形，是用约半厘米宽的蓝色的纸剪好并粘在卡片上勾勒出的几何图形；第三组卡片上是用黑墨水勾画出的几何图形的轮廓。

用这套教具给孩子做练习，可以锻炼孩子用眼睛辨别平面形状的能力。之前的几何图形插片练习使用的教具能控制错误的出现，而现在这套教具，已没有这个功能。孩子不能再通过不断尝试将几何图形插片放入正确的孔径中，而只能根据纸片上的图形形状轮廓来完成练习，只能依靠自己的双眼来观察和判断各种几何图形的形状特征。

孩子在一次又一次的卡片练习中提升了自己眼睛辨别平面图形的能力。当孩子做到第三组，也就是只用黑墨水勾勒出图形轮廓的那一组时，他们就能理解自己手里拿着的几何图形插片与周围物体外形之间的联系。孩子能渐渐将具体存在的事物与概念性的东西相联系。至此，孩子的脑海中对线条有了具体概念，并只需要通过线条简单勾勒的轮廓就能识别、辨认出几何图形。

图 17　带有几何图形的卡片系列

孩子们创造的练习方法

训练的方法不仅仅是我上面提到的内容，孩子们自己就能想出很多种练习方法。有的孩子喜欢将木制几何图形插片与纸板卡片像洗扑克牌那样混在一起，然后再一一分开、配对。为了检查自己是否配对正确，孩子会将木制几何图形插片放在卡片上相互对照几何图形的形状。孩子需要一整张桌子的空间来做这个练习，将与木制几何图形插片相对应的纸板图形卡片放在桌子上，然后将木制几何图形插片摆放在纸板上。

孩子们还创造了另一种练习方法，就是将三个系列的所有卡片都摆放在好几张连在一起的桌子上，并将所有的卡片次序都打乱，然后拿出一个几何图形插片，快速浏览桌子上的所有卡片，将木制几何图形插片尽可能快地放置在相对应的卡片图形上。

当四五个孩子聚在一起共同做这个练习时，一个孩子找出了与木制几何图形插片相对应的卡片，就将插片小心地、准确地放在卡片的图形上，另一个则将插片放在了只画有图形轮廓的卡片上。这个练习还能够激起孩子们对国际象棋的兴趣。

在教孩子识别几何图形时，我还教孩子那些几何图形的名词。刚开始我并不想教孩子学会诸如正方形、圆形、矩形这类最正式的名词，但孩子显得非常愿意了解所有几何图形的名词，甚至对最难理解和学习的十边形、梯形这类几何图形的名词都感兴趣。当老师准确念出几何图形的正式名词时，孩子会认真聆听并跟着老师重复朗读，并显示出了极大的兴趣。这段时间正好是孩子语言开发的最佳时期，这个练习同样对孩子的语言开发很有帮助。

经过较长一段时间的平面插片练习之后，孩子开始根据自己周围的环境搞“发明创造”，不断地辨认着自己已知事物的形状、颜色等特征。这些练习激发了孩子体内的热情，世界在他们眼中是快乐的，充满活力的。

一个男孩独自在屋顶平台上散步，当他抬头望着天空的时候，他的脸上出现了一种认真思考的表情，嘴里重复着这样一句话：“天空是蓝色的，天空是蓝色的……”有一位红衣主教来到维亚·盖斯蒂学校，他非常喜欢孩子，他给孩子们带来了一些饼干，想感受一下孩子们贪吃饼干的那种高兴表情。但当主教将饼干分发完之后，并没有看到孩子馋嘴地将饼干往嘴里送的样子。让主教吃惊的是，孩子们看着饼干，说着饼干的外形，“这是三角形，这是圆形，这是矩形”。有意思的是，这些饼干的确都做成了几何图形的形状。

米兰的一个普通家庭里，母亲正在厨房准备晚餐，她从面包袋中拿出了面包和黄油，在她身边的 4 岁大的儿子指着面包说：“这是矩形的。”母亲没有理会他，继续着自己手上的工作，用刀切下了面包的一角。这时孩子又说道：“它变成三角形了。”母亲把切下的三角形面包放入煎锅中，孩子便指着剩下的那块面包大声地说：“现在，它又变成梯形了。”孩子的父亲看到孩子的表现非常吃惊，且印象深刻。由于他是一位工人，并不了解其中的含义，便找到老师，希望老师能给他解释一下为什么孩子会有这样的表现。孩子的父亲激动地说：“如果我小时候也能接受这样的教育，现在肯定不会只是一位普通工人。”这位父亲后来在社区进行了一场演示，使得小区所有的工人对这个学校产生了浓厚的兴趣。他们还将这一场景用画笔描绘了下来，画上有很多孩子，孩子中间有各种各样的几何图形。

孩子通过对物质的触摸以理解和感受物体的形状这一练习不只是通过教具才能进行，实际上，孩子周围的一切物体和环境都可以成为触摸练习的教具和场所。我们可以看到孩子站在一个非常漂亮的柱子或雕像面前，在细心观察和欣赏之后，会不自觉地将双眼闭上，用他们的双手认真仔细地触摸物体的外形。我们的一位老师曾看见维亚·盖斯蒂学校的两兄弟，他们站在支撑圣坛的柱子面前。一开始他们只是欣赏这个柱子，接着哥哥慢慢接近柱子并用手触摸柱子。哥哥似乎想让弟弟也感觉一下这种奇妙的体验，就将弟弟拉近柱子，并轻柔地举起弟弟的手触摸柱子，让他也能体验柱子光滑和美丽的外形。可让人遗憾的是，教堂圣器的管理人却过来，粗暴地干扰了两兄弟的活动，把“那些乱摸圣器的讨厌小鬼”都赶走了。

关于“立体感知”

通过触摸物体的外形来识别理解物体的过程，让孩子获得了很大的满足和愉悦，并极大地促进了孩子的感知能力。

许多心理学家都提到“立体感知”这一概念，指的是通过用手触摸物体的外形轮廓来识别物体的外形的能力。“立体感知”的能力不仅仅是指触觉，还包括肌肉感知能力。触觉仅能使人感知物体的外表是粗糙还是光滑，而对形状的感知要有两种能力的结合，那就是触觉和肌肉知觉，所谓肌肉知觉就是运动知觉。能做到触觉即是“立体知觉”的是盲人，他们拥有用手感知物体外形的能力。

3 岁 ~6 岁是孩子自身肌肉运动渐渐形成的阶段，正是这个能力的渐渐增强促使孩子可以进行“立体知觉”练习。当孩子将自己的双眼蒙住，用双手感知各种物体的外形时，就是在锻炼自己的感知能力。

不仅仅是我提到的这些教具，很多东西都能锻炼孩子闭上双眼触摸识别物体的能力，例如小砖块、弹球、硬币、豌豆等。孩子可以触摸各种各样的物体，并将外形相似的物体区分开。

我的教具中有一些蓝色的几何立方体，球体、棱柱、棱锥、圆锥和圆柱各一个。最让孩子感兴趣的学习这些几何立方体的方法就是，闭上眼睛用手触摸来猜出几何立方体的名称。至于如何教会孩子这些几何立方体的名称，我后面会有详细叙述。另一个能让孩子对几何立方体感兴趣的方法是，让这些立方体动起来，例如圆球可以四面滚动，圆柱体只能往一个方向滚动，圆锥体是绕着自己滚动，而棱柱和棱锥却不能滚动等。

纸板圆柱体教具

我们还有这样一套教具，是由 6 个纸板圆柱体组成。圆柱体或是完全封闭，或是有木头盖子（见图 18）。圆柱体内部由不同材质的物质做成，所以当摇动圆柱体时，它们会发出强度不一样的声音，从很大声到几乎没有声音。

做这个练习时需要两套纸板圆柱体。刚开始做练习时，先辨识相同强度的声音，并将相同强度声音的圆柱体成对摆放好。接下来的练习是辨别声音的强弱程度，孩子需要根据圆柱体发出的声音按照声音的强弱程度依次排列好。这个练习有点像之前所述的色板练习，色板是按照颜色的深浅排列。做练习的时候，孩子要找个舒服的姿势坐在桌子边进行。老师只需简单给孩子讲解一下，孩子就能独自做这个练习了。如果能蒙住双眼进行这项练习，就能让孩子的注意力更加集中，更好地进行练习。

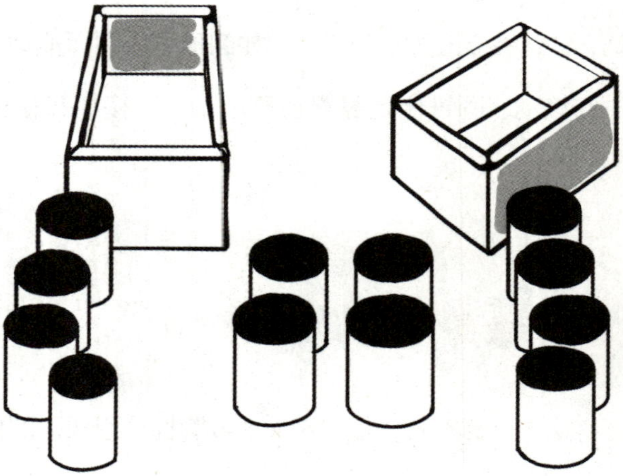

图 18　发声圆柱体

图 19　孩子在感觉不同的嗅觉

感知训练的总结

关于感知训练的教具介绍到这里就差不多了。我们可以总结一下这些教具的共同特征，大概可以总结为三点。第一点，教具要有一致性识别，即相似的物体可以配对，或者物体能插入适合的位置中。第二点，教具有对比性识别，即物体可对立区分。第三点，相似物体的区分。

为了让孩子在做练习时能够尽可能将注意力放在感知的物体上，最好将孩子与外界环境隔离。例如，在孩子做练习时保持安静，或是在做与视觉感知无关的练习时将孩子的眼睛蒙住。

我们拍摄了教学片子，在片子中有许多画面是孩子运用教具进行练习时的一个大概情况。相信有一定理论基础的人，在看到孩子们所做的这些练习会逐渐认可这些教具和这些教学方法。

我们建议那些想培养孩子感知能力的成人们可以自己动手操作那些教具。做过这些练习之后，成人就能更明白孩子在做练习时什么内容是必须要去体验和感受的，孩子在做练习时会出现哪些困难等；另一方面也能更了解孩子在做这些练习时为什么会产生如此大的兴趣。亲自动手体验了练习过程的成人，会对一个事实印象深刻：当双眼被蒙住，就会发现自己的触觉和听觉更加敏锐，感知事物的能力更强。这也是孩子对这种训练兴趣浓厚的原因之一。

用于肌肉知觉训练的乐钟

肌肉知觉训练的初期阶段，我们在罗马使用了一个教具，这个教具在市场上无法买到（图20）。教具是由两套乐钟组成，有全音和半音的八度音阶。这些金属乐钟按照色彩顺序放在一块长板上，板上有与乐钟的木基尺寸相同的黑色和白色的长方形格子，白色格子意味着全音阶，黑色格子意味着半音阶，类似钢琴的琴键。乐钟按照 doh、re、mi、fah、soh、lah、li、doh 的次序放在白色的格子键上，只有摆放在长板上的乐钟与音调有关，才代表着音符。

图20　乐钟

练习的第一步是，让孩子用小锤子敲击已经按次序排列好的那组乐钟的第一个音符（doh）。然后再让孩子敲击另一组乐钟，这组乐钟没有半音符，而且乐钟的次序都被打乱了。需要孩子一次又一次敲击乐钟，找出他之前敲击过的（doh）音符。当孩子找到了（doh）音符之后，就将敲出这个音符的乐钟与第一组的那个乐钟（doh）音对应摆放。接着，孩子开始敲击第二个乐钟 re 音。与寻找第一个音相同，孩子可以敲击一次或者多次，从那套混乱的乐钟里找到 re 的音，并将发出 re 音的乐钟与第一组的乐钟对应放好。孩子以相同的方式继续练习，逐个识别出所有音符。在做这套教具练习时，可以同时做之前提到的圆柱体声音练习和色板排序等类似的物体配对练习。

一段时间的练习之后，孩子们在快速敲击按顺序摆放好的乐钟时，或者在按音阶顺序唱 doh、re、mi、fah、soh、lah、ti、doh 音符时，就可以依次听到并更熟悉各个音符和音阶。当孩子能够辨别各个音符和记牢音阶的顺序时，就可以将 8 个乐钟打乱放在一起，让孩子用小锤敲击它们，辨别出各个音符，并将它们按音阶顺序摆放好。孩子每次进行新的乐钟练习时，都要从头开始将自己已经熟记的音符顺序再敲击一次，例如第一次敲击 doh、re；第二次就是 doh、re、mi；第三次是 doh、re、mi、fah；第四次是 doh、re、mi、fah、soh……这样的练习方式。通过这种练习方式，孩子只需要听音符就可以将所有的乐钟按音阶顺序排列好，排列好后孩子会按上下音阶一个接一个地将所有乐钟都敲击一遍。5 岁以上的孩子会对这个练习非常着迷。

上面所描述的教具练习可以作为进行听觉训练的启蒙阶段，实际上听觉训练的教具不仅仅限于此。我还选择了一些能引起共鸣的金属管、能发出声音的小木棒或者各种乐器等作为教具，在经过了之前的乐钟练习之后，孩子将用所学到的知识和经验来辨别上述物品所发出的声音。当然，还可以用钢琴来进行听音和辨音的练习。通过这些方式，孩子会了解到，不同的材质会发出不同的声音。在孩子们进行各种教具练习的同时，弹奏钢琴曲或者孩子自己哼唱歌曲为自己所做的动作伴奏，都是培养孩子乐感的训练方法。

静默训练

“静默训练”是一个可以让孩子尽快注意到声音之间的特殊联系的教学方法。“静默训练”的特别之处在于，与大家熟知的听觉教育方法不同，它不是要制造各种声音，而是要尽可能地减少周围环境出现各种声音。我的这一教学方法渐渐得到很多人的认可，原本没有采用这套教学方法，也因看到“静默训练”对孩子产生的卓越成效而开始采用这种训练手段。

“静默训练”需要孩子们“不要动”，即无论什么原因都要抑制住自己的运动神经以保证真正做到“安静”。老师教会孩子如何控制自己的所有动作是非常重要的。如果老师只是用嘴说“要安静待着，要一动不动”显然是不够的，还要给孩子一个榜样，给孩子示范如何才是真正的安静，如何才能一动不动。那就是要求孩子的身体尽可能不动，双脚、手臂、胳膊、头部等身体各个部位都不要动，就连呼吸也尽可能轻柔些，这样才不会制造出任何声音。只有这样才能做好“静默训练”。

要想让身体尽可能保持不动，孩子需要给自己找一个舒服的姿势，一个能够保持自己身体平衡的姿势。因此，当孩子做“静默训练”时，无论是坐在椅子上，还是坐在地上，都必须要让自己坐着舒服才行。一切都安静下来，这时房间的光线应该是半明半暗的，否则孩子会闭上眼睛或者用自己的小手蒙住眼睛。

可以看得出，孩子对“静默训练”非常感兴趣，一旦进行这个练习就像孩子给自己施了道符咒一样，进入一种沉思的状态。渐渐地，孩子越来越能保持安静，静态的感觉更加强烈，使得这一状态越来越接近绝对的静止。

这时，可以听到以前听不到的那些轻微的声音，例如时钟的滴答声、小鸟的吱吱声和蝴蝶飞过时翅膀扇动的声音。这个世界变得不一样了，变成了充满声音的新世界。这些轻微的声音侵入了孩子们营造的寂静世界却没有扰乱它，就像星星点缀在漆黑的夜空但没有驱散夜的黑暗一样。在这个寂静的世界里，可以产生很多新体验，发现很多新东西，甚至释放了心灵。在这个世界里，心灵得到解放，它自由了，像一朵鲜花那样自由且灿烂地绽放着。

“静默训练”的结束方式是老师逐个点孩子的名字。老师或者其中一个孩子，坐在后面或是隔壁房间里，一个一个地用点名的方式来唤醒那些处于沉思状态的孩子。点名的声音要轻柔，不能太大声。当孩子听到别人点自己的名字时，必须起身往声音传来的方向走去。行走的动作要小心轻微，尽量不弄出任何声音。

通过“静默训练”，孩子们对寂静的状态有所了解，他们感知声音的能力增强了。对于那些感受过了寂静的状态，听到了寂静世界里的细微声音的孩子们而言，现实生活中喧嚣的声音令他们烦躁。正因为如此，孩子的行为模式也随之有所改变，他们走路时动作轻微，不再碰撞家具，移动东西时也尽量不弄出响声。这些改变产生了令人愉悦的状况，孩子们的行为举止变得优雅，这种优雅不是装模作样给别人看的，而是发自内心的宁静感受和心灵的愉悦体验。孩子正是通过这一方式逐步改善提高自己。

这个练习还有一个很重要的作用，可以培养孩子的社会精神，而这一点是其他练习无法做到的。当 50 多个孩子挤在一个很小的房间里一起做这个练习，假使所有的孩子都知道如何让自己做到安静待着一动不动而且也非常愿意这样做的话，就能营造出一个寂静的状态。但是只要有一个孩子做不到这点，就会彻底打破寂静状态，让原来宁静的房间一下子变成吵闹的场所。因此，做这个练习时要求所有的孩子要共同配合以达到一个共同的目标。大部分孩子宁可忍住自己想挥去落在鼻子上的苍蝇的冲动或者克制自己不要打喷嚏等，来保持寂静状态，这使得孩子的克制能力变得越来越强。从孩子们在做练习时小心谨慎，尽量不弄出声响的轻微动作，我们可以看出孩子身上具备的合作精神。当孩子处于一个安静的环境时，他们会踮起脚尖行动跑步，轻柔地开关柜门和摆放物品，所有的动作都轻微、优雅和灵活，这是孩子需要培养的好习惯。一个用后脚跟用力走路，摆弄物品时弄得到处乱响的孩子，足可以破坏一个整体的安静平和的氛围，足可以毁掉其他人共同努力营造的成果。

第8章　通过语言学习认识世界

孩子在我们设置的课程的训练下，不停探索着世界，获得了独特的印象深刻的体验，并在这一过程中感受到极大的乐趣。他们将原本看起来杂乱无章的世界分门别类，使之变得有条理、有章法，并得到了很多知识。

听力的特殊重要性表现在它与说话的感觉器官相联系。因此，训练孩子的听力，让孩子注意周围环境的各种声音并辨别声音之间的区别，是为了孩子更清楚地聆听语言的发音而做准备。老师在跟孩子讲话时必须吐字清晰、发音准确，哪怕是用很小的声音在讲话，好像是在说什么秘密的时候也要做到这一点。练习准确发音的另一个好方法，就是让孩子唱歌。老师在教授的时候，发音一定要慢，把每个音节都分开来发。

在让孩子进行各项练习的过程中会使用到很多与练习相关的名称，这是让孩子进行清晰和准确语言练习的好时机。在做练习时，当孩子识别出了物体的差异时，老师要将物体的差异清晰地表运给孩子。例如，当孩子正在用粉红色的积木搭建木塔时，老师可以坐在孩子身旁，拿起差别最大的两个积木，一个最大的和一个最小的给孩子看，并用准确发音跟孩子说“大的”“小的”，而且在说“大”“小”两个词时，要连续几次用重音朗读。接着，老师要进行一个小测试来检查孩子是否已经理解了这两个词之间的区别和意义。老师对孩子说“请将大的给我”或者“请将小的给我”。再重复一次，“大的那个”“小的那个”。然后暂停一下，再指着积木问孩子“这是什么样的”“那是什么栏的”。如果孩子真正理解了这两个词，就会回答“大的”“小的”。老师可以参考下面的对话方式让孩子能更清晰、更准确地表达词语：

老师：“这是什么样子的？”

孩子：“这是大的。”

老师：“什么样子的？”

孩子：“大的。”

老师：“请大声地、清楚地告诉我，这是什么样的？”

孩子大声说道：“大的。”

老师在教授孩子理解“大”“小”这两个词语时，所使用的教具必须是尺寸不同但外形相同的物体，即三维比例相同的物体。当两个物体外形相同只有尺寸上的差别时，一个物体相比另一个物体才能说是大的。

当物体是截面有变化，但是长度没有变化时，物体之间的区别就要用“厚”“薄”来区分。因此，老师教孩子理解棕色棱柱体之间的区别时，就要说它们是一个“厚的”，一个“薄的”。老师教孩子区别厚薄与区别大小一样，分3个步骤：

第一步：告诉孩子这个积木是“厚的”，那个积木是“薄的”。

第二步：让孩子理解哪个是“厚的”，哪个是“薄的”，对孩子说“把厚的给我”“把薄的给我”。

第三步：让孩子学会准确发音。老师问孩子“这个是什么的”，让孩子回答“厚的”或是“薄的”。

在教孩子词语的同时可以帮助孩子区分物体的尺寸差异，并用语言指导孩子将物体按一定的顺序摆放好。例如，在孩子已经能理解厚薄的概念之后，老师将棕色棱柱散乱地放在地毯上，然后对孩子说“请把最厚的那块给我”，并将孩子挑选出来的棱柱放在桌子上。老师继续重复刚才的过程，让孩子在剩下的棱柱中将最厚的那块选出来，摆放在之前选出的棱柱之上。这样孩子不仅更好地理解了厚薄的概念，也能帮助孩子学习正确地摆放好物体。

当物体只存在一维变化时，例如长短不一的木棒，其只是长度有变化，可以说物体是“长的”或是“短的”。当物体的变化是高度时，可以说物体是“高的”或是“矮的”。当物体的变化是宽度时，可以说物体是“宽的”或是“窄的”。以上这三种变化，我们要从长度入手，最开始时要教给孩子的是物体长度的变化。我们还是用上面提到的那 3 个步骤来学习，让孩子从成堆的、散乱的物体中挑选最长的或者最短的，在学会长短概念的同时更好地辨别物体之间的差异。

在这样的严格训练之后，孩子对词语的理解能力得到很大提升。有一天，老师在黑板上用非常细的线条画格子，一个孩子说道：“好小的线条。”这时另一个孩子马上纠正他：“不是好小，而是好细的线条。”

如果老师要教孩子有关颜色或形状的名称时，就不需要用两个极端的物体进行对比，也就是说不需要特别强调最红的或最不红的。老师可以同时给出多个名称，比如说“这是红色的”“这是蓝色的”或者是“这是三角形的”“这是圆形的”，等等。只有在有等级变化时才需要选择两个极端的物体进行对比，比如说“深”和“浅”，让孩子在众多的颜色中挑选最深的或是最浅的颜色。

文中提到的练习，像触摸不同表面练习、“踩”线练习、平面插片练习、颜色练习、名词教授、阅读、书写等内容，在我们自己拍摄的影片中都能看得到。

通过这些练习，孩子们完全理解了许多词语，例如大小、厚薄、长短、深浅、粗糙和光滑、轻重、冷热等，还有许多几何图形的名称和各种颜色的名称。这需要孩子经过长时间的练习才能完全掌握和理解这些名词，孩子需要特别关注物体之间的差别，并通过比较、分析形成自己的判断，最终获得辨别物体差别的能力。也就是说，孩子"提炼"了自己的体验和感受，他们对事物的观察和理解是清晰、彻底的，孩子自己改善和提升了自己。

孩子发现自己的观察能力有了很大的提升，并拥有了敏锐的心理素质，能更好地面对和理解这个复杂的世界。慢慢地，孩子发现自己所建立的世界不再是杂乱无章的，而是分门别类的，根据物体的不同变化分类，并且每件东西都有其名称。孩子在经过观察、比较和分析之后，形成自己的判断，将所观察到的物体与脑中已经建立起来的物体概念相联系，并按照名称进行准确分类。

这就像是实验科学的学生在观察未知的世界一样。当学生置身于未知的、多元的世界中，觉得自己就像是一个文盲，对一切都感到很陌生，但是与文盲不同的是，他们具备观察世界、了解世界的素质和能力。例如，他们会操作显微镜，在显微镜的帮助下，他们能看到肉眼所看不到的微观世界。如果他们是天文学者，他们就会比好奇的游客和天文爱好者更能熟练使用望远镜，以便使自己看得更远、更清楚。同样的植物出现在旅游者、一般的园艺师和植物学家面前，植物学家就能根据自己脑中的知识更容易将植物辨别出来，给出正确的名称，并分类记忆在自己的大脑中。准确和科学的语言是一个训练有素的观察者的重要特征。

现在，只有那些经过训练的，拥有特殊观察能力，掌握外部世界分类技巧和科学法则的人才会是将来的发明家、科学家。而那些没有经过培训、不懂任何科学法则，整天闲逛或者整日做白日梦的人是绝对成不了科学家和发明者的。

孩子在我们设置的课程的训练下，不停探索着世界，获得了独特的印象深刻的体验，并在这一过程中感受到极大的乐趣。他们将原本看起来杂乱无章的世界分门别类，使之变得有条理、有章法，并得到了很多知识。之后再进入他们脑中的物体不再是“混乱”的，而是通过自己理解的“创造物”，孩子在对知识的理解中得到极大的快乐和满足。

第 9 章　给孩子最大限度的自由

请放手让孩子在内在生命的指引下无拘无束地自由成长吧，我们只需要耐心等待并仔细观察孩子的成长过程就可以了，这是我们能做的所有事情。

老师适时的帮助和参与是孩子们取得成绩的重要原因之一，在孩子进行练习时，老师都要进行巧妙的引导。老师正确的引导方式是，在引导的同时不要让孩子感觉到老师无处不在。也就是说，老师要在孩子需要的时候及时提供帮助，但千万不能因此而打扰了孩子的练习。

枯燥乏味的语言会减弱孩子的学习热情。只有保持孩子的求知热情才能够实现正确的引导，但这并不是一件很难做到的事情。做到这一点，只需要老师尊重孩子，对待孩子有足够的耐心，并且在孩子做练习的过程中尽量让孩子独立操作，不进行过多干涉。

在老师这样的引导下，我们渐渐能感觉到孩子们身上拥有一种向外扩展的个性，他们做事积极主动，自主选择想要做的事并能坚持下来。遇到困难时，孩子们不逃避，而是努力用自己的能力以乐观向上的心态去克服、解决这些困难。当孩子们克服了困难，他们会为自己的小胜利非常高兴，并热情地将自己的喜悦心情和成功体验与他人分享。因此，老师不应该去打扰孩子们的练习，最好的教学方式就是静观其变。

请耐心等待孩子随时会给我们带来的快乐，并分担他们可能会遇到的困难。当孩子需要我们的帮助时，请积极热情地回应他们。如果孩子的进步比较缓慢，我们也要保持最大的耐心期待他们的进步，并对他们的成功给予最热烈的回应。如果成人能做到与孩子在一起时谦虚和善，像对待自己那样对待孩子，那么就可以说其掌握了最基本的教育准则，可以作为大家效法的教育楷模。

对我们成人而言，最希望的是工作不被干扰，是在努力工作的过程中没有阻碍，特别是在需要的时候能有朋友提供帮助。我们愿意和朋友们快乐相处，成为真正的好朋友，为了共同的目标而努力工作。我们需要的，同样是孩子需要的。事实上，孩子们更需要获得成人的尊重，因为他们纯真，他们有着无限美好的未来。

然而令人遗憾的是，在现实生活中，很多成人并不尊重孩子。很多成人无视孩子的需要，总是要求孩子，甚至强逼孩子顺从自己，蛮横、粗暴地对待孩子。而且很多成人都希望孩子能规规矩矩的，乖乖听话。孩子拥有很强的模仿能力，如果希望孩子能友善待人，就请尽量友善地对待孩子。友善包括理解、宽容，还包括付出和奉献，这些友善精神都需要成人展现在孩子面前。

由于孩子无法将自己的需要表达出来，而且孩子的需要往往深埋于无意识中，所以我们必须要研究孩子，以便了解他们的真实需求。这是来自孩子生命深处的呼唤，我们要根据某种方法释放孩子的需要。孩子的学习和成长过程是一个非凡的、神奇的过程。我们对这一过程进行间接干预，给孩子提供一些必要的成长手段，之后，我们只能谦卑且耐心地等待孩子成长。

请放手让孩子在内在生命的指引下无拘无束地自由成长吧，我们只需要耐心等待并仔细观察孩子的成长过程就可以了，这是我们能做到的所有事情。

第 10 章 学习书写

操作使用各种教具，都需要孩子的手和脑共司配合，这是手在为以后的工作做准备。当孩子做好了准备，他们就会非常急迫地想要学习新本领——用自己的双手进行书写。

孩子在 4 岁左右，基本上能完成上述的所有训练，这时他们已经做好了向一个新境界前进的准备。与那些没有经过指引和训练，只能依靠自己发展的孩子不同，两者在智力水平和性格品质方面都存在较大差异。这些差异并非来自孩子的本性不同，而是他们进行内在自我成长与发展所获得的环境和机会都不同。

教育给孩子提供了一个成长环境，同一环境中孩子呈现的个性差异几乎可以说是因孩子的自然天性所致。教育环境提供了孩子成长所需要的手段和措施，使他们的基础基本相同。孩子在各种手工劳作的练习中协调了自己的肢体，并获得了主动适应环境的能力，且有了一定的独立性，成为一个能自理的“小大人”。

在生活中，孩子们尽量不打碎易碎物品，移动重物时尽量不发出噪声。这些小心谨慎的行为让孩子们的动作变得灵敏且优雅，而正是责任感使得孩子们如此优秀。例如，当孩子们手里捧着几个大玻璃杯或者一大碗汤时，他们知道不仅要对自己手上的物品负责，还有责任把正在准备的那顿饭做好。孩子们明白，保持安静是自己的责任之一，因此总是尽力避免发出任何噪声。在这一控制过程中，孩子们知道如何合作才能尽可能减少噪声，并保持周围环境的井然有序。事实上，孩子们已经开始了自我控制，并在生活和练习过程中不断加强。

教学用具无法给孩子提供什么精神的内容，可是教具却能为孩子提供精神内容的组织秩序。通过练习使用各种教具，孩子拥有了辨别的能力，哪怕是细微的差别孩子也能识别得出。孩子在这一过程中，能够在质量和数量的概念下把表面、颜色、形状、声音和维度等多种不同变化分类开来。孩子的意识正是在对物体的观察、比较、分析和评价中形成的。

孩子在教具练习中获得的体验来观察身边的环境，并将观察到的内容按照一定的类别有序地印在自己的大脑中。孩子对这一过程兴趣盎然，会很乐意对所接触到的事物进行分类，并最终在大脑中形成大量且有序的精神内容。之后，孩子就能运用准确的词语来确定大脑印象中物体的概念，这些概念不是指单个物体，而是一种次序、一种分类。

这些孩子能够在很短的时间内，有的甚至在几天内就学会写字和初步的运算。很多人都不相信孩子天生具备这些能力。当然，我们也不是把学习书写的教具在孩子还没有准备好的情况下直接“扔”给他们，然后就坐在那里等待孩子创造奇迹。事实上，孩子的意识和手部能力已经做好了书写的准备，也做好了运算的准备，那就是关于数量、差别和等级等概念在孩子头脑中的成熟。

我们已经发现，词语有明确概念和促进人们对事物的基础理解的作用。而写字和算术可以使内在意识的复杂收获更明确，随着不断的观察这些收获也将不断地丰富。

有人认为，早教最基本的是培养孩子学习能力的第一步，那就是学习写、读和计数的准备。做好了准备，知识就自然而然地能被孩子所接受，也就是说，知识是准备的自然产物。

孩子的小手已经为书写进行了长期的准备。上述的所有练习，都需要孩子的手和脑共同配合，这是手在为以后的工作做准备。当孩子的小手能够稍稍停留在一个水平表现以感受表面的粗糙和光滑，或者拿起圆柱体准确地将它放入插孔，又或者用手指触摸几何图形的轮廓，都是孩子在协调自己的手部动作，为以后的工作做准备。当孩子做好了准备，他们就会非常急迫地想要学习新本领——用自己的双手进行书写。

我们有两套截然不同的练习来让孩子为书写做准备。我观察和分析了关于书写的运动，并创制了这两套练习。我发现，在书写时，有些动作是为了控制书写工具，这一动作带有一定的个人特点，因此我们可以通过笔迹鉴别一个人。在一些医疗案例中，医生就是根据病人的笔迹变化来观察和了解病人神经系统的病变。也就是说，专家可以从一个人的笔迹来了解他的精神状态。书写的另一个特征，就是运用字母符号系统。书写包括了这两方面的内容，因此，可以专门针对这两方面内容进行练习。

控制书写工具的练习

这个练习的教具是两块浅槽木板，每块木板上面立着 5 个粉色的方形金属框架，金属框架的手柄上都有一个圆顶小把手，每个金属框架上还有一个蓝色的几何图形。与这套教具配合使用的有：一盒 10 只彩笔，一本经过我 5 年观察而制作的一本图案书。我对这套教具划分了难度等级，可以根据孩子的不同情况、不同阶段来使用这套教具。

先进行练习的准备工作。将两个浅槽木板并排摆放在一起，每个浅槽上有 5 个方形金属插片，即总共 10 个插片（图21）。给每个孩子发一张白纸和一盒彩笔，让孩子从摆放得像一条线的10个插片中选择其中一个，然后，进行下面的练习：

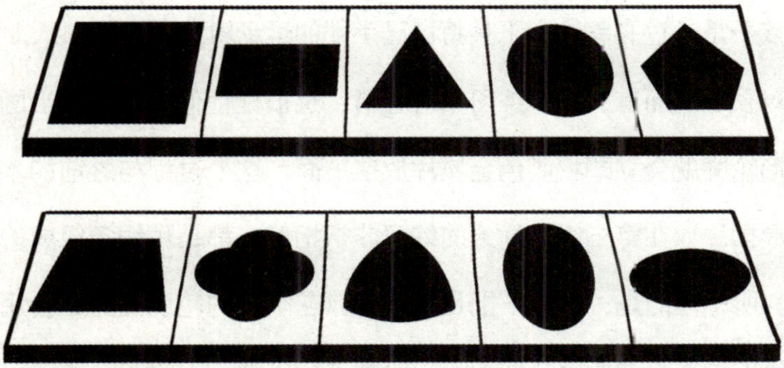

图21 具有金属插片的浅槽板

图22 显示金属插片的浅槽板

孩子将金属插片放在白纸上，一只手压紧，另一只手握着彩笔沿着几何图形的内缘轮廓进行描画。描完之后把方形金属插片拿起，孩子就会发现白纸上有一个封闭的几何图形，三角形、圆形或者六角形等图形。这个练习并不能说是一个全新的练习，因为孩子在用手触摸木制几何图形轮廓时已经操作过这一过程了。与之前不同的是，孩子不再是用手指进行触摸，而是用彩笔这个工具来进行描画几何图形的轮廓。实际上，孩子是通过彩笔这个工具将自己手部的运动轨迹留在了白纸上。

对孩子们而言，这个练习相对容易，也很让他们感兴趣，当画完一个图形轮廓就会立即将蓝色金属片放在上面。这个过程与之前的木制几何图形插片放在第三组卡片上的练习非常相似，都是用线条组成的几何图形。所不同的是，当孩子把几何图形放在画好的轮廓上时，会用另一种颜色的画笔沿着蓝色几何图形的轮廓进行描画。

拿起蓝色几何图形金属片之后，孩子就会发现纸上有一个由两种不同颜色的轮廓描绘而成的几何图形。当孩子精心挑选彩笔颜色来描绘时就会出现很好的效果，这对经过了感知色彩练习的孩子们而言是一个非常有趣的过程。

似乎没有这么大的必要来如此详细地介绍这个练习的过程，但事实上，这个练习的每个环节都非常重要。打个比方，如果老师没有将10个金属插片完全地展示在孩子们面前，而是随意地分发给孩子，那么这个练习的效果将会大打折扣。而且，将所有的金属插片全部展示给孩子时，孩子就会有将所有几何图形都描画一遍的欲望。

两种不同颜色的图形轮廓激起了孩子想看看其他颜色组合的兴趣，使得孩子继续这个练习。这项练习因物品和色彩的多样性深深吸引着孩子进行操作，也成为促使孩子取得成功的重要原因之一。

上面就是书写训练的第一步。当孩子完成两种颜色的轮廓描绘时，他要再拿起一支写字用的铅笔，在几何图形轮廓里点点画画，直到将轮廓里的空间全都填满。这时，孩子就会发现，纸上那个被填画的图形与之前木制插片练习中三组卡片的第一组非常相似。刚开始填画时，孩子的小手还不能很好地控制，显得有些笨拙，线条时而粗时而细，线条互相之间也不平行，而且有时还会描画到图形轮廓之外。在经过一段时间的练习后，孩子们的描画能力有了很大提高，已经能将线条描画在几何图形轮廓之内，而且线条也变细了些，不再一条粗一条细了，画得均匀规整。

孩子一旦开始这个练习，就会有一种不停继续下去的冲动，好像对这种描画图形轮廓和填画图形的练习永远不会产生厌烦情绪似的。没多长时间，就会发现每个孩子都拥有了数量不少的图画作品。孩子们非常重视这些作品，把它们都珍藏在自己的小抽屉里。孩子通过这个练习协调自己的书写动作，使自己能自如地控制手中的笔。如果没有经过一个练习过程就让孩子进行书写的话，就会像孩子刚开始填画图形那样，线条歪歪扭扭，而书写也会变成一个艰难枯燥的过程。

这项练习到了这个阶段还是比较粗糙且不完整的。现在，孩子需要对图册中特定的图形进行填画练习。先按照原本的顺序将书页一张一张地从图册上撕下来，让孩子选择彩色铅笔填画这些特定的图样，就像之前做的那样。对颜色的选择也体现了一种智慧，孩子因此需要做更多工作。孩子们精心挑选颜色，并将各种颜色、不同深浅的颜色和谐地搭配在一起，享受着过程中的乐趣。我们看到这些孩子与那些没有受过教育和练习，没有良好学习和练习环境，或者是接受着简单粗暴教育的孩子完全不同。

必须指出的是，色彩感知教育对孩子的成长发育有着非常重要的作用，它能让孩子拥有一种整洁、优雅的书写字体。填画图形轮廓的练习在许多方面限制着孩子描画时每一笔的长度。孩子要填画平面图形，无论是大的还是小的，无论是花朵还是叶子，无论是可爱的动物还是美丽的风景，图形的每个细小空间都必须被填满。这样的练习提升了孩子的手部能力，使孩子不仅能胜任日常生活的各种活动，还能在各种限制条件下进行活动。

这个练习可以让孩子为书写各种字体做准备，无论是大字体还是小字体，无论是在黑板上的宽格还是窄格，或者是大一些的孩子使用的细小的格子练习册，孩子都能书写得很好。

孩子进行图画练习的数量并没有限制。孩子会拿着另一种颜色的铅笔去填画已经填画过的图形轮廓。这种练习继续深入下去的方法就是要进行难度更大的色彩感知训练。在接下来的训练中，孩子们需要用水彩来描画同样的图样。在这之后，孩子们还可以将各种颜色混在一起，用两种或多种颜色调制出自然的，或者孩子自己期望得到的那种色彩。更深入的色彩感知练习我在这里就不再详细叙述了。

书写字母符号的练习

关于这项练习我也制作了一套教具，是一系列字母符号。做练习时，我们需要一组有着一层光滑表面纸片的卡片，卡片上贴着用砂纸制成的字母符号（图 23）。还有一种是一张大卡片，这张大卡片上有形状相似的字母成组贴在一起。

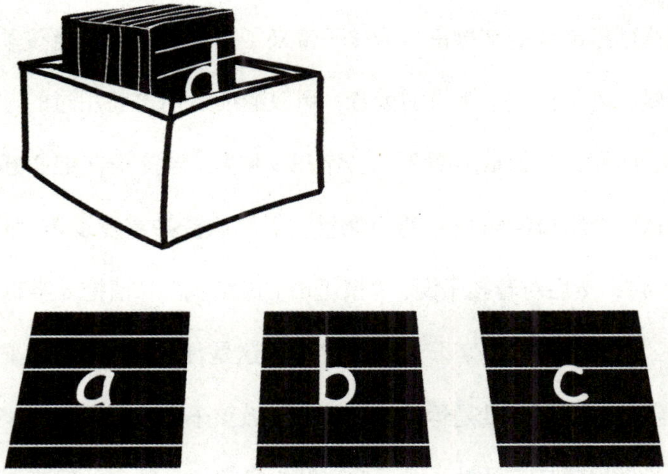

图 23　单个砂纸字母卡片

孩子们必须像真正写字那样用手指去触摸卡片上砂纸制成的字母符号。就像之前触摸木制插片那样，孩子们用食指和中指的指尖轻轻触摸那些字母符号。在触摸字母符号时，孩子们要像细心感受粗糙和光滑表面时那样，将手稍稍抬起来。老师可以示范这项触摸练习给孩子看，教孩子如何进行这个练习。孩子之前已经做过了触摸木制插片的练习，因此可以轻松地学习、模仿老师的动作。如果没有经过之前的练习，孩子的手很可能无法精确地描绘出那些字母符号。更重要的是，如果孩子没有之前的触摸练习基础，没有进行手部的运动神经训练，就直接进行写字练习，会产生紧张的情绪。因此，在孩子进行书写之前进行一些练习，做好准备工作，是非常重要的事情。

触摸砂纸制成的字母符号给孩子带来了极大的乐趣。当孩子触摸字母的时候，老师便读出字母的读音，可以继续运用之前用过的三阶段方法教授。比如，老师拿出两个元音字母 i 和 o，当孩子在细心感受、认真触摸这两个字母的时候，老师念出它们的读音并重复发声“i，i，i”“o，o，o”，然后对着孩子说，“请把 i 字母给我”“请把 o 字母给我”。接下来，老师可以拿起字母卡片问孩子“这是什么字母”，孩子会回答“i”或者“o”。老师就是运用这样的方法教孩子们认识所有的字母。老师教孩子学习辅音字母时，先不教字母的名字，只教孩子发音。孩子们一次又一次地触摸字母符号，无论是小卡片上单独的字母还是大卡片上几个贴在一起的字母，都要进行触摸。经过这样的练习，孩子已经对书写字母符号的基本动作十分熟练，而且也记住了字母的直观形象。这一练习使得孩子不仅为书写，同时也在为阅读做好准备。因为孩子在触摸字母时，感受着字母的外形和书写字母的相关运动，同时孩子用眼睛观察这些字母时也是在识别、阅读字母。

至此，孩子已经为书写进行了必要的准备工作，接下来可以书写了。到达这个阶段是孩子在长期练习之后内在形成的结果，孩子自己其实根本意识不到。因此，当孩子进行书写的时候，对孩子而言是一个极大的惊喜，为自己不知在什么时候获得了这种能力而惊喜。

练习书写就需要认识单词，这里我提供一种教具，是一组活动的字母。这些活动的字母用粉色和蓝色的纸板剪裁而成，放在一种有格间的特殊盒子里，来进行单词组合（图24）。像意大利语，老师只需清晰地发出组成单词的不同字母的读音就可以了，例如，单词 mano，就发出 m－a－n－o 这几个字母的读音。孩子经过上面的训练之后，听到字母的读音可以很容易就将字母一个一个分辨出来。之后，孩子根据刚才听到的读音，在活动字母中选择相应的字母并按正确的顺序摆放，这样单词 mano 就被孩子拼出来了。一段时间的练习之后，孩子就能够用自己想出的单词做同样的练习了，他们成功地将构成单词的字母挑选出来，并将它们排成单词。

当孩子学会用这种方法将字母组成一个单词时，也学会了这个单词的读音。因此，这个方法不仅帮助孩子学习书写，也帮助孩子懂得阅读。老师还可以将活动的字母组成一个单词，然后将单词读音念出来，让孩子自己再将这个单词重新排列出来并重复这个练习。

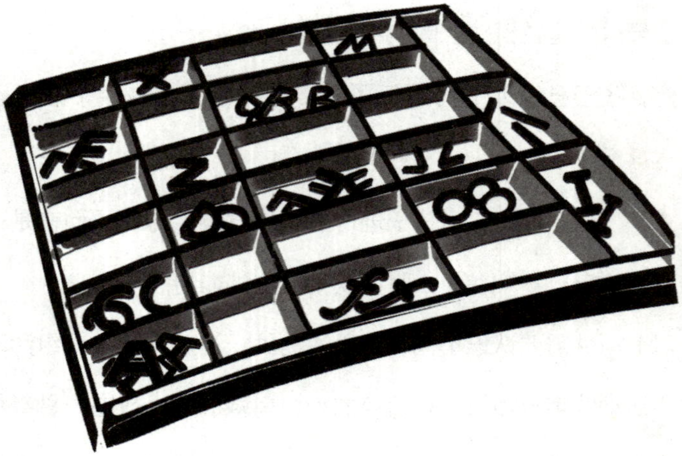

图 24　装有活动字母的盒子

我有两套活动的字母。其中一套活动字母大一些，分别装在两个盒子中。一个盒里装的全是元音字母，用来进行第一步的练习，因为刚开始识别字母的时候需要用较大的物体。另一个盒子里装的是辅音，当孩子能认识一半的辅音时就可以开始组合单词的训练了。另一套是小一点的活动字母，装在一个单独的盒子里。这套活动字母是给那些已经进行了第一步练习，而且对所有字母都有较深认识的孩子做练习之用。

孩子用活动字母进行了单词的组词练习之后，就可以进行整个单词的书写了。那时候，我们会欣喜地发现，那些从来没有在纸上用笔写过一笔一画，没有写过一个字母的孩子竟然可以写出好几个单词。从那个时候开始，孩子就会一直书写下去，不断地提高和完善自己的书写能力。这种书写能力发自内在本能，就像是自然而然学会一样，孩子开始写第一个单词就会接下来以同样的方式写其他单词，就像孩子在读出第一个词之后就会继续说话，学会走第一步之后就会继续走下去一样，所有的过程都是孩子发自内在的进行自我完善的过程。当孩子做好了准备工作之后，就会像身体稳稳当当地成长发育一样，很好地进行自我发展。

第 11 章　音乐启蒙

孩子一旦能够进行阅读，就可以把学到的知识运用到识别音符的名称方面。除了之前我提到的用于感知训练的乐钟，还有另一种教具作为音符识别的入门练习工具。

孩子一旦能够进行阅读，就可以把学到的知识运用到识别音符的名称方面。除了之前我提到的用于感知训练的乐钟，还有另一种教具作为音符识别的入门练习工具。这种教具需要先选择一块木板，漆成绿色，然后在上面用黑色的颜料画出五线谱，并在五线谱的每条线上和线与线之间的空白区域刻一些圆孔。这些圆孔上方对应写着高音谱号的名称。

配套使用的还有一套可以插入圆孔内的白色小圆片，小圆片其中一面写着音符的名称，即doh，re，mi，fah，soh，lah，ti，doh。

孩子根据白色小圆片上写着的音符名称将其对应放在正确的位置上，然后读出小圆片上音符的名称。可以让孩子独立做这个练习，并学习音符在五线谱上的正确位置。还有另一种练习方法，就是将写着音符的小圆片放在音乐钟的长方形基座的正确位置上。经过之前的乐钟练习，孩子已经学会用耳朵来辨别乐钟的声音了。

做完这个练习，可以继续下面的练习。这一练习也需要一块刻着五线谱的绿色木板，要比上面提到的木板长一些，但是这块木板上没有圆孔，也没有标示符号（图25）。这个练习需要很多标有音符名称的白色小圆片，可以任由孩子进行摆放。孩子任意拿起一个小圆片，看到上面的音符名称之后就将小圆片放在五线谱上，并且要将有名称的一面朝下，让白色一面朝上。在重复进行练习的过程中，可以让孩子在同一条线或者同一个位置放置多个小圆片。做完练习之后，孩子将小圆片翻过来，查看上面的音符名称，检查自己做的练习是否正确。孩子在学习完高音音符练习后，就可以进行低音音符的学习了。

图 25　五线谱练习工具

在上述的五线谱上还可以再增加一个五线谱，两个五线谱的排列位置依照前图所示。孩子以升序从 doh 开始将小圆片摆放在正确的位置上，要完成一个八度音阶的摆放，即 doh，re，mi，fah，soh，lah，ti，doh。然后再按照降序依然朝右边摆放小圆片，doh，ti，lah，soh，fah，mi，re，doh。这样在五线谱上就出现了一个角度。再接着让孩子继续按照降序和升序在另一个五线谱上摆放小圆片。也就是说，在另一个五线谱上摆放着与之前的形状相同方向相反的小圆片，呈现出一个棱形的形状。

这样摆好小圆片之后，就能看到两个五线谱是分离的，后一个五线谱中的音符按照低音谱号排列。通过这些方式，孩子可以很熟悉所有音符在五线谱上的正确位置，这也是识别五线谱的最基本要求。

当孩子熟悉之后就可以运用学会的知识进行第一次实践了。我们用微缩钢琴键盘让孩子进行实践，虽然比较简单，但是已具备了钢琴的最基本元素。正常的钢琴是根据成人的手来设计的，而这个微缩钢琴是根据四五岁孩子的手而设计的，因此键盘很小，只有两个八度音阶，且琴键及所有机械装置都是可以看见的。

用专用的钢琴护垫木槌敲打一个键，抬起后就可以看到这个音符的名称。钢琴木槌也是黑白相间的，就像钢琴的键盘一样。孩子用这个木槌可以独自做练习，而且很容易在键盘上找到对应的五线谱的音符位置，同时也能看到手指弹奏钢琴的动作。

这个微缩钢琴的键盘是不能发出声音的，我们在键盘表层配置了一套类似管风琴的谐振管。因此，孩子在用木槌敲击键盘时，那些风管就会发出声音，就像敲击琴键发出乐音一样。通过这个方法，孩子可以进行音符控制的练习。

第 12 章　算术的学习

当向孩子进行实际数字的教学时，就意味着从木棒练习转变为使用独立的单位进行计算。这个转变是一个质的飞跃，从木棒的具体概念转变成了数字的抽象概念。

孩子在学习计算之前，要拥有必要的本能知识，要对一些概念有清楚的认识。在之前的感知练习中，那些教具让孩子有了一定的数量概念，例如长、短、明、暗等。在进行识别物体形状差异的练习时，孩子理解了“一致”和“区别”的概念，先认识了相同的物体，然后再将相似的物体按一定的次序摆放好。这里，我要特别提一下立体插件的第一个练习，这个练习两岁半多点的孩子就可以进行。当孩子将一个圆柱体放入一个较大的插孔，那么最后总有一个圆柱体放不进插孔，孩子会在不断的练习中本能地思考为什么会有一个圆柱体找不到自己的位置。孩子的大脑对老师过早教他们进行算术并没有做好准备，但通过这样的练习之后，孩子的大脑慢慢开始进行知识储备，这是一个缓慢的自我培养过程。

当孩子的大脑做好准备之后，就可以开始算术的教学了。在进行算术练习时，我们还需要运用感知教育时采用的同样的教具。

让我们回顾一下立体插孔练习的 3 套教具，分别是：教孩子区别大小的粉红色立方体教具，教孩子区别厚度的棕色棱柱教具和教孩子认识长度的红色木板教具。这几套教具之间都有一定的联系。在教孩子认识长度的那组教具中，每块木板的增长比例是 10 厘米而其他尺寸都不变，最短的那块木板是其他木板的衡量单位，第二块木板是它的两倍，第三块木板则是它的三倍。这 10 块木板都有着一定的联系，这种联系与 1、2、3、4、5、6、7、8、9、10 等计数顺序完全相同。

教孩子认识厚度的棕色棱柱教具，棱柱方截面进行变化而长度保持不变。也就是说，第 1 个棱柱体截面边长为 1 厘米，第 2 个则为 2 厘米，第 3 个则为 3 厘米，依此类推，第 10 个棱柱体的截面边长为 10 厘米，棱柱体的截面边长进行着序列变化。因此，棱柱体之间也是相互联系的，其比例与平方数序列相同（1、4、9 等）。也就是说，第一个棱柱的边长为1厘米，那么需要4个1厘米边长的棱柱才能构成一个2厘米边长的棱柱，9个边长为1厘米的棱柱才能构成边长为3厘米的棱柱，等等。这组教具之间的比例为：1:4:9:16:25:36:49:64:81:100。

教孩子区分大小的粉红色立方体的边长同样也是根据数字顺序依次增加的。第1个立方体的边长为1厘米，第2个为2厘米，第3个为3厘米，第10个则为10厘米。要8个边长为1厘米的立方体才能构成一个边长为2厘米的立方体，要27个边长为1厘米的立方体才能组成边长为3厘米的立方体，依此类推。因此，这些立方体之间的联系就是体积上的区别，就是从1到10的立方乘积之比，即1:8:27:64:125:216:343:512:729:1000。

孩子通过练习意识到，粉红色立方体练习是三套练习中最容易的一个，而绿色木板练习则是最难的一个。我们可以用一根长木棒教孩子算术，需要先将长木棒分成10个10厘米长的小木棒，并将它们分别涂成红色和蓝色。在做练习时，孩子会发现，比一个木棒长4倍的木棒是由4个相同长度的小木棒组成的。

我们将木棒摆好后就可以开始教孩子计数了，用手一个一个点着木棒并数1、2、3等数字，一直数到10。我们还要运用之前常用到的三阶段方法让孩子有一个清晰的计数概念，并让孩子识别单个的小木棒。

我们把3个木棒放在孩子面前，指着木棒或者依次握在手中，并说："这是1。""这是2。""这是3。"我们指着木棒的分割线再次明确地告诉孩子："1、2，这是2。""1、2、3，这是3。"然后，我们跟孩子说："请给我2。""请给我3。"最后，指着小木棒问孩子："这是几？"孩子会回答："3。"我们要跟孩子一起数："1、2、3。"当孩子掌握了这3个数字之后，就可以继续按顺序教孩子计数了。根据孩子的具体情况，可以每次在原有的基础上添加1个或2个木棒。

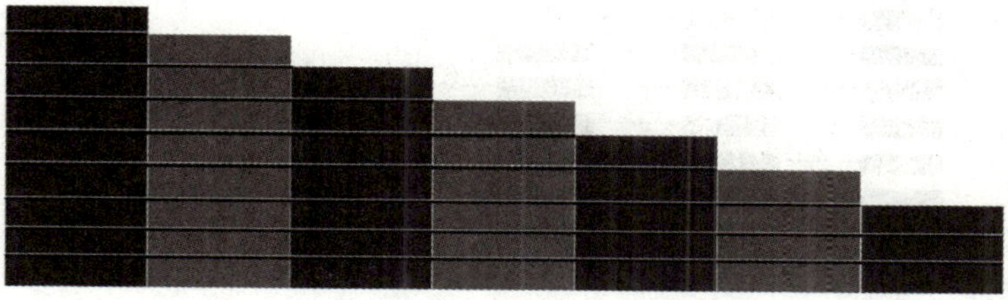

图26　彩色计数木棒

通过这个练习，可以帮助孩子形成清晰的计数概念。当孩子读出一个数时，这个数有一个相对应的具体实物存在，也就是数与实物的结合。当孩子给我们展示9时，手里拿的是一根不会弯曲的木棒，由9个长度相同的小木棒组成。当孩子进行8+2的运算时，会在一起摆放两个不同的木棒，一个木棒是由2个长度相等的小木棒组成，另一个木棒则由8个长度相等的小木棒组成。在一些学校，为了让计算课程变得轻松有趣，老师会用豆子、弹球等小物体来替代小木棒。例如，在进行8+2的运算时，孩子会先拿出8个弹球，然后再加进去2个。这样，孩子的头脑就不是在做 8 +2 的运算，实际上是在进行 1 +1 +1 +1 +1 +1 +1 +1 然后再 1 +1，使得孩子必须在头脑中牢牢记住 8 个弹球作为一个联合整体与单个的数字 8 相对应。这种弹球计数练习很可能会让孩子倒退，使孩子的算术能力推迟几个月甚至几年。

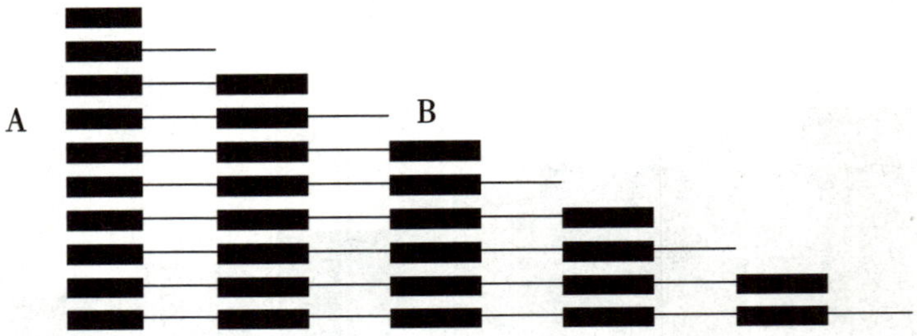

1									
1	2								
1	2	3							
1	2	3	4						
1	2	3	4	5					
1	2	3	4	5	6				
1	2	3	4	5	6	7			
1	2	3	4	5	6	7	8		
1	2	3	4	5	6	7	8	9	
1	2	3	4	5	6	7	8	9	10

用以说明计数木棒用法的图表

使用教孩子认识长度的教具来教孩子进行 10 以内的加减运算会简单很多。孩子通过摆放小木棒学习算术，会让学习过程变得更有趣。孩子先将木棒按顺序摆好，然后拿起小木棒（1）放到 9 旁边，再将（2）放到 8 旁边，以此继续摆放，直到摆到 5 为止。

这个摆放过程演示了10以内的加法，即9+1、8+2、7+3、6+4。孩子要将木棒放回原来的地方，就要先拿走4并将其放在5的后面，然后再依次拿走3、2、1。这样，木棒就回到原来的位置，同时孩子进行了减法练习，即10-4、10-3、10-2、10-1。

当向孩子进行实际数字的教学时，就意味着从木棒练习转变为使用独立的单位进行计算。这个转变是一个质的飞跃，从木棒的具体概念转变成了数字的抽象概念。也就是说，数字可以代替具体的实物了。只使用木棒会限制孩子只能运算10以内或者只是稍多一点儿的数字，这些简单运算只比初级的感知教育进步了一点点。数字是一种图形符号，对人类数学思维的进步起着重要作用。

还有一个教具，是一盒光面的卡片，卡片上黏着用砂纸做成的从1到9的数字，有点类似于粘砂纸字母的卡片。教授的方式也与砂纸字母卡片相似，就是让孩子触摸数字并说出摸到的数字是几。比起触摸字母，老师在教授孩子认识数字这一过程要做更多工作。首先老师要示范如何将数字卡片放在对应的木棒上，孩子掌握之后，再教孩子学会将数字卡片按大小顺序摆放在木棒上。这个练习过程对孩子而言是一个快乐的有趣的摆放卡片的过程，孩子在很长一段时间内都会很乐意去进行这项练习。

在这个练习之后，孩子就能够运用数字了，并能运用数字进行一些最小的整数组合，可以说这些数字就是他的了。因此，我的教具中还有一套木钉，还有各种各样的小工具，比如小木棒、小积木等。

练习方式就是数字下面放对应数目的物体。在这个练习中我提供了一个教具，是一个里面设有若干格子的盒子，在每个小格子里都印着数字（图28）。孩子看到格子里的数字，就将相应数量的木钉放进格子里。还有另一种练习方式，将所有的数字卡片放在桌子上，然后在数字卡片上摆放相应数量的小物体。

上面的练习是学习的第一步，还没有涉及有关零、几十或者其他运算，关于这部分课程我在其他作品中有详细描述，这里就不再赘述。关于盒子这个教具，有一个问题需要注意。盒子的一个格子里印着0，这个格子里什么都不能放，要从1开始。0在1旁边，可以让我们数完9后继续数10。

如果我们不使用相应数量的小物体，而是使用与木棒10一样长的工具，就可以进行10以上数字的学习，既10、20、30、40、50、60、70、80、90。还可以使用这样的教具，有一个框架上面嵌有10到90的卡片，就固定在框架上，数字1到9可以移动并且能将“0”盖住。例如，当数字10中的0被1盖住时，就变成了11，被2盖住就变成了12，等等，直到最后的数字9。然后开始20的数字练习，0被1盖住变成21，被2盖住变成22，诸如此类。

图 27　同期的砂纸数字卡片

图 28　计数盒

图 29　练习算术用的长方架

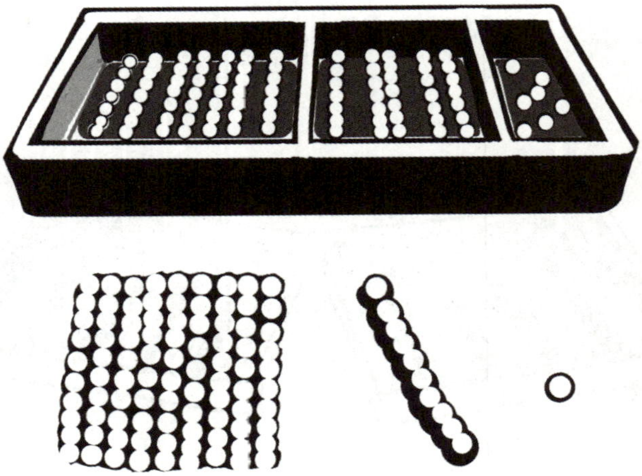

图 30　同期的串珠工具

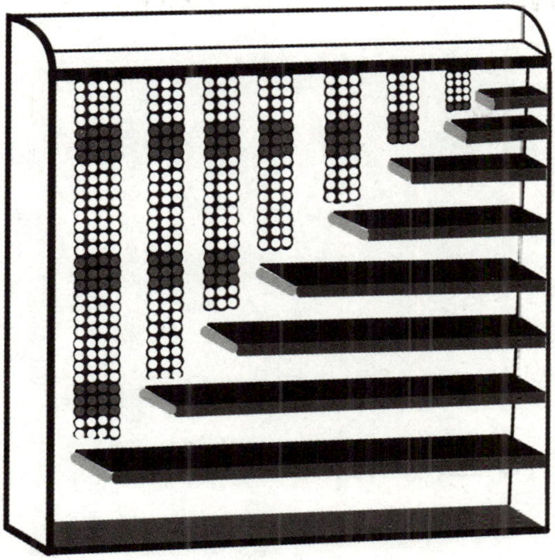

图 31　串珠工具——立方串珠、方形串珠和串珠

我们还可以用小木棒进行这个练习。先从框架上的 10 开始，将木棒 10 拿出来，然后把木棒 1 摆放在木棒 10 旁边，同时移动数字 1 将 0 盖住。接下来，将木棒 1 从框架上拿走，再放上木棒 2 和数字 2，直到木棒 9 和数字 9。接下来的练习则需要用两个木棒 10 来组成 20。

通过这两个练习，孩子会获得清晰的头脑，并且在做练习的过程中，孩子对数字学习表现出极大的兴趣和热情。

我们在教授孩子学习书写和算术的过程中，积累了大量的经验，获得了教育的成果，这个时候的教育就是让孩子能协调肢体动作和初步认识世界。这种发展与成长是一个人第一次与世界进行智力对话的自然结果。

第 13 章　精神与道德

如果成人没有阻碍孩子获取成长发展所需要的东西，而是给孩子提供一些手段和工具，那么两者之间的争斗就会结束，换来的是，孩子成长活动空间的扩展。因此，保持和培养孩子精神活动的教育方法不只与学校和老师有关，更涉及家庭。

通过“儿童之家”教育方法的介绍，相信很多读者都觉得这些教育方式是合理且令人信服的。事实上，我的教育方法的重点并不是组织设置，而是给孩子带来的效果。正是孩子的本能表现印证了我的教育方法是有效并且成功的，展示了人类发展的内在法则。之后，我们或许会在

“儿童之家”开设心理实验室，以便更了解孩子，发现更多的真理。

在我的教育方法实施过程中，孩子在进行工作或者是进行不干扰他人的任何活动时，我们都不要干涉孩子的自由。也就是说，我们不让“不好的”事情发生，并允许那些有秩序的“好的”活动在尽可能自由的状态下进行。

我们的教育方式获得了惊人的成果，使得孩子们在很自然、不自知的状态下拥有了对学习和工作的极大热情。而且孩子们在进行操作和练习时动作轻盈、有条不紊，表现出一种优雅的境界。通过练习，孩子们拥有了自发的纪律性和服从精神，这在孩子的学习和练习过程都得到体现，这也是我的教育方法所带来的最显著、最有特点的成果。

有人会将“人本性是善还是恶”这个哲学争论与我的教育方法相提并论，很多人支持我的方法并提供了人性本善的论据。还有很多人反对我的教育方法，认为给孩子一个太过自由的环境是很危险的，会犯错的，因为孩子的天性有向恶的倾向。

我看问题都是以积极的心态对待。“善”和“恶”这两个概念有很多种可能性，不可以简单粗暴地对待。而且在对待孩子时，这两者常被我们混淆。

出现在 3 岁 ~6 岁孩子身上的一些行为，我们会认为是“恶”的，其实只是成人不能理解孩子的需要，反而要限制他们的行动所造成的。例如，孩子会东摸西摸，这一行为会让成人很厌烦，常常去阻止孩子的这一行为，而这是在阻碍孩子对世界的探索和尝试。当孩子自然的行为受到成人的阻挠和约束时，就会进行反抗，孩子的反抗在成人眼中就成了调皮捣蛋，孩子就变成了不听话的“坏小子”。

正是我们成人激起了孩子为了自己的生存发展而进行的反抗，并由此产生了激烈的行为。为了能够得到成长发展，孩子不得不反抗成人对他们的束缚，获取自己精神发展需要的东西。因此，孩子只得反抗成人的规定，并且孩子还要与其他孩子进行竞争以获取自己想要的东西。

如果成人没有阻碍孩子获取成长发展所需要的东西，而是给孩子提供一些手段和工具，那么两者之间的争斗就会结束，换来的是，孩子成长活动空间的扩展。因此，保持和培养孩子精神活动的教育方法不只与学校和老师有关，更涉及家庭。也就是说，家族成员特别是母亲，要提供给孩子一个能自由成长和发展所需要的空间。

想要知道一个问题的正确答案，最好的办法就是一问到底，深入地进行探讨。例如，当我们看到有人为了一块面包在争吵时，或许会说：“这些人真是坏啊！”当我们走进一个环境温馨优雅的餐厅，看到人们正在安静地等待食物，没有人会嫉妒别人点的菜时，或许会说：“这些人真好！”很明显，绝对的善与恶的评价只能停留在表面，而并没有看到事件的本质。如果给所有人提供足够的食物和一个良好的就餐环境，人们就不需要再为了面包而争吵。因此就会有人根据看到的表面现象认为，吃得好的人会比那些吃得不好人更好、犯的错误更少。但是，如果因此而得出这样的一个结论——只要让一个人吃得好，就能够使这个人成为一个好人，这个观念就是极其错误的。当然，我们不能否认面包的重要性，毕竟让所有人拥有面包就可以消除人们因缺少面包而产生的恶行和错误。

在这里，我们探讨的是更深层次的追求，所谓的面包指的是精神面包。我们现在已经进入了要满足人类精神需求的层次。在这方面，我们已经取得了令人关注的成绩，我的教育方法使得孩子拥有“向善”的能力，并到达了更高层次的镇静和善良。

合理的工作组织使孩子的自我发展成为可能，激发孩子成长的本能，让孩子获得有益的、满足的精神需求。在这样的工作和学习环境下，引导孩子不断完善自己的行为，纪律性融入孩子的本能发展，这种杰出的纪律性对孩子而言是一个非常重要的素质。

只有自由而没有合理的工作组织，孩子就会放任自流，孩子的自身能量就会被白白浪费掉，就像新生儿如果得不到奶汁就会饿死一样。因此，在自由的环境里进行合理的工作，是孩子“向善”的重要基础。如果不给孩子自由，不给孩子自己扩展能力而需要的自由，所谓的工作组织就是毫无意义的。

第 14 章　蒙台梭利教育体系

我们的教育方法与旧的教育方法最大的区别就是，我们认可孩子是真正意义上的“人”，尊重并呵护每一个孩子的独特人格，保护孩子丰富神奇的想象力和创造力，呵护他们敏感纯真的世界。

创造童年的世界

在旧式的教育体系和一些众所周知的教育方式中，孩子并没有被当成真正意义上的“人”。几岁大的孩子常常被迫去适应成人的世界，致使其天性磨灭殆尽。在这些教育形式的影响下，孩子的行为和需求没有得到成人社会的尊重，因此根本无法受到重视。

我们的教育方法与旧的教育方法最大的区别就是，我们认可孩子是真正意义的“人”，尊重并呵护每一个孩子的独特人格，保护孩子丰富神奇的想象力和创造力，呵护他们敏感纯真的世界。照顾孩子不光是照顾孩子柔弱的身体，不是只让孩子饱暖，照顾孩子的日常生活就可以的。没有人可以光靠面包而生活下去，这句话用在孩子身上真是非常贴切。事实上，物质在这个阶段并不是最重要的，物质会让成人堕落，同时也会让孩子堕落，甚至会产生自卑情绪，丧失尊严。

这个社会是成人营造的社会，并不完全适合孩子的成长。孩子根本无法完全理解这个社会，可以说是被这个社会隔离开了。正是由于孩子无法适应这个社会，才需要到学校学习如何进入社会，可事与愿违的是，学校却变成了某些孩子的“监狱”。现在仍然有很多人没有意识到这一点，还在使用旧的教育方式，严重制约了孩子的成长发展。在这样的教育方式下，孩子不仅身体会受到伤害，精神世界也会非常痛苦。当今教育的最大问题就是，根本不关注孩子的性格发展。

同样的错误也出现在了家庭教育方面。成人想的都是孩子将来会怎么样，而没有人考虑孩子现在如何，事实上孩子的生存发展需要非常多的东西。很多家庭都注意到了孩子的生理需求，并尽可能地让孩子身体健康地成长，非常在意孩子是不是吃得好，穿得好，是否在干净整洁的环境下成长，等等。

关注孩子身体的健康成长，只是孩子能够健全成长的一部分，其健全成长最容易让人忽视，且十分重要的一部分就是孩子的精神需要。我们很难读懂孩子的内心世界，只能看到孩子的表现，而我们常常看到的是孩子表露出来的，为了极力维护自我的成长而作出的负面反应和行为，例如哭泣、大喊大叫、粗鲁行为、不听话、撒谎、破坏东西等。如果我们认为孩子所表现出来的负面行为就是孩子性格的一部分，那就犯了很大的错误。一旦有了这个错误认识，成人就会认为自己有责任用最严格的方式即体罚来管理并纠正孩子的坏毛病。事实上，孩子的负面行为很可能是由于孩子道德或者精神需求上的缺失，而这两方面的缺失会对孩子今后的成长非常不利，其严重程度不亚于身体上的疾病。因此，儿童教育的确是人类发展教育最重要、最关键的环节。

因此，我深感背负着重大责任，十分谨慎地了解并消除可能会对孩子精神产生伤害的因素，并尽可能融入孩子的世界。在成人规定的众多教条下，孩子所犯的错好像永远不曾减少，而成人也习惯于用最严厉的语言批评孩子所犯的错误。从现在开始，如果我们能够真正意识到儿童教育的重要性和迫切性，就一定要用温和的方式对待孩子，那么我们就能为儿童教育甚至整个人类发展作出更大的贡献。

孩子无法在成人设定的世界里很好地生活，因为孩子会被成人时时处处监管着。在成人的命令和训斥下，孩子的发展受到了极大的干扰和阻碍。在这样的成长环境下，孩子的自我发展就会熄灭在萌芽状态，孩子只想赶紧跟每件事、每个人脱离关系，只想获得自由和解放。

因此，我们不能再继续这样约束孩子，而是要给孩子提供一个不受成人监督、不被成人命令和训斥的环境。要想给孩子提供这样的环境，对老师就提出了很高的要求，因为老师要做到最基本的一点，那就是给孩子自由，但又不是不管不顾、任其发展。当孩子遇到困难时，我们要及时提供帮助而不是被动地关注，要充满细心和爱心地关注孩子的成长过程，并积极鼓励和引导孩子进行自我发展。为孩子提供适应其成长需求的环境是一项非常重要且非常严肃的工作，因为这是在创造一个新世界——一个童年的世界。

孩子在适合的成长环境中的转变

当给孩子提供了适合他们成长的环境之后，就会看到孩子出现惊人的转变。好像瞬间孩子做的所有事情都变得合乎我们的心意，和孩子相处变得快乐和融洽，孩子不再有危险行为，不再犯错误，原本那些嘟着嘴的小麻烦一下子变成了活泼可爱的孩子。孩子从破坏分子变成了身边事物的守护神，小心翼翼地爱护身边的事物；原来乱跑乱闹的小家伙变成了安静且守秩序的孩子。相反，如果孩子失去了这个非常适合其成长的环境，旺盛的精力就无处发泄，只能随心所欲地去做自己想做的事情，以此来消耗自己的能量。

以前我们已经详细地介绍了增进孩子智力发展的环境。市面上就可以购买到那些设计优美、色彩明亮的小家具。这些小家具十分轻巧，孩子可以很容易就移动它们，哪怕是不小心碰上了这些家具也不会受伤。这些家具的颜色非常淡雅，因此一旦弄脏了就很容易看得出来，孩子就知道应该把它们弄干净，就这样，孩子学会了使用清洁剂和水进行擦洗。这些小家具由于重量很轻，因此任何挤压动作都会使它们发出夸张的响声。为了不让小家具发出这种不悦耳的声音，孩子渐渐学会了控制自己的肢体动作。这方面，用小花瓶或小瓷器进行教导也是不错的选择。告诉孩子们，如果这些东西摔在地上碎了就再也没有了。而失去自己喜欢的东西，对孩子而言就是最严厉的惩罚。孩子失去了心爱的东西会非常难过，但也正是如此，使得孩子今后在行走时或者拿取东西时都小心翼翼，不再去弄碎东西。

孩子犯了小错误，家长和老师只需要在一边静静观察，不要过多干涉，孩子自己会从错误中吸取教训。好像孩子听到了那小东西在跟他说："我是刚刚制作好的小瓷器，不要弄脏我，更不要把我弄伤哦。"这样，孩子的动作自然会变得小心谨慎。良好的环境和美好的物品本身就可以唤起孩子对周围事物的爱护。因此，孩子用的东西最好是能吸引他们的，例如，色彩丰富的抹布，颜色亮丽的刷子，各种形状的肥皂。这些东西都会让孩子感兴趣，孩子会很愿意去摸摸它们，自然也会想知道这些东西是做什么用的。孩子被色彩丰富的抹布吸引，就会知道这是用来擦桌子的。同样，看到颜色亮丽的刷子，就会知道这是用来刷衣服的；看到形状各异的肥皂，就会知道这是用来洗手的。这样一来，孩子的身边到处都是自己感兴趣的东西，他们会非常愿意使用这些东西。老师再也不需要整天盯着孩子“把衣服刷一刷”或者“把手洗一洗”。孩子自然而然就愿意做这些事情，自己系鞋带、自己穿衣服、自己洗手，在这些过程中孩子充满了喜悦和成就感，感受到了因独立自主而获得的人格尊严。

孩子在工作时是快乐的，就会让他们在做每件事情时都充满热情。所以他们在擦门把的时候会用很长时间，而且会把门把擦得像镜子一样光亮。就算是很简单的工作，孩子也会很认真，很细心。事实上，孩子在意的并不是工作的完成，而是工作能够运用潜藏在其体内的精力。因此，孩子专心于一件事情上的时间，完全是由他们的精力决定的。

孩子并不是天生就喜欢重复做同一件事情，只是在重复工作的过程中，孩子能更熟练地掌握技能。我们曾经看到过，很小的孩子自己穿衣服、脱衣服、扣扣子、系鞋带等，还能将碗筷摆放得很整齐，甚至还会帮忙洗餐具。孩子旺盛的精力使得孩子不仅自己学会做很多事情，还能帮助其他小一些的孩子做事情。我就看到过一个大一点儿的孩子帮小一点儿的孩子系围兜；一个小一点儿的孩子不小心打翻了汤，另一个大一些的孩子会帮忙把地擦干净。

孩子在洗碗的时候，不只是洗自己的碗，还会把其他脏碗洗干净；在摆放碗筷的时候，不仅摆放自己的碗筷，还把其他人的碗筷摆放好。

而且在帮忙做这些事情时，孩子并不认为因此应该有所奖励。对一个热心肠的孩子而言，帮助别人做事情本身就是一种奖励。一个小女孩安静地坐在摆满热汤的桌子面前，神情忧郁。我上前询问得知，原来是她答应帮别人摆放碗筷，可却忘记了。因此，小女孩难受得连汤也喝不下，她的心灵受到了伤害，竟然饿着肚子都毫不在乎。

孩子能够自己动手做事情，那么他们的外在社会行为也会得到发展，他们很清楚自己的目标，且会很容易达成。真正的学习兴趣需要有深厚的基础，孩子用自己的方式做事情，就是在满足自己的发展需求和驱动力。孩子有可能会洗很多次手，并不是他的手很脏，而是看到手就会联想到与手有关的活动，比如洗手、扫地、摆放碗筷等工作，这些都是让他的肢体得以活动的合理工作。相信任何一个做过家务的人都知道，看似简单的家务工作其实需要花很多力气才能完成。现在很多人都在提倡体操和身体运用的重要性，却忽略了家务这项虽然不是一般的机械运动，但可以达到很好效果的合理工作。

当人们来参观“儿童之家”，看到孩子乐意去做日常生活练习时，都会表现得十分惊讶。事实上，让孩子做这些日常生活练习并不是最重要的，这只是一个开头，是孩子的童年生活中最不重要的事情。

培养孩子专注工作的能力

专注思考、脱离现实是思想家和科学家给很多人的印象。很多人都知道，牛顿思考得忘记吃饭，阿基米德由于专注思考数学计算而意识不到西拉克斯市已经被征服，直到敌人到他面前才被吓到。这些名人轶事突显了这样一个特质，那就是比思考还要重要的特质——专注。只拥有丰富的知识，却没有专注于工作的能力，是发明不出任何东西的。

一般情况下，孩子会尽量做与身边的人们一样的事情，但是孩子也有不一样的内在需求。当孩子专注于自己的工作时，就必须和周围的所有人、所有事都隔离开来。孩子就是在这个被独立出来的秘密世界中获得了一种独特体验，这种体验只能是自己去感受。如果孩子受到干扰，这种特别的感觉和体验就会消失。我们从外部世界获得的思想，必须依靠内心的精神培养，因此需要我们安心独处。

许多伟大的人能够在工作时沉陷其中，思考入定，正是他们拥有了一种内在的精神力量。我们还发现，劳动和精神的专注之间有很紧密的联系，两者相辅相成，相互依赖。内在精神为人们的日常生活提供能量，同时日常生活也给一般的劳动提供脑部的思考，体力上的消耗会因内在精神支持而得以补充。一个真正了解自己的人，会像对待吃饭、睡觉等生理反应一样，十分重视自己的内心精神需求，并尽量满足精神需求。忽视了内在的精神需求，就像不在乎身体的饥饿和疲惫一样危险。

孩子的身上都拥有这种思考的能力，这种发自内在的专注能力。很显然，这种专注的能力是每个孩子都拥有的，是一种普通的人性特质，并不是某些智慧非凡的人才具备的能力。但是这种能力在人长大之后只有小部分的人还保有。

因此，要想让孩子拥有专注的能力，就不能只进行我们认为对孩子有用的练习。其实，很多东西看起来没什么用处，可对孩子会产生很强的吸引力。孩子会被这些东西迷住，并想方设法进行操作。刚开始时，孩子操作起来并不是很有条理，常常会把刚玩的东西弄乱，然后又重新玩起来。虽然看起来孩子玩得并不是很起劲，但是我们却是在见证一个极为特别的现象。当我第一次发现这一现象时，顿时惊呆了，那些原来被视为真理的心理学理论霎时间全部被否定。我甚至不敢相信这是真的！我看到的事情是真实发生的吗？因为人们都一直认为，我原来也是这样认为，孩子根本无法长时间专注于一件事情。但是，我看到的是，一个4岁的小女孩正专注地将一个个大小不同的圆柱体插入插孔中。当她将圆柱体正确地放入到插孔后，会把所有的圆柱体再倒出来，然后再次将圆柱体一个一个放入插孔里，不断重复。我当时坐在旁边给其他小朋友念故事。当小女孩重复了第14遍之后，我坐到钢琴前让小朋友们一起来唱歌。可是这个小女孩并没有停下圆柱体插孔练习，甚至连头都没有抬一下，根本就没有注意到周围事情的发生。当小女孩停下手，从地上站起来时，她的眼睛闪烁着光芒，脸上带着微笑，很满足的样子。

之后，我又观察到好几次这样的行为。我看到，当孩子完成一项非常有趣的练习之后，他们表现得非常满足和愉悦。这一过程就像开启了孩子潜能的一条大道，将孩子所有好的一面和潜能都展现和激发出来。

孩子对待每个人都十分友善，乐于帮助他人。有一个孩子悄悄地走到老师身边，并小声地说道："老师，我是一个好人哦！"就象他要告诉别人一个大秘密似的。

这样的观察对我帮助很大，而且也得到了很多学者的肯定和赞同。我非常重视在孩子身上发生的所有事情，并奉为原则，也正因为如此我才能够解决教育的难题。所以，我一直在找能够吸引孩子注意力，并让他们专注的物品，然后精心布置一个最能够帮助孩子的最佳外在环境。

借由孩子内在的力量

所有的教育方法都应秉承一个原则和理念，那就是要抓住孩子专注的宝贵时刻进行读、写、阅读的学习，更进一步就是进行语法、算数、外语等科目的学习。教育方法也只有一个，那就是让孩子对学习保持高度的兴趣和持久的注意力。因此，教育要做到的事情只有一个，借由孩子内在的力量，来让孩子进行自我学习。能做到吗？答案是肯定的，而且是必须的。为了培养起孩子的专注能力，我们要慢慢地激发孩子的注意力。刚开始时，最好选择好辨识的，而且能吸引孩子注意力的物件，例如大小不同、颜色各异的各种圆柱体，发出不同声音的乐钟或者教具等。然后，我们才开始进行字母、写字、阅读、语法、算数等比较复杂的练习，孩子的知识正是通过这种渐进的方式递增累加。

因此，老师的教学工作是十分困难且微妙的。孩子是找到自我学习和自我成长的道路，还是在成长的道路上遭遇阻碍，都由老师来决定。一个新上任的老师，最难理解和做到的事情就是，他必须要在孩子学习的过程中克制自己，不要进行没有必要的教学，就算是最开始的阶段也不能教孩子。一个合格的老师懂得，要相信孩子，要对孩子有足够的信心，在孩子进行练习时绝不能干扰他们，不能影响孩子自我成长和自律的形成。当然，有的老师还是忍不住要去教孩子，去纠正或者鼓励孩子，并在孩子面前显示自己丰富的知识和文化素养。但是，最好的老师是必须要抑制住自己的虚荣心，不然无法达到良好的教育效果。

一个对教育不甚了解的老师，一定要加强自身的学习和培训。老师要有计划地为孩子提供一个适应其成长的环境，准备一些有针对性、有教学目的的教具，并引导孩子学习日常生活工作。老师必须认真观察孩子的一举一动，知道哪个孩子的发展方向对了，哪个孩子出现了错误，并且冷静沉着地面对，静静守在孩子身边，当他们需要帮助的时候能随时给孩子爱和信心。

作为老师，要有为全人类作出贡献的精神，就像守护炉火的维斯特女神那样，不让小火苗受半点污染，更不能让小火苗熄灭。老师必须将自己贡献给教育事业，要守护好孩子内在的心灵小火花。如果没有守护好孩子心灵的小火花，忽视它、轻视它，这个微弱的小火花很可能就会熄灭，并且永远都无法再点燃。

第 15 章　对蒙台梭利老师的要求

蒙台梭利的老师可以使整个班级做到不管老师在与不在，课堂教学依旧进行，这就是蒙台梭利老师将他的班级带到了一个阶段，他的班级已经能够独立自主了。当然，要达到这个成功的阶段，是需要一个过程的，是需要老师辛苦付出的。

蒙台梭利老师的特点

对蒙台梭利教育方法的很多评价都流于表面，认为这一教育方法对老师并没什么要求，他们只需要避免打扰孩子，并让孩子自由活动就可以了。事实上，老师的工作非常繁多、复杂而且重要。蒙台梭利教育方法需要用到很多教具，面对如此多的教具，老师要根据孩子的不同发展特点、不同能力来计划和安排教学活动，这项工作非常重要。因此，并不是蒙台梭利老师是被动的，传统教学的老师是主动的。当孩子要进行某项练习时，蒙台梭利老师需事先花很多时间和精力去做准备。当孩子进行练习时，老师的被动或者闲适正是其教学成功的体现，表示着教学正在顺利开展。蒙台梭利的老师可以使整个班级做到不管老师在与不在，课堂教学依旧进行，这就是蒙台梭利老师将他的班级带到了一个阶段，他的班级已经能够独立自主了。当然，要达到这个成功的阶段，是需要一个过程的，是需要老师辛苦付出的。

传统学校的老师，无法立即成为蒙台梭利老师，他要重新接受培训并摒弃旧有的教育偏见。首先要做到的就是想象力的准备，因为蒙台梭利的老师并不把小孩当成小孩，他们给孩子足够的信心，相信孩子能自己将练习完成得很好，根本就不需要老师的指导和教学。即使孩子完成得并不是很好，也不会动摇老师对这个孩子的信心。他相信孩子最终会被有趣的练习所吸引，专注地沉浸在工作之中，耐心等待孩子最终展现自己的潜能并很好地完成工作。

蒙台梭利老师的引导

老师对孩子进行的引导有 3 个阶段：

第一个阶段：老师是孩子学习环境的管理者和维护者，要专心做好这两方面的工作，至于孩子遇到的困难不必太过在意，要相信当孩子身处适合他们成长发展的环境时，环境促使其改变。教具要摆放整齐，要保持美观、干净且完整，可以随时取用。老师身为教学资源的一部分，也要保持足够的吸引力，要年轻积极、整洁端庄、衣着得体，还要常常保持愉快的心情和亲切和蔼的态度。要老师随时保持完美的形象非常不容易，最低限度是，老师要记得自己所面对的每一个孩子都是不可忽视的大人物，必须要尊重、理解、热爱他们。

第二个阶段：老师要开始引导那些还没有进入正轨的孩子，他们无法集中注意力，无法专注于做任何事情。对于这样的孩子，老师要循循善诱，并且使用各种方法和技巧来抓住孩子的注意力。刚开始时，可以给孩子做一些他既不很喜欢但也不讨厌的工作，孩子可能会有一点儿不高兴，因为他散漫的心思被老师制止了。对于那些不断打扰别人做练习的孩子而言，要尽快阻止他，没必要让他完成整个练习。

第三个阶段：让孩子对日常生活工作感兴趣，然后让孩子进行自己感兴趣的工作，老师这时就要退出，绝对不可以打扰孩子的活动。但老师有时会在不经意间作出打扰孩子的事情，例如，对于原来很调皮，现在能专注于工作的孩子，老师可能会忍不住过去称赞一下“很好”。这种善意的赞美就会造成破坏，孩子有可能因此几个星期不再碰这个工作。当孩子遇到困难时，老师不要直接告诉孩子如何解决问题，这样只会让孩子失去解决问题的兴趣。一个提着重物的孩子并不希望老师来帮助他，哪怕是老师过度的关注也会让他停下手上的工作。只要孩子在专注地工作，老师就没有必要去理会孩子，不要让孩子感觉到老师在关注自己。就算有两个孩子正在争抢一件东西，老师也不要去干涉，让孩子们自己解决问题，除非他们过来找老师帮忙。当孩子已经很熟练地掌握了一项练习之后，给他们安排新的练习项目就是老师需要做的工作了。孩子将自己认真工作后取得的成果兴高采烈地展示给老师看时，老师要真诚地、发自内心地称赞孩子，与孩子一同感受成功的喜悦。

了解孩子身上的秘密

蒙台梭利的老师不用做给孩子穿衣、喂饭等保姆要做的工作，这些事情都由孩子自己完成。老师要做的是，帮助孩子学会自己行动、自己做决定、自己思考。当孩子做到了独立自主，就是老师最值得高兴和骄傲的事情，就会对孩子更有信心。这也才是孩子最真实的状态：一个精力充沛、全心全力的工作者，懂得尊重他人，热心帮助他人。

我们的老师，不仅仅要看到孩子展现出的表象，还要看到潜藏在孩子内心深处的秘密，要比传统的老师更了解孩子。通过了解孩子身上的秘密，老师能够体会到一种爱意，这与身体上的亲密接触是完全不同层次的。当老师了解了孩子的秘密之后，会因此被感动和震撼，使得老师进入一个新的层次和境界，一旦到达了这个境界，老师就能体会到满足和快乐。老师以前在工作中能享受到的乐趣可能是由于工作少、薪水高，或者是能够运用一定的权势，发挥一定的影响力。其实这并不是真正的快乐，只有老师到达了那个层次和境界，他才能感受到身为老师真正的快乐，是一种精神上的满足与愉悦。

蒙台梭利的教育宗旨

蒙台梭利教育法的基本原则，就是利用各种教具开发孩子的感知。但是这些教具练习产生的效果并不是具体的，它们能对孩子产生多大的影响全看老师以什么样的方式将这些教具呈现在孩子面前。因此，一个成功的老师必须懂得如何选用如此众多的教具，并让孩子对这些教具充满兴趣。想要了解蒙台梭利教育法的人应该都对其中教具的用法和教育方法很感兴趣。如果将蒙台梭利教育法与一般的传统课程相比较就会形成很鲜明的对比。

传统的教育方法，是将知识一味地灌输给孩子。而蒙台梭利的教育宗旨则是引领、开发孩子自身潜藏的能量。蒙台梭利的教育方式就是让孩子进行全身的活动，在教具练习中会涉及分析、辨别和推理的过程，以此让孩子进行自我教育和成长。在蒙台梭利的教育体系下，孩子的学习和工作完全是自发自主的，老师根本不用介入。老师需要做的工作就是在适当的时候提供适当的教具，最多是示范如何使用教具。在这之后，就是孩子自己要去完成的工作了。

很多老师会问我，将教具展现在孩子面前，然后用鼓励的方式引导孩子就可以了吗？当然不是。事实上，教具的操作方法才是最重要的一环。老师要随时做好示范教具的准备，并且要一遍又一遍地进行示范，因为孩子很可能没有注意到一些具体的操作方法，就算注意到了也不太了解教具的真正用法。例如，每个西方人都很清楚刀叉的使用方法，但是如果换成不懂得拿刀叉的东方人来说，由于没有见过任何人使用刀叉，他们会觉得餐桌上的刀叉很有意思，还会拿起刀叉摆弄一阵子。

因此，为了让孩子真正学会进行教具练习，老师要不断地做示范。例如，将方形积木依据大小正确摆放好，然后再将其拆散；把各种大小的圆柱体混在一起，让孩子将圆柱体放回到正确的插孔中，等等，都需要老师进行示范。这样的教学过程与一般传统的学校教育很不一样。一般的学校教学就是老师讲、学生听，而在这里老师根本就不需要说什么，而是让孩子亲眼看到老师是如何做事情，包括如何操作教具，如何行走，如何坐，怎样才不会打碎碗碟，怎样才能做出轻盈灵巧的动作等。这才算是真正的教学，而且“静默”本身也是一种教学。正是在这样的练习中，孩子学会了安静坐着，学会了控制自己的身体动作，学会了集中注意力。而老师对孩子的肯定和鼓励不是通过语言，而是靠沉着的神态和赞许的神情。“静默”练习可以说是蒙台梭利教育法里的一大特点，因此我们将此方法运用在每一个教育环节，甚至在那种不说话就很难去理解的练习项目，也采用这种方法。

蒙台梭利的教育方式

蒙台梭利的教育方式是让环境去教导孩子，老师在其中的作用就是让孩子尽可能与环境进行互动，并示范给孩子如何使用其中的各种教具。这样的教学方式如果放在其他的教育体系中，是不可能获得成功的。如果这么做，我们很可能会看到这样一种场景：老师在不断地喊着“安静”“不要乱动”等所谓的教学语言。只是嘴上说说，或者采取命令的方式进行的教育是不可能有成效的。我们常常可以听见钢琴老师这样对学生说：“把手指的姿势摆好些！”可却没有示范给学生看，如何才能将手部姿势摆好看，所以学生的手指还是摆不好。即使老师不断地重复着这句话，学生也无法做好。教育就是要以适当的方式，在孩子几乎无法察觉的状态下，引导他们进行自我学习和成长。我们可以从孩子自动自觉的教具练习，认真努力地学习新技能的良好状态中看到蒙台梭利教育法得到了孩子的肯定，取得了很好的效果。

服从命令必须以独立的、完整的人格为基础。也就是说，要想让孩子服从成人发出的命令，那么孩子的心智要发展到一定的成熟程度才能做到，才有可能服从成人发出的指令。孩子会认真谨慎地完成成人下达的指令。因此，所有的话语指导都应放在教学的后面，在孩子心智达到一定成熟度之后才进行。

一些缺少教育经验的老师常会把教学的重点放在“教”上面，认为只要用正确的方式去向孩子示范如何操作教具就完成了老师的工作职责。其实，完全不是这样，老师的职责远比这点重要得多。由于老师要了解每一个孩子才能给孩子以正确的引导，因此老师必须观察孩子的一举一动，要做到对孩子的观察不仅仅只是了解孩子的表现，更要了解孩子的真实状态。老师观察孩子最重要的目的就是，能够辅助孩子能力的呈现。

新时代老师的教学原则

想做好一个新时代的老师不是一件容易的事情。因此，我在这里试着把所有对老师有益的教学原则写下来。首先，一个新时代的老师要能够观察到孩子注意力的所在。当孩子全神贯注于工作时，一定要尊重孩子，不要在一旁纠正或者情不自禁地赞美，这对孩子而言是一种打扰。

但有的老师会对这个原则有一点儿误解，他们将教具发到孩子手中后就不管不顾，不管发生了什么事情都不关心。这样只会造成一个结果，那就是孩子在吵闹捣乱，毫无课堂秩序。我们给予孩子最大限度的自由，不打扰他们练习，尊重他们的活动，这需要孩子的心智有一定的成熟度之后才能得以实施。换句话说，需要孩子具备了一定的自我专注能力，能够专注于、沉浸在某件事情当中。如果孩子调皮捣蛋、胡乱发泄自己的旺盛精力，老师却不加管束，就失去了意义。我就曾经见过这种场景，班级里所有的孩子都在用错误的方法操作教具，课堂混乱不堪，老师却只是在教室里走来走去，没有说一句话。我就跟那位老师说，与其这样还不如让孩子到教室外面去，他便走到一个孩子的身边悄悄地说话。我好奇地问他："你在做什么？"他回答我："我小声地说话，才不会打扰到他嘛！"这位老师的教育方式犯了非常严重的错误，他无法建立良好的秩序，又不敢去干扰孩子的失控状态。

曾有位老师问过我这样的问题："你要求我们用尊重一位科学家或艺术家的心态去尊重每一个正在专注地进行工作的孩子。但是你又说，当孩子把教具当玩具玩时，作为老师就要介入其中及时制止。""是的，"我这样回答他，"我对孩子专注于工作的尊重程度，就像尊重一位艺术家正在沉浸于他的灵感一样。如果我到了一位艺术家朋友的工作室，发现他正在抽烟、聊天，我当然可以打扰他，还会跟他打招呼：'嗨！朋友！最近在忙些什么？'但如果他正在专注于他的工作，那我就要静静待在一旁，直到他完成工作。对待孩子也是如此”。

蒙台梭利教学法所指的尊重，不是包容一切，连孩子的缺失与胡闹都一起包容。尊重必须在以下的基本原则都满足的情况下才得以真正实现：能够观察出孩子的体能情况；鼓励孩子发展对其身心有益的活动，消除不好的行为，因为这些不好的行为只会让孩子的精力用错地方，甚至对自己造成伤害。不仅老师要记得这些原则，母亲也同样要谨记才行。

老师当然可以不断地提醒孩子，也可以严厉地纠正孩子的错误。但一位真正合格的老师，是不会用这种强迫的方式来引导孩子，来纠正孩子的错误，并引导他们朝正确的方向前进的。一位合格的老师，会认真并持续地观察孩子的一举一动，时刻留心孩子的各种状况，科学谨慎地安排教学顺序和学习环境。与严厉的命令相比，这些方法要简单得多。方法虽然简单，但所付出的辛苦却要更多，还需要老师的爱心和敏锐的观察力。

老师要像把自己的家布置得温馨整洁一样布置孩子的学习环境。只是这样当然还是不够的，还需要了解孩子的一举一动，更要担负起教育孩子的责任。孩子能否走上正轨，是否有所成就，就要看老师是否具有细致入微的观察力。老师要真心去做，才能达到效果。

一个很小的错误就会造成严重的后果。假设在一个刚刚装修好的房子里，房客用洗脸盆当炭盘使用，他们就没有办法进行梳洗，房子和家具也会因此变得肮脏不堪。因为这些人不懂得如何合理使用现在的工具这样一个小小的错误，就造成了他们只得生活在脏乱的环境中。

一个老师是否具有相应的能力，要取决于他是不是会谨慎地运用蒙台梭利教育方法的基本原则。一旦认同了蒙台梭利的教育法，就能从中发现一些克服教学小困难的方法和心得，只要掌握了就能达到很好的教学效果。虽然说懂得了如何克服小困难和小失误，但也不一定能达到完美的效果，但是那种能依靠自己的能力克服困难的满足感就具有令人振奋的力量，进而激励自己不断前进。正是这样的力量，使得我们的老师在遇到困难时无所畏惧。

一个真正合格的老师就是要做到，帮助孩子摆脱自己的缺点，但又不让孩子感觉到自己的不足。

第 16 章　蒙台梭利老师要进行的准备工作

作为老师，最伟大的事情就是能够在观察孩子的一举一动中发现真理。要想达到这个目标和高度，老师就必须要学会谦虚、自我克制和耐心。老师比其他科学家更重要，因为科学家的研究对象基本上是物体的外部，老师却是研究人自身，而且是不断成长和变化的孩子。

组织准备工作

让学校成为观察和研究孩子心理活动、心理发展的研究所、实验室，将来还会成为最优秀的实验场所。因此，应该完善和准备这样的新学校，这不仅是让孩子得到更好的教育，形成更好的教育方法，而且还是为新兴科学的产生与发展做好准备。

就像学习自然科学的学生，他们的实验室需要有为观察所需要的物品进行准备的组织一样。例如，他们要观察一个细胞的活动，就需要一块凹形玻璃片，中间还有一个能盛水的小孔。在上面放着淡溶液，让细胞能保持更持久的活力，还要准备细胞增殖的土壤等。这些准备工作催生了一种独特的职业，他们不是教授的助手，但之后成为高级职员，而现在这些人都成了从事自然科学的研究人员。正因为他们进行着最精细的工作，所以具备了生理、物理、化学等方面的知识。准备工作做得越充分，科学就会发展得越迅速，越有保证。

在所有的自然科学实验室中，有人认为只有心理学研究室是不需要做任何组织准备的。我并不认同这个观点。心理学家要进行的准备工作是准备“实验对象”，要向“实验对象”解释如何对实验作出反应，应该如何进行。心理学家认为，任何突然发生的事情，例如突然闯入的人，都可以为他们的实验目的服务。打个比方，心理学家就像是捕捉蝴蝶的孩子，先是将它抓住认真观察，再将蝴蝶放开让它飞走。专事实验材料研究的生物学家则不同，他们更关注如何在实验室里进行适应的准备工作。

我们的心理实验室还没有完成得很好。要做好这一切需要一个特殊的环境，需要有知识、有经验的工作人员，这些工作人员要比在自然科学实验室里的人更优秀。只有这样的配备才有可能组织起心理实验室。当然，不可能所有的学校都能做到这一点，但相信所有的学校都在朝这个方向努力。

现今的时代，不仅我们早期教育的老师在改变，大学教授也正在经历着同样的改变。原来的教授裹在长袍大褂中，像皇帝一样高高地坐在上面，他的话语是权威的，是不容学生质疑的，学生甚至要成为他的信徒。而现在则完全不同，现在的教授是让学生处于较高的位置，而将自己放在低于学生的位置，让所有的学生都能看到。学生们都坐着听，教授则站着，就像普通工人那样。学生对教授的话不再只是接受，更是要证实其理论，只有这样才能推动科学进步，才能产生新的知识，并且让自己的名字与那些伟大的学者一样，在为社会作出贡献的同时被所有人铭记。

现在的教授不再需要依靠华丽的演说、高贵的姿态、精心的修饰来吸引学生。取而代之的是，用科学知识本身激起学生学习的热情，因此很多大学学生学到了知识却不一定记得住教授的声音和外貌。但这并不意味着学生对教授是不尊重的。

观察能力、足够的耐心和谦卑的心态

作为合格的老师，他要拥有观察的能力，要有足够的耐心，还要有谦卑的心态。

老师最基本的“品质”就是拥有观察的能力，这个能力非常重要。一个人要想拥有这个能力，仅有的感觉和知识是不够的，因为观察是必须通过实践才能培养出来的习惯和技能。例如，我们让一个从来没有接触过望远镜或者显微镜的人来观察，他根本无法通过望远镜观察到星象，无法看懂显微镜下的细胞。观察是需要训练的，这也是科学发展的重要前提。因此，如果这些现象看不见，就相当于它们不存在。此外，科学家专注于他的研究时就是对他所观察的对象有着强烈的兴趣。因为他可以看见很多其他人看不到的东西，所以就会对观察体越来越感兴趣，这种兴趣正是科学家们的精神动力。老师也一样，当老师在观察孩子的过程中感受到了孩子的秘密，就会为此而兴奋，更关注他所观察的对象。在观察的同时，老师自己的品格也得到了很大提升。

要想拥有良好的观察力，耐心是必不可少的。与科学家相比较，没有经过训练的人不但无法看到科学家观察到的东西，同时也没有科学家那样的耐心和专注精神。例如，一个天文学家，当他要观察星象时要先将望远镜的焦距调整好，而普通人是不可能有耐心去进行这项准备工作的。天文学家在进行他的工作时，不会认为这是一个漫长的、需要耐心等待的过程。而普通人面对这个过程，往往会很焦虑，甚至怒气冲冲地认为这是在浪费时间。如果普通人要了解显微镜下的世界，那么科学家只能帮助他们将镜头调整好。因此，普通人没有耐心去等待，他们只想

“马上”“立即”看到“很多的东西”。

假如是位女士想要看一下显微镜下的细胞组织时，科学家会温和地答应，并严肃地为其进行准备工作，这是非常自然的事情。首先，他先切下一个组织上的一小部分；然后，仔细清洗放置物体的玻璃片和盖住的玻璃片，还要清洗显微镜的镜片，并调整显微镜、对好焦距，等等。在这个自然的过程中，我们会听到那位女士不停地说：“很抱歉，其实我有一个约会……呃……我真的有很多事情……”当一切都准备好，但她却什么都没有看到，我们又可以听到这位女士这样抱怨：“这简直就是在浪费时间啊！”的确，从这位女士的角度上看，她是什么都没有做，只是在浪费自己的时间。事实上，她缺少的不是时间，而是耐心。没有耐心的人什么事情都看不到，都看不透。有一句意大利谚语这样说：徒劳的等待，其实就是一种自杀行为。那些缺乏耐心的人什么事都做不成，因为一到了真正要做事时，他们早就逃离得远远的了。

每个人都有一项持续的工作，而工作都是由无数细小的细节组成。一些看起来毫不起眼的一环，对希望在科学上取得成绩的人而言都至关重要。或许你曾经看到过一个物理学家是如何仔细耐心地调整一台仪器的绝对水平，是如何耐心地拧上一颗螺丝钉，然后又拧上一颗螺丝钉。接着他一次次尝试，工作得仔细缓慢。他费劲地将仪器尽量调整至绝对水平，并且还要小心翼翼地确保温度的变化不会引起仪器哪怕是一丁点儿的改变，因为仪器的准确性对科学实验来说非常重要。在这个过程中，这位科学家看似做的都是些小事情，但就是这么小的一件件事对结果将产生很大的影响。

化学科学家希望找出能产生能量的最小反应物质的时候，就像孩子一样，摆弄着曲颈瓶。将一个瓶装满要研究的物质，倒空它然后又再将其装满，观察物质的反应，然后又再进行一系列的操作，查看各种反应情况。在这一过程中，这位化学家的行为就像一个孩子。

谦卑的态度也是不可缺少的。任何情况下，科学家都是谦逊的，他能够走下高高的讲台而站在一张小桌子前工作，可以脱下长袍穿上工作服，可以放弃那种话语的权威而与学生一起探究和发现真理，检验真理。这样的方式让学生不仅能学习到理论，还能因此而受到鼓舞，从而有信心继续寻找真理。

科学家谦卑态度的最高形式的表现是能够随时进行自我克制。这种克制的态度在精神层面的体现具体有：抱定的理想、坚定的信念等。面对真理，没有任何科学家会心存偏见，他们能够随时放弃自已原有的、与真理相悖的观点。这样，他们才能摆脱错误，使自已进步、使自已提高。

作为老师，最伟大的事情就是能够在观察孩子的一举一动中发现真理。要想达到这个目标和高度，老师就必须要学会谦壶、自我克制和耐心。老师比其他科学家更重要，因为科学家的研究对象基本上是物体的外部，老师却是研究人自身，而且是不断成长和变化的孩子。孩子的各种表现会激起老师更多的兴趣，在观察孩子的行为表现时就能读懂孩子内心的秘密。因此，老师更要拥有观察的能力，还要有耐心和谦逊的品格。

积极、科学的态度

老师还要像科学家那样有积极、科学的态度。因为老师要进行的是一项十分精确的任务，要通过细致的观察才能发现潜藏在孩子内心的秘密，才能发现孩子成长发展的规律，进而准确地区分真理与谬误。因此，老师应该效仿科学家，就像科学家能注意到每一粒物质微粒一样，对每个生活的萌芽形式，消除所有的感官错觉。要获得这样的态度，是与长期的实践和对生活的不断广泛观察分不开的。

因此，我将依靠科学给予我的帮助，要求蒙台梭利的老师去观察生活的最简单形式。训练他们成为显微镜学家，要求他们去了解植物的相关知识；指导他们去观察昆虫，同时观察自己的生理形态，让他们懂得一般的生物学法则。对蒙台梭利的老师而言，我希望他们不仅关注理论，而且要走向大自然进行实践。

本书在介绍蒙台梭利教育法，同时也是一本新型老师的教科书，有助于老师完成自己神圣的使命。老师所要做的准备工作，与那些观察植物和动物的自然科学家有所不同，也不像医治婴儿疾病的医学专家。作为老师，要意识到，所有的科学方法都是有限的，当他们感到自己作为一位老师所担负的责任及这项工作的神圣性，那么他们就要开始观察人的内心生活、内心世界。局限在有机世界中的事物已无法再激起这些老师的兴趣，也无法让他们满足了，他们必须从一切宗教和精神成果之中吸取营养。这不仅是在为观察对象服务，同时也是他们“自己的生活”。当老师感到自己正被强烈的兴趣所驱使，看到了孩子的秘密，看到了孩子真实的精神状态，那么他们将体验到前所未有的愉悦和想要继续观察下去的强烈欲望。他们会感受到自己开始真正“步入殿堂”。

从现在开始，他们将成为真正的“教师”。

第 17 章　人类倾向和蒙台梭利教育

让我们努力去发现人性的文化发展方向，这人性是永久的和根本的人类倾向，能让人类优于其他动物。

帮助儿童适应环境

蒙台梭利博士的教育，一方面要帮助儿童实现自身的发展，另一方面要帮助儿童适应周围的环境和社会的需求，而这种社会需求是由儿童以及与儿童生活的人一同来控制的。蒙台梭利博士表示，对她来说，

“适应”这个词指的是愉快、轻松和内心的某种平衡状态，会给儿童一种安全感。“适应”以精神层面的永久性作为基础，也就是在儿童的家庭所处的环境下的一种道德与经济的平衡状态，而且其社会影响具有一定的决定性。在家庭生活中，儿童在心理学活动的引导下成长为成熟的个体，从而去适应他成长的环境。在适应的过程中，“稳定性”是很重要的，像牢固的磐石一样，是一个人开始向实现愿望迈进的坚实基础。

我们现在所处的环境对儿童来说比过去的更不容易适应。来自各方面的新思想冲击着社会、经济以及人们的精神，已经造成了一些变化，全球都处在一种混沌不明的状态下，致使人们觉得没有什么可以永恒。在这样的状况下，儿童就更难适应环境了，并且有一些不适应环境的现象出现，而这些信号一直在持续地增加。在 20 世纪，也是历史上第一次，人们正以过去很难想象的速度，将心理学广泛地应用到儿童身上。

蒙台梭利博士深信，儿童不适应现象不断地增加，其重要原因就是不安全感。两次世界大战之后，我们开始处于一个旧价值观被摧毁和抛弃，但新价值观还没有建立起来的时代。不安全感在社会上盛行，而且快速地蔓延开，投射到儿童的身上，导致他们的心理健康受到极大的伤害。也就是说，从本质上来讲，精神的平衡是心理健康的基础，而个体的日常行为举止要靠一种价值观来引导，坚固的价值观就像能使人安稳地立于其上的一个支柱。联系现实的状况，来自世界各地的各种相对观念意识通过收音机、报纸、电影和电视传播而来，使人们不由自主地受到冲击。连成人都受到这些冲击的影响，它们在幼儿心理上引起的困惑无疑就更多了！

帮助儿童了解世界

据统计显示，心理不平衡的人正不断地增多，尽管一些直接并且有意识的反应并不是那么容易被识别出来。试问，在这种情况之下，教育能够为我们做些什么呢？这种情况将导致绝望，然而又有什么事物、什么人可以改变它呢？

蒙台梭利博士经常说："当儿童遇到困难的时候，不要去寻求外力的援助，而要注意幼儿的本能和幼儿发展的根本需求。"她特别强调，"偏离正轨"的儿童，只去治疗表面的症状是没有用的。每个人都要突破外在的行为模式，从而触及最深、最基本且有创造力的部分。对于任何年龄的孩子来说都是这样的。

关于6岁以上儿童的"协助发展"，蒙台梭利博士说："他们从周围的环境中吸收他们和他们家人所面对的充满限制的社会的信息。我们必须努力给儿童他们所渴望的对这个世界的了解，诸如这个世界的机能、这个世界对人类生活和行为的影响。"而博士也提醒我们，只是为儿童揭示出一些东西是不够的。为了回应儿童的需求，这个世界一定要在他们成长与发展的第二个阶段，打造一个他们同样可以吸收的环境。也就是说，在 6 岁以后，儿童应该要能“融入”这个世界，就如同在他们生命的前几年中，已经可以融入周围的环境一样。作为蒙台梭利教育的老师，应该懂得关于“敏感期”表现的技巧、儿童活动的需要等。

蒙台梭利博士反复提醒人们，我们不只是要做到给孩子这个世界，而且要清楚地描绘“人类在这个世界中的地位”。第一，世界的机能是怎样运作的；第二，人类是怎样受世界机能运作的影响，这是两个基本的要素。另外，我们一定要尽力让儿童真正了解人类对他们同胞所做的贡献。因为，如果幼儿可以体验到世界的机能是怎样运作的，能够体验到人类在其整个生命周期里为自己工作的同时其实也在为别人工作，那么，就有一种明显的事实（会有一种思想自然而然地生成）让儿童能够感激人类，即使这在目前对他们来说仍然很难明了。为了使其付诸实践，蒙台梭利博士说：“基于这些不可改变的事实，不管处于任何特别的历史时刻，还是处在整个历史的过程中，意识形态的改变会促进人类通过不同的途径去追求。”

关于儿童与教育的事实

有一些根本不可能改变的事实，可能会对我们的教育工作有帮助。当然这也关系到儿童本身。

儿童并不是一出生便继承了文化。无论什么时候的意识形态，有些事实总是保持不变的。比如，人类一定要靠衣食住行来维持自己的生活。不管是什么主义，人类关于吃和某些方面的需求一定要得到满足，这是毋庸置疑的，而人类怎样提供这些需求，则是另一回事。

让我们来想一下，什么是“人类的需求”“人类在他的一生中怎样去适应”“人类怎样达到控制世界的地位”。假如我们能够将这些事一并考虑进去，就能够看到在人类思想不一致的背后，有一种连续的不可分的一致性。每个人都能够察觉到，在意识形态中，人类不是抽象的存在，人们的意识形态要寄托于被创造出来的事物之上。人类是众多可以体现出这一点的生物的一种，我们可以把这种现象叫做“宇宙的有机体”。没有了其他的生物，人类就不能生存。意思就是说，人类需要靠所有已经被创造的事物来生存。

比如，让我们再来看一看维持生命力的问题。人类需要依靠矿物质生存，一定要喝水，不管是茶还是其他饮料，而且需要蔬菜、动物以及其他物质。所以，我们得出了结论：人类就像是一种环境的寄生虫。

当我们想到动物，会发现相同的道理。为了生存，动物也需要植物或者其他的动物和水。而植物，只要是与喂食相关，好像也成了其他生命的牺牲品，不过植物同样会需要以动物作为食物。一方面，动物释放出排泄物就像呼吸的时候吐出二氧化碳一样，它们死后，身体就变成了植物的食物；另一方面，植物的残屑和氧气被人类和动物吸收，进入其体内后便成为维系生命的最基本要素。我们可以从这些例子中看到，世界是由这些不同的构成要素构成的，而这些要素相互依赖，如果缺乏其中的某些构成要素，那么其他剩余的也会生存不下去。

让我们再进行一些更详细的考虑，在生命领域里，在蝴蝶采花蜜的同时，它们也让土地变得更加丰饶，使植物能够继续生存。这看起来是一种重要的特色——在并未察觉的情况下为其他物种提供服务。甚至，这种情形可能会发生在表面上看起来相反的行动中。生物学者发现，食肉动物靠捕食其他的动物为生，而这可以帮助它们所吃的动物物种维持正常的数量状态，清除了那些体弱和不健康的成员，并且使剩余的成员保持警惕，从而使生还者成为竞赛后剩下的最好的。当猎食者从这个环境中被移除后，这种特性就会显现出来。当这种动物的数量不断增加，而机能退化成员的数量过大，它们占用了太多的土地，饥饿、传染病等大灾难就会随之发生。这样的杀伤力将比肉食性动物带来的杀伤力更大。尽管这种为了生存的杀害是残酷的，可是这样不仅维持了动物生态的适当平衡，同时也促使某些种类的动物发展到更高的水平。正如我们所知道的，人类一定要依赖动物、植物、水、土壤和阳光才能生存。动物一定要依赖水和植物，它们现在甚至也依赖着人类，因为人类创造了让一些动物得以发展和进化的可能性；植物需要阳光、水、土壤、人类和动物——这就是世界运作的规律。每个生物仿佛都在说："我在这里！这是我的工作，那是你的，远处是他们的，我们共同努力来推进改革，并为我们的环境创造出更好的状态。"

当我们仔细地检视过去并探求地质学的意义，就会发现，先出现的每一种生命都为下一种生命的出现做了一定的准备。也就是说，如果前面的生命不存在，其后的生命也就不会出现。因为我们所发现的各种生命一个接一个地出现并发展。之前生物所积累的经验和他们所带来的环境变化，让后来更优越的生物可以享有更多的生存机会。而这些生存机会若没有先前生物的准备是不会存在的。这不仅仅发生在过去，今天，同样的过程仍在进行中。比如，第一种植物是从光秃秃的石头上生长出来的，那是一种地衣类植物，是唯一一种能够在石头上生长繁殖的植物，其他任何种类的植物都做不到这一点。我们可能会说它们能够喂食自己，它们尽可能吃得更多。在这种觅食的行为下，在它们死亡之后，它们的后代就寄生其上，这些后代变得与它们的食物来源——石头，距离越来越远，最终这种生物灭亡了。其他的地衣类植物就以第一种地衣类植物为食，相应的，它们也会经历相同的过程。

每一种生命都是在之前其他生命物种所创造的环境中进化的，正如从苔藓，到草，到树木一样。每一种之前的生物都为下一种生物的出现打下了基础。

不管是过去还是现在，只要想到生命，就会发现这种供给方式。这方式仿佛在说："我要把我的生命能量贡献给其他生命，而那些生命是在我之后出现的，会比我更好。"

让我们更深入地进行这个哲学的思索，就会发现下面这些奇怪的事，似乎每个例子中都有一个明显的自我本位，它掩盖了其中的真实。

以人类为例，需要呼吸，不然就会死去。因此人类呼吸是为了自己，可是每次吐气的时候，植物会因此获得它们最需要的二氧化碳。

而对于植物来说，它们要放出氧气，的确为了自己的生存，而同时也让动物能够由此生存下去。

这就是造物主的杰作，即便看起来最以自我为中心的生物，也可以为其他生物的生存提供服务，或者为了后面随之出现的未知生物做好准备。当我们能够看到更多的生物间的这种相互关系，也会由衷地感叹造物的神奇。

将世界观念归入学校

这乍听起来会觉得很奇怪、很难理解，可是经过一段时间，人类就会清楚事实的真相。1937 年，蒙台梭利博士在荷兰的拉伦市的一个规模比较小的教育中心第一次为儿童说明这个事实。她希望儿童知道社会是怎样运作的。此后，一些教育家对此进行了延伸，并提出倡议："世界的观念一定要归入学校。"（也就是说，我们应当在学校里开展买卖东西和类似的活动，由此，社会的功能便能够在课堂上显现出来。）

世界太大了，要使其在学校里完全得以呈现是不可能的。蒙台梭利博士有一个更加直接的想法：给儿童"世界之钥"，"儿童应该建立自己与世界沟通的经验，去学习感激世界、感激生活在其中的人们”。

有一天，一个孩子需要用一支铅笔，蒙台梭利博士就让他自己去买。他回来的时候非常生气，说：“我等了很长时间！……店老板叫我等，所以我才会这么迟回来。”他非常气愤，他觉得店老板对他冷淡是因为他年纪小。后来，蒙台梭利博士通过她的助手进行说明，解释给这个孩子听：“你知道吗？这个店老板每天早上很早就起来，把她的店打扫干净，然后就在柜台的后面等待，就为了迎接每一位需要东西的客人。如果来到店里的客人不喜欢她推荐的东西，她会在店里帮助客人寻找他们真正需要的东西，一直到客人满意。而且她在说话的时候特别友善，又有耐心。这位店老板这样为每一位客人服务，保持友善，保持热心周到。”

“您说的很对，可是店老板也获得了报酬啊！”小孩插嘴说。蒙台梭利博士引导他：“你想想看，店老板还可以以其他方式生活吗？如果她必须得在田里种植小麦，把它磨成面粉；如果她必须要缝制自己的衣服，她就不能站在柜台后面为客人服务。所以她必须要依靠客人付给她的一些钱才能生存下去。可是如果你想想她每天的生活，就是在店里为你和其他的客人服务，而你和其他的客人付的钱大部分是店主用来买你们需要的东西，剩余的一小部分只够维持她的生计而已。她无法因为卖东西而变得富有起来。她的一生，从一开始工作，就是在为别人服务，比如为你服务，她可能会这样一直不断地工作，直到死去。到那时，她可能已经存下了一些钱，可是她不可能把这些钱也带走，只能把它们留给亲戚、教堂或医院。此外，她的大部分衣物也会留下来。而她的一生已奉献给照顾其他的人了。”

蒙台梭利博士的话打动了这个小孩。其实，我们每个人都是这样的。我们之所以能像现在这样生活，是因为有些人做了衣服，有些人纺织——如果是由羊毛做的，肯定还有一些人在养羊等。我们能够享用这些东西，是因为有无数的人在努力。

想想你午饭时候吃的面包：是谁种下小麦？谁烘焙出面包？这个社会的规则是，每个人都要依靠其他的人。

如果社会中的一些人富有，那是因为他们解决了人们比较广泛的需求，他们提供了比别人能提供的更好、更便宜的东西，并陈设到商店里，使人们得到更加容易。人们由此不需要过于辛苦就能生活得更好。

蒙台梭利博士说：“如果从人类的感觉上来看，而不是从宗教意义的角度来看，这些富有的事业经营者们是圣人。”

就以工厂主人作为例子。他知道每个人都需要衣服，就雇用人制作衣服来卖，而且比其他人都富有。可是如果我们每个人都要去做自己的衣服，就如同以前一样。在我们小的时候，村子里的妇人们给家人制作床单。她们一整天都要编织，需要编织很久才能编制出一块床单。另外，她们还要为家人做一些琐碎的事，她们肯定没有时间来做任何其他的事情了。那时候男人们都在田里辛苦地工作。在那样的情况下，文明是不可能进步的，文化也不可能提升，因为人们根本没有剩余时间。如果一对已婚的夫妇必须要播种小麦，还要做饭、打扫、洗衣服和刷碗盘，还要照顾孩子和家畜，还有做衣服，等等，他们一天必须要工作18个小时。在一天即将结束的时候，他们唯一感到的就是疲惫，他们想：现在我终于可以睡觉了，我要睡觉去了！睡觉就是他们唯一的愿望，再也没有别的了。这时候有一个人想到使用机器来制作大量的衣服，这对所有生活在这种状况下的人来说，是极为有益的，而且衣服将会变得便宜很多。

如果做衣服的人能够作出衣服来，那是因为其他人制作了这种机器，还有人耕作和收集棉花和亚麻布。所以，不管你观察什么地方，你都会发现人与人之间的相互辅助和服务。

不管我们做什么，都是这样的。就以教师为例，如果教师帮助儿童，使他们能够成才，那就等于在帮助社会。教师可能继续留在他的国家、他的家乡进行工作，可是当幼儿长大之后，可能到世界的任何地方和带给那里利益恩惠，而这个恩惠就来源于他曾教他们的。

不管怎样，作为教师，已经花费了心血，使得孩子因为他们的教导而更加优秀，这个利益恩惠幼儿自己可能并不知道，甚至还有很多是教师不知道的。

有一个值得思考的问题，蒙台梭利博士强调，这些慷慨的付出者是匿名的。是谁做了这套衣服？是谁养了羊？是谁制作羊毛线？我们并不知道。所有给予我们礼物的人都没有留下名字。这不就是最美好的爱吗？不就像我们说的人类那种真实的本质吗？更深一些去想，就可以了解到一种和谐性——这种和谐性是在联合国建立后所取得的成就，而且，它正朝向每个人所希望的方向。

这只不过是我们的粗浅想法，使我们无法接受它就是在那里的事实。而我们是团结一致的。不只是如此，如果我们不团结一致，我们就不可能生存！

帮助儿童了解人性

蒙台梭利博士建议，应该被强调、被突显的另一事实是，人性的宽大，儿童有一个很好的机会来感悟人性和体验对这个世界中他不认识的人的感觉——这些人可能在非洲，也可能在澳大利亚。幼儿由此发展天性本能并意识到人性是值得感激和尊敬的。

这是蒙台梭利博士所说的，儿童应当借助我们的帮助来进行吸收。因为当儿童一旦养成了自身的性格，不管之后有怎样的观念意识冲击，他都能凭借自身的基本意识来判断是非曲直。

如果人们在儿童时期有机会去了解世界和社会，他们就不会那么容易去追随空想的社会体制。仔细想想，一个领导者怎样成了领导者？因为他所阐释的观念和意识，让他得以澄清了模糊意识，而后来加入团体的那些跟随者却并没有清晰的意识。一旦有人走出来，清楚地陈述并解答了这些意识问题，他就成了一个领导者。而当他成为一个领导者，而且已经激发了信心和热情，如果那些跟随者没有掌握事实的基础，那么即便走向灾难，他们也将跟随着领导者。然而他们在幼儿时期已经接受过辅导，除了知道了这个世界和社会运作的真实情况，还对默默为他们工作的人心怀感激之情——这是人性的全部，如果有一些新观念的狂热者对他们说："跟着我走向新的荣耀（意思是：跟随我去战斗）！"他们就会停下来进行思考。他们的反应就会像有人对他们说："看！你看见那边的阳台了吗？你看到那只小鸟在飞吗？你是一只小鸟，可是你的妈妈不想让你去飞，杀了你妈妈，之后从阳台上跳下来去飞翔吧。"因为他们知道妈妈死在他们手上然后从阳台上跳下来的后果所带来的感受。

蒙台梭利博士说："我们一定要帮助儿童在6岁以后去发展他们的倾向。那时候儿童不再像以前一样只是了解自身周围的环境，同时也去进行他们还做不到的心灵探索。"

我们这样做了，他们自然就会感激上帝，感激人类。

培养这份了解和感激应该是对这个年龄段孩子教育的根本，在这个坚固的基础之上，再使其慢慢地有意识地融入人类社会。

蒙台梭利博士是正确的，因为，特别是在当下，如果一个人只能适应一个国家，他就不能被这个时代所接受。

让儿童融入社会

以前，适应只是针对村落中的生活。在我们还小的时候，一个村落的人想去拜访附近的村落，那甚至被看得像登陆月球一样可笑而又无用，因为他们生活在那种每个家庭都必须自给自足的状态里。对他们来说，另一个村落大概有 20 公里或者 30 公里远，那已经相当于是外国了；而另一个村落的居民对他们来说几乎陌生得就像住在非洲赤道附近的匹克米族对我们来说是陌生的一样，他们存有严重的怀疑、不信任的心态。他们的态度可以用一句现在一些小地方经常引用的谚语来说明："如果你要选牛和老婆，那就在你自己的村子里面挑。"这也就是说，其他族群的行为举止和他们族群的行为举止是不一样的，如果有一个人选择和其他族群的某个人结婚，婚后的生活对他们来说必定是困难的。所以在那个时候，当生活被局限于一个小社区中，接受相同的思想、相同的习惯，要适应是很容易的。这些村落的生活形式是比较极端的例子，可是它温和而且逼真地描述了存在于今天所谓的发展中国家的状况。

以前，遵守规矩的方式只有一种，是依据传统和世袭的规则整理出来的。就像刚刚提到的村落的例子，他们是在意大利，规矩则以天主教伦理为基础，如果有人作出一点点超越规矩的事情，就会被全村的人认为品性不端，会有很多人在背地里甚至当众谈论！假如一个妇人（这一点跟男人不同，因为男人讲脏话的个性已为人们所习惯）在争吵中很愤怒地咒骂上帝或者其他圣贤，她就会受到唾弃。这种情形就跟某一种稍有异常的行为发生而带来的结果是一样的，而且这些行动不会只是局限于它本身，还会影响到村落里的其他人。在这样的环境下，儿童有一套确实的方针去引导他们适应。那时候的人，在心理上非常正常、非常平衡，没有任何事物能够使他们动摇。他们的人格是完善的，他们的忠诚是坚定的。

观念的冲突

如果将以前的情况同现在的情况进行比较，我们的儿童要遵循哪一种标准？现在，我们的世界就是这样一个“村落”。所以，儿童是在各种互相冲突的观念意识的冲击下成长的。孩子听到有人说：“这是错误的。”可是其他的人提及同样的事时，却会很权威地说：“这是非常正确的。”我们不幸的孩子应该要相信哪一种？

从精神层面来说，社会规范的稳定性对幼儿的心理健康是非常重要的，就像我们站在地面上，地面的稳定性是非常重要的。想想你的不安全感，如果你每一步都走在表面上看起来很坚固的地上，它表面上坚固，然而你随便朝着一个方向走过去，砰！你摔倒了！然后你转向另外的方向，砰，你再次跌倒……过了一段时间，你会感觉到，不知道能往哪里走，不知道脚步能迈向哪里，十分需要找一些东西来指引自己的生命。

现在，我们的社会正发生着一些事：传统的思维、价值观被袭击，新的观念意识正激烈地反对它们，而且新的观念意识之间也会相互抵触——好像没有任何一件事是能够确定无疑或者永恒的。对于我们成年人来说，这都够糟的了，那么对于大部分的儿童来说就更是困难的！如果状况依旧这样下去，而且如果我们教育家再不想办法帮助这些儿童，为他们塑造一个基本的行为框架，在外表混乱的表象之下去把一些确定具体的事实具体化，儿童将很难增长对生活的信心。

稳固的蒙台梭利教育法

现在，我们在考虑采用什么样的方法。我们都知道，一件新鲜的事过两三年以后就成为老旧而保守的了。那意味着什么？我们教育工作者不知道我们正在做什么，我们有一种不安全感，而且在寻找我们不易发现的途径。因为无论我们怎样尝试，都是失败！可是有一件事我们从没有失败，那就是蒙台梭利方法——如果你可以像蒙台梭利博士那样了解它。

这是为什么呢？原因在于那个方法的本质是，“帮助幼儿进行发展，并帮助幼儿在自身的种种状态下可以适应自己”。

环境状况的确会改变，可是有些事情是不会改变的。而那些事情就是蒙台梭利博士所强调的。这些是极为相同的事情，可以使人性从原始的低水平提升到现在的水平。

就拿衣服来说，有些并不是非常重要的因素，比如缝线、袖口，或者其他关于流行时尚的事。因为寒冷的存在，衣服本身是不会随着时尚的趋势而衰退的。那么，什么是会消失的？特别的服装造型、制作食物的方法，或者晚餐时使用的精美餐盘。到了我们中年甚至年老时，就有人能够负担得起精致的晚餐。这种改变已经出现在饮食领域，丰富精美的食物时时更新，而有一件事没有衰败，那就是吃。

同样的，在教育上，如果我们能够把眼光放在什么对生活是重要的、什么对发展是重要的上面，蒙台梭利方法就会永远存在。因为那是根基，就像儿童最初不会走路，而后来就会走了。

我们能够确信地期待着人性出现惊人提升，虽然人们常常发现孩子将还是孩子，而为了达到 20 岁，新生儿就必须再成长 20 年。

人类倾向

人类身体的成长不是完全可以预测的，精神层面的事情也是一样。一些基本的因素是不会改变的，能够改变的是你心里所想的内容。这些因素让孩子不管在什么样的社会规范中都可以适应。这些所有的重要因素就是现在的心理学者所说的"人类倾向"。这些倾向对于孩子的成长来说，可能是有帮助的，也可能是有害的。比如，讲话就是一种人类倾向，然而却并没有什么指示出一个人要用什么语言来讲话。选择哪种语言来讲话，要视这个人在儿童成长时期的社会环境而定。如果孩子周围的人讲的都是希腊语，我们就不能强迫孩子去学习德语，否则就等于在要求他们违反大自然，而孩子也不可能会努力地去学习。儿童的倾向反映出，为什么祖辈讲德语，一个人就应该学德语？对于古典语言的学习，儿童也会有很多不理解：为什么只是由于我们的祖先给我们一些文明，我们就一定要在学校研读拉丁文和希腊文呢？

如果这些想法没有产生什么不良后果的话，这种语言的自然倾向是怎样的呢？在学校或者在家里我们不可能去阻止荷兰的孩子去学习说德语，就算我们想这么做，也是没有办法的。

婴儿出生后过一段时间，他们就开始牙牙学语，然后开始说话。因为讲话的动因是一种天性，每个人都有学习讲话的动因和想要表达自己的动因。历史上的不同环境状况会提供不同的话语方法，讲话这种生命倾向可能会发生变化，但是倾向本身是不会改变的。

人类的优势

人类以很快的速度超越其他的造物，尤其是在生命生存的领域，人类更是优于其他的物种。这里说到迅速，是因为目前地球有30亿年的历史，从人类有文化开始，也就是开始进行城镇生活的人类有5000年的历史。5000年和30亿年相比，是什么概念？不过是弹指一挥间。

思考一下，在不同的时期，人类是怎样在他有限的一生中去适应他所占有的地理位置。

很明显，人类比爬虫类更能适应。的确，爬虫类动物具有一定的数目和能力。而它们会被巨大的哺乳动物跟踪，其中有些甚至是凶猛的哺乳动物，比如洞穴里的熊、长毛象、剑齿虎等。而渺小的人类却能够在这些动物之中生活。几年之后，人类可以自豪地说："我是胜利者。"这是怎样发生的呢？

你现在可能要问，这些和今天教育方面的问题有什么关系？那是因为在研读人类怎样赢得优越的时候，人们发现那正是人类倾向带来的胜利。就像我们已经看到的，倾向并没有改变，人类倾向与遗传有着密切的关系。婴儿在出生的时候就具有这些潜能，又会在最适当的时候发挥它们从而建立起一个个体。在人类发展这些倾向的过程中，在蒙台梭利博士所说的"敏感期"的帮助下，会呈现出不同的方向。如果教育被当做帮助挖掘幼儿潜力的最适宜方法，如果人们能够注意到人类倾向和敏感期的问题，而且能够给予孩子们辅助，人们就一定能为教育找到一个安全而又永久的根本来作为基础。这正是我们所要寻找的。让我们努力去发现人性的文化发展方向，这个人性是永久的和根本的人类倾向，能让人类优于其他动物。

从某种角度来看，做动物是很好的。它们不像我们有这么多的烦恼。它们不会受观念意识改变的困扰，因为它们没有什么观念意识。它们大多从出生开始就知道要做些什么。与人类为了发展自己的身体而专注于一些没有必要的努力相比较，你就会很清楚地了解到，其他动物因为没有这种多余的努力，也就不会有什么心理上的压力。对于人类来说，从胎儿形成到个体死亡，我们的身体一直在改变，存在于我们体内的一些东西造成了这些改变，这是我们不能控制的。或许，我们的鼻子比别人的大了一些，我们的眼睛和邻居的眼睛有着不同的颜色和形状。人们可能对自己的样子不满意，但那是另外一回事了。你不需要担心，“现在我必须要为自己创造一双腿，现在我一定要发展身体的某个部位”。动物能告诉自己在各种环境下应该怎样行动，而不需要去烦恼。比如，若是给牛喂一块肉，如果你了解它的习性，就会懂得它的反应就像在说：“不对，不对，我喜欢吃草。”它有一个十分确定的原则，知道要做什么，其他所有的动物也都有这样一种与生俱来的心智和本能。可是仔细想想，你就会发现，每一种动物的灵性只在它们的动作范围内才有效，这就意味着它们的智力和灵性受到一种既定模式的限制。

动物的优势

动物的生存也会有一定的局限。比如，假如我是一头牛，可是却找不到合适的植物……我该怎么做？我做不了什么事情！我必将会死亡。把这种研究扩展开来，你就会发现，对于包括植物和动物在内的所有生命来说，这都是事实。每一种动物都会受到一种规则的引导：它们应该吃什么，它们的行为举止应当怎样，它们应当怎样移动等。想想你自己的生命，当你处于至关重要的利害冲突关系中，一定要作出艰难的决定时，你是否会想："唉！假如我是一只动物多好呀！如果我是一只动物，就不必担忧每一件事情！我的父母把我带到这个世界上……上帝告诉我怎么做，我就怎么做。"看，动物的生活跟我们的生活比起来是多么好啊！可是我们人类从来不知道应该遵照指引去做些什么！我们是一种从不知道满足的动物，我们从没有使自己的后代停止尝试新的方式。当我们一代又一代地传承下去，这种不满足的感觉变得越来越急迫。从这个观点来看，与人类相比，动物具有一个很强的优势，但那不是全部。

其他优越于我们的动物，不管怎样去努力，它们必须保护自己的生命和繁衍后代，无论它们必须要引导哪一种生命，它们的身体内具有它们需要的所有器官。

在所有动物的体内，都有维持自己生命所必需的器官。比如，啮齿类动物的牙齿像凿刀一样，可以用来撕裂食物；老虎的体内也有自己的武器；而北极熊有特别厚的毛皮，甚至在冰点以下的气候中还能安然自在地生活，而且还能露齿欢笑，好像在说："在冰天雪地里生活有什么可介意的呢？我有了毛皮，觉得非常舒服温暖，上帝给了我外套和大衣。”

然而，我们人类呢？

蒙台梭利博士以前总是说：“如果动物拥有像我们一样的智慧，它们在冰河时代看到人类在这个世界上出现时会说，这个创造物被上帝剥夺了生存权。”

的确，有谁能想象更糟的情况吗？天气寒冷的时候，人类没有动物那样的外套；同现在的我们比起来，以前的人类是无力的，一旦被可怕的敌人包围住，他们没有武器来抵抗敌人，也没有能够征服环境的器官；没有老虎的爪子，没有兔子的牙齿；天气寒冷，也没有厚实的皮毛；如果饿到了极点，想像狼那样抓一只兔子，则一定会被远远地甩在后面，因为所有的兔子都比人跑得快；在无法抓到兔子的情况下，人想抓野牛，可只要野牛把头对向人，那就没有办法了！可怜的人类，渺小、柔弱、赤裸裸而没有武器，在冰天雪地里会不停地打战。

而且不只是这样，人类还有一种更大的“灾难”：后代！

假如我是一头公牛或者母牛，我的小牛出生后 2 小时，它就开始用自己细长的腿在我的身边走路了。它知道去哪里能够找到食物，并且它找到了。如果我给它个信号，哞……它就有足够的智力去完成我说的动作，“是的，妈妈我来了”。

可是人类呢？他的后代就像一小块肉团，根本没有智力可言，而且是无助的！他不能使自己被别人了解，也不了解任何一件事情。他是那么软弱，可怜的小生命！他必须要花十几个月的时间才能自己跨出第一步。

人类的婴儿依赖父母不只是一年。我觉得我们现在的父母，甚至必须持续支持他们的孩子达20多年。因此说，人类的新生儿在地球上出现是多么可怜的情形。

正如蒙台梭利博士所说的："如果曾有某种动物有权利对上帝说：你为什么放弃了我？——那一定是人类！"

人类被遗弃在冰河时期的世界中，没有衣服，也没有武器，只有那无法抛弃的身躯肉体。在这样的状况下，人类可以做些什么？不是放弃而死亡，就是努力发展自己的潜能和生存！再也没有其他的方法了。

然而人类做到了！面对这种地理位置上的绝望状况，几秒钟以后，他们能够对剩余的创造物说："我就是主人！你们全都要服从我！我没有与生俱来的毛皮做衣服，但我可能拥有后代，你们或许会觉得这是一种微不足道的东西，可是，我有我的孩子，而且我还有我自己！在不久的将来，你们一定全部都服从我！"

"智慧"的礼物

什么是"我自己"？它具有无限变化的潜能，它是一个基于一些根本因素之上的复合体。这一方面在于人的头脑，另一方面则是人能靠双脚站立，所以他的双手能够被释放出来，可以自由地做自己想要去做的事。最后，也是最重要的，造物主让人类拥有自由的心灵，而其他动物的心灵却是受到某种限制的。

你看，重要的是人类拥有心灵的自主权。人类并不象动物一样拥有本能。而这并不是一种惩罚。其实，人类并不是奴隶。从外形上来看，人类可能表现出不幸中最不幸的样子，因为没有任何可以凭借的东西。可是那些感到悲怜的人忘记了有“智慧”这份礼物，或许因为这份礼物是肉眼看不到的。

人类用智慧来做什么？在这个原子学发展的时代，用原始的人性来同我们的人性进行比较，是相隔遥远的吗？如果你认为是这样的，那么请让我问问你：今天，当一个人开车到一个陌生的国家去露营，他会怎样做？在看到一个合适的地点和在搭建帐篷之后，他首先试着寻找跟帐篷有关的方位，从而确保能找到回到这里的路，接着开始到处探险，观察周边的环境。这就是人们最开始选择一个猎场时一定会做的事情，因为如果他没有找到自己的方位，我们现在就不可能在这里。

方位的倾向

蒙台梭利博士在《童年的秘密》中描述了方位是出现在儿童幼儿期的第一倾向之一。当她在说明敏感性的时候，讲了一个关于一个孩子和一把雨伞的故事。这个故事说的是什么意思呢？是说一个儿童成长到一定年龄的时候，如果某些东西是习惯性地被放在某个特定的位置上，他就会想要在那里找到这个东西，因为他已经建立起了方位感。如果这个孩子熟悉的固定物换了地方，他就会感到困惑。这就像一个人已经在这间屋子里住了 20 年，有一天，当他正要回家去吃晚饭的时候，发现屋子不在那里了。这二者的感觉是很相似的。屋子不见了！他就跟熟悉的人打听，别人都说不知道。对别人来说，这个事实仿佛是无关紧要的，可是对他来说却是十分可怕的。他失去了曾经的那种照应关系，觉得自己再也无法相信自己了。他确定他的屋子在那里，而每一个人都说屋子的确不在那里。他们觉得即便屋子不在那里也没关系，并且用怪异的眼光看他，因为他特别烦乱。没有人能明白，这间屋子的消失正影响到他内在的方位感，这种方位感会让他找到一条出路，也就是说当他走错了路，能够凭借屋子折回去再找到正确的路。如果这种由方位感带来的安全感被带走了，那么他就不仅会感到在城市里迷失自己，而且是迷失在了自己的意志之中。

探险的需求

为什么蒙台梭利博士要在看起来仿佛徒劳无益的细节上仍然坚持她的看法？她体会到儿童外在秩序的原因和重要性。她有这种接近事实的直觉，而直觉告诉她，初生儿的第一倾向就是要在自己的内心建立一个自我，使他不仅仅可以和周围的环境建立起关系，而且可以在未来的生活中获得某种方法去面对各种各样的事情。这些事情包括了人类最强烈的冲动和帮助他去找到各种东西来满足自己的需求，这种需求就是探险。

人类对每一种文化都会进行深入和多方面的探究。比如食物，人类探究了每一种可能性。如今，在全世界，不同地方的人有不同的饮食习惯。在非洲有些人吃蝎子，在意大利人们吃蜗牛和青蛙，而在另外一些地方甚至有人吃虫子。对于有些食物来源，人们会说："不要吃，它们是有毒的！"他们怎么知道那些东西有毒呢？因为有人——可怜的伙伴——在过去肯定已经尝试过吃它，而且已经有人为此痛苦地死去了。我们现在知道什么东西是好吃的和可以吃的，那是因为在过去，人类在饥饿的情况下，探究了每种动物和植物，看看是否能帮助生存。

我们是无数人的继承者，这真是令人感动。那些人经由愉快的或是非常恐怖的经验，为我们找到安全的食物，必定有很多人已经为此失去了生命，才换来我们今天能够说："小心那个东西！"

生存的基础

这种探险不只是在一个方面。今日文明的水平证明了整个人类生存期间的事实。人类由于自己的需求，已经探究了在他周遭环境中的任何事物。就像之前提到的，上帝给了每一种生物特定的生活，而第一件事就是要维持生存。也就是说，每一种生命都必须服从他生存的特别规则。这个服从是最根本的。人类只有在履行这些规则的基础上，才能创造出崇高。甘地是印度民族运动的领袖。他吃得非常少，甚至常常戒食，可即便如此，他仍然必须吃，他可以表现自己特别的精神，只要他维持生存并满足这种状况，但是他死后，这些就消失了。甘地也像每个人一样，必须拥有让心灵能够居住的躯体。

这是大多数人可能会忘记的事情。人类不只有心灵，我们同时拥有着肉体、意识和心灵。为了创造至高无上的精神成就，人类一定要注意到，我们是具有肉体和肉体上需求的创造物，而且只有尊重这些规则，才会维持肉体的存活，意识和心灵才会具有独特的意义。不管文化是否已经建立，无论创造物有多么崇高，它一定要有开始时低等的、具体的、脏污的基础，一定要永远维持存在。具体地说，为了存活，你必须要呼吸空气。为了精神灵魂的存在，这是绝对必需的首要条件，否则，精神、心灵、智慧都会消失。

当人类出现在世界上的时候，周围环境提供了怎样的可能性，让人类能够满足自身肉体的需求呢？那就是人类一定要去探险。比如，如果天气寒冷，人类就会说：“我要去探险，找到我觉得温暖一些的地方。如果找到了一个寒风吹不进去的洞穴，我肯定会非常喜欢那里，我会努力让它变得更温暖。如果我发现了一个地方，夏天会有好吃的草莓，那么以后每到夏天，我就可以回到那里去采草莓。同样，如果我发现其他时间，在其他地方，有其他种类的食物，我就会在一年的那个季节去那里取得食物。”

慢慢地，每个人群建立起一个适合于他们周围环境的经济体。人类没有引导，也没有武器和工具藏在身体里，要有效地应对各种情况，人类就必须自己去创造这些东西。对此，人类十分有意义的倾向是去进行观察，并从中摘取要点。摘取要点是人类的一个自然倾向，我们也能够在幼儿身上找到这种倾向的体现，而且，在其表现方式上，大人和孩子是有所不同的。

最好的天赋

在人类可怕的贫困之中，最大的财富就是推论的智慧，这是任何其他动物都没有的。这个智慧会让人类总结经验，归纳要点，采取有意义的行为。

比如，当一个人看到一匹狼想要去杀害母牛身边的一头小牛，当他眼见着牛角刺入了狼的身体而狼死掉了，他一定会想：“如果我能有那么锐利的武器该多好，敌人来了，我也可以用角刺他！”

再比如，当一个人看到兔子的脚那么特别，可以用来挖洞穴、挖地道，他一定会想："真希望我也能那样做。可当我尝试去做的时候，指甲断了，手指都流血了！"

当人们看到昔日的长毛象——它们有厚厚的毛皮，在大风雪降临的时候，它们看起来还是那么温暖。对人类来说，寒风让人感到刺骨，对长毛象却丝毫没有影响。多么可怜的人类，冒着可能被冻死的危险，他们一定特别妒忌那些长毛象。

有聪慧的头脑，对事物进行提炼和推论，并证实它的价值，那就是最好的天赋。人们常常希望自己可以拥有所有他没有的东西："虽然我的头上没有角，我希望可以拥有锋利的武器；虽然我的脚上没有爪子，我希望可以拥有能够挖掘的工具；虽然我的身上没有厚厚的毛皮，我希望可以拥有能够覆盖我身体的东西。"所以人创造了一些原本并不存在的东西。为什么这些创造者能够成功？因为人类拥有想象力，并且知道怎样去使用它。人类所做的是使用具有创造性的想象力，而不是虚无缥缈地幻想。

比如，人类思考是什么东西让兔子可以轻松地挖掘，因为兔子有尖利的爪子，人类会想："我可以找一块木头或者一块石头，再作出一个尖端，就可以用来挖掘了。"为了要这样做，他一定要修饰这个石头，也就是说，他必须要进行"工作"。动物和人类的不同在什么地方？动物都是血肉之躯，只具有很少的心灵便足以满足自己的肉体。而人类有一个微小的肉体，却有一个伟大的心灵。为了要阐明动物和人类之间主要的差别，或许可以说，人类是一种心灵，身体供其驱策；动物是一个发达的身体，心灵供之驱策。对人类来说，心灵是非常重要的一部分，而肉体只是一种媒介，心灵是经常被需要的，是心灵引导着人，而不是肉体引导人。心灵有它自己的需要，并不是只有肉体上的饥饿和寒冷会威胁人类。当动物的需求得到了满足，它们就会感觉很舒服。对人类来说，饥饿和寒冷是精神活动的基础和来源。这些需求得到满足，肉体就满足，而精神上却未必。精神上的贫乏之于心灵，就像饥饿和寒冷之于身体，只有得到满足，才会有和平。即便当身体的饥饿已经得以满足而且感到温暖，精神上的不平衡依然会闹意见。

心智的训练和培养

人类是怎样实现创造的呢？这就需要有想法，还要有双手的劳作来打造出实体，这个实体就是由他们的内心想象出来的。但是手不是没有生命的器具，人们一定要进行学习，而首先需要控制和发展的就是人类的心智，人应该能够发挥心智，做自己想要做的事。有时候，我们为了达到某个目标而要做一些事情，却可能发现结果同自己原本所期待的并不相同。

假如一个古代的穴居人，住在森林中，身边有许多木棍。他在木棍的裂缝之间插了一块锋利的石头，让它变成一个能够发挥像牛角一样作用的东西，因为它有一个尖端。它也是坚硬的，所以能够刺穿一只动物。他照着做并且成功了，可以在很远的距离杀死想要杀的动物。能想象他的感觉吗？他甚至比牛还要幸福，因为可以丢掷武器，而牛却没有办法把它的角丢掷出去。这就是不同之处。由此，他有了一定的信心，为自己做了更多锋利的棍棒。有一次，他把一支棍棒掷了出去，结果这支棍棒向左边飞去，而不是向正前方。不管他再怎么丢，结果都是相同的。为什么会这样？这件事情已经进入他的脑海中，让他不停地思考。在夜里他睡不着，白天依然心不在焉，因此他必须要研究一下。最后，他终于发现向左边飞的棍棒是弯曲的，而向正前方飞去的棍棒是直的。那是问题所在吗？于是他一直实验，然后发现的确是这个原因。他知道了，而且感到满足。不过，新的问题又出现了，如果他找不到一支直棍棒，该怎样使用一支弯曲的棍棒呢？在他还忙于想这个问题的时候，自己受到了一击。他以为做的这个武器能够结合在一起，可是这次丢掷的时候，石头却弹走了。他要确定那样的事情不再发生，因而将石头和木棍绑在一块儿，而不是像原先那样，只是把石头夹在木棍的裂缝中。

为了这样做，人类必须发明一种夹具，还要找到最适合的材料来做。

通过“控制失误”，人类朝向自我完备的方向发展，而只有拥有了活动、工作、操作、移动和经验等要素，人类才能“控制失误”，进而从头到尾地了解身体的能力，这不也是自我教育的过程吗？

为了能积淀智慧和了解更多的事物，经验和活动是非常必要的。

数学的心智

为什么说蒙台梭利教育法永远不会被废止呢？因为蒙台梭利博士强调要注意那些特别的特征，而在整个历史上，这些特征已经被证明了属于种种的人类倾向。蒙台梭利博士提供知觉的探险和感官的教育，甚至在她了解这个理由之前就说："为了智慧的发展和提高，儿童应该被允许进行自然而随意的活动，用他自己的双手进行工作，而且获得机会去控制失误。"

让我们继续看看，依据蒙台梭利博士的描述，在人类发展和幼儿发展之间是否有着更多的相应之处。

人类很快地发现，正确、精密是必需的，而其他方式则无法使他达到目的，因此，翻开人类的历史，我们会发现，从旧石器到新石器时代，人类的石器制品变得精美而且匀称了。人类的确变得有效率了。

这些成就和进步，都意味着人类已经具有了一种"数学上的心智"。因为只有正确地计算重量和形状，才能让器具更适合使用。这都说明了人类不仅注意到了数学心智的开发，而且还可以在一定的程度上发挥它。

蒙台梭利博士指出了这一点，而且她是唯一一个将其应用于幼儿教育的人。而其他的教育家和心理学家，却谴责蒙台梭利博士的这种做法。

大部分心理学家并不认可数学给儿童带来的乐趣和益处。带他们参观蒙台梭利教室是改变不了他们看法的，甚至当他们看到幼儿全身心地投入其中，他们也不会接受这种观点。他们会说："不要让他们接触数学，否则就会有可怕的结果出现。"可是，倘若数学是可怕的，它们就不可能会存在，它们正是人类的创造物。如果数学已经为人们所应用，就意味着人类的本性中存在着朝向数学概念的倾向。无论是在过去还是在现在，人类为了达到自己的目的都会用到数学。而作为蒙台梭利教师，如果你能像蒙台梭利博士那样，把数学带进儿童的生活中去，儿童会很高兴的。

朝向完美的倾向

有一个附加的事实可以证明蒙台梭利博士是正确的。当人们研读人类的起源，它就会清楚地突显出来。

假如一个人经过一系列努力，制造出了一件器具，想用它去做某件事情。于是，他用它投入了行动，可是结果却并不是他想要的。以网球为例，他有一支好的球拍，尝试着去学习，看到球飞过来了，就挥拍……可球从他的头上飞走了，他甚至没有碰到球！在他能够打到球以前，进行了一段时间的练习，而到最后能够打到球了，球却飞到跟他想象不同的地方。

为什么会出现这样的结果呢？是因为这个人不够强壮吗？可是他很强壮啊！那又是怎么回事呢？

这个例子说明了，一个人的动作是一回事，想法又是另一回事。这个人没能把这个动作控制好。在这样的情况下，如果人类真的想继续努力而且做得精通熟练，他们会怎样做？他们会进行一系列的练习，直到对这个动作熟练而精通。然后，他们便会获得快乐。

那就意味着“反复练习”。换句话说，人要不断重复直到能达到符合其心灵标准的完美程度。那么在这个网球的例子口，就是指这个人要重复到可以随心所欲地控制球的方向。

由于对自己不满意而不断地努力，直到可以达到某种完美的程度，这不就是一种朝向自我完备的发展倾向吗？尽管这个人的程度标准可能比别人的低一些或者高一些，然而不管怎样他都是努力倾向于完美。

人类从蛮荒开始，发展到今天的文明水平，这足以说明在人类的最初阶段，自我完备的倾向就发挥着作用，而且人类必须经历像上文中描述的历程。

那么，幼儿又是怎么样的呢？

在蒙台梭利博士的书中，有这样的陈述：“反复练习对于儿童来说是必要的。”还有，“儿童有一种朝向完美发展的倾向”，“为了让幼儿可以有意识地控制自己，正确与精密的要求是必要的”。

这就向我们提出了另一个要素——自制，这对人类是十分重要的。为了战胜环境，人类必须要征服自己，要控制自己，直到达到能够自制的程度。

不妨想象一下，一个原始人，蹲在森林里的一个水坑旁边，特别饿，想要杀一只动物来吃。终于，他看见一只鹿来了，忍不住兴奋地跳起来大声喊：“哈！它终于来了！”于是，再见吧！这只鹿肯定闻声而逃了！在那一时刻，他告诉自己：“就算再有蚂蚁来咬我，就算腹痛难忍，我都要保持安静，直到捉到鹿为止！”

人类一定要做自己的主人，不只要征服身边的环境，还要征服器具并去使用它，最重要的是人类一定要征服自己！

精神的满足

现在你或许能够了解为什么蒙台梭利博士说，幼儿喜欢那些表面上看起来滑稽而又可笑的活动，比如“沿线走路”和“安静游戏”。因为幼儿自然地感到，在这种形式下，他们能够控制自己，能够凭意志的力量使身体去做自己想做的事。

一个人所能拥有的最大的满足，就源于他能有意识地征服自己，那时，他会感到无比快乐，无比骄傲。

付出了这么多的努力，当我们的倾向是被引导着朝物质目标而前行，而且也已达到目标，那么下一步是什么呢？在这之后，人们会感到精神上的疲倦吗？不，实际上，会感到满足而又快乐。

也就是说，当人们达到了精神上的满足，必然会感到愉快、朝气蓬勃、毫不疲惫。你可能不会一下子认同，好吧，想一想，在你认识的人中，可能有一些人在工作了一天后下班一回家就会说："我真累啊！"可是，过一会儿，他们就开始投入自己的嗜好中去了。如果他们真的很累，就会上床睡觉了，可是并没有，他们专注在自己的嗜好里一连几个小时，他们感到快乐、满足和精神上的放松。那不正说明了问题不在于工作，而是人们缺乏工作的兴致，或者说，如果工作可以使他达到精神上的满足，当他完成工作时，就会觉得舒心，因为，他的精神所渴望的需求已经被满足了，

而工作中，无法满足成就感会使人心情低落。这种心灵状态、所有的不愉快都会在获得成就感后消失，随之带来心灵上的松弛。

这也是蒙台梭利博士指出的关于儿童的另一个特点，她说："看到幼儿在经过了很长一段时间的工作后并不感到疲惫，看起来反而比工作以前还要快乐，而且充满朝气，我感到特别惊讶。"假如有一个从火星来的人，单从表面观察地球上发生的各种事，其实却并不了解内情，他告诉其他的火星人："我看到一个地球人身上增加了一些重量的东西，然后他看起来比以前气色更好，而且比以前强壮了。"其他的火星人就

问："是什么东西？"这个火星人回答说："是一种深色的豆子，地球人的一种小东西。"而这群火星人就会得到推论：假如一些深色豆子的重量能使这个人更快乐、更强壮，那么，倘若抓到这个地球人，而想使他快乐和强壮，就取来一大包深色的豆子绑在他的背上，永远不让他拿下来，他会变得多么快乐，多么强壮啊！

这个地球人会感觉怎么样呢？强壮吗？当然不是！那感觉会是：疲倦、沮丧和筋疲力尽，因为他正背负这些重量，而这些豆子摆在不太适宜的地方，他又不能吃豆子，只是被迫去承受豆子的重量。

这就是所说的，没有心灵的动力就没有精神的同化，疲倦由此产生。强加的工作使人疲惫。如果人在精神上能够同化他的工作，就是以一种满足心灵的方式来进行工作，工作因此便成为一种游戏，它会让人感到强壮、快乐和心情舒畅。

人类的弱势与自由

让我们继续构想一种情况。假设一个人发现他自己身处非洲，他就会利用非洲的资源。有香蕉，就可以利用香蕉；有能供食用的动物，也可以利用起来。最后他感到："我知道香蕉在什么地方，我知道动物在什么地方，我知道怎样抓住它们，我知道哪里有危险，我知道任何我应该知道的事物，而且，我能在这里找到我的安全，找到我的快乐。"

可是，假如你在今天，把一个已经 40 岁的、已经非常适应自己的生活习惯的非洲土著人带离他原来熟悉的地方，让他享受都市生活，当最初的新鲜感消失后，他就不会再感到快乐，而且将开始渴望家乡的生活。

原因是什么？因为这个人在那里成长，因为经过他们民族的文化教养和特有的规矩，他本身已经建立了一些类似动物本能的东西，也就是一种使他能够适应周围环境的心理。如果让他离开那个原本的环境，他已习惯的心灵基础便消失了。过了一段时间，他就会说："让我回去吧！我不喜欢在这里生活。这里的人说话跟我以前生活的地方的人们说话不一样，规矩也不太一样。我不想留在都市里，我喜欢我自己的家乡，那才是真正属于我的地方。只有在那里，我才能感到快乐。"人类会努力使自己去适应，这种情形在任何地方都会发生。

爱斯基摩人无法适应香蕉，因为他们生存的地方没有香蕉，可是那里有海豹，有鱼和鸟，他们已经慢慢地适应了那里，变得能利用那种特殊的环境资源。他们知道在那里能找到最好的东西，他们知道怎样克服环境的困难，知道怎样克服寒冷，这是非常大的成就！在那个地方，他们已经发展出了一定的文化，他们实现了最大化的自我满足。为什么？因为爱斯基摩人已经适应了那个环境。

比如，让一个人去撒哈拉沙漠，或者去其他比较暖和的地方。那个人可能要说："我喜欢待在原来的地方，虽然天气很冷，可是我不喜欢热的天气，我想要待在原来的地方。”另外，如果你让他吃蔬菜，过了一段时间后他会告诉你：“我不喜欢吃蔬菜，我想吃牛排，那才是我喜欢吃的！”因为那个人已经属于某个民族，已经适应了某个地方的生活，并且已经在那里发展出了特有的文化。

与此类似，不管人们到了什么地方，都能够适应。人类在历经了困难之后，反而可以获得一定的进步。有一个爱斯基摩人感到很冷，他看到一只白熊，心想：“如果我可以穿戴它的毛皮就好了，于是，他杀死了那只白熊，披戴上了它的毛皮。”到了夏天，这个爱斯基摩人感到很热，他想：“我可以把这件毛皮脱下来，先放在一边。”这就是人类的优势。而熊却不能那样做，就算天气再热，那只熊还是得穿着身上的毛皮呀！

因此，人类最弱势的地方、人类身体四肢的缺点、用直觉去感应方向的缺点，都反而带给人类自由，让人类可以在任何地方都能够适应。可是，如果你让长颈鹿离开它们生长的环境去北极，长颈鹿就会因为不能适应北极的环境而死掉！对所有的动物来说都是这样的，它们只能适应某种环境。如果你把它们带到其他环境中，它们就会灭亡。以这个世界的观点来看，动物虽然各种感官能力优越，但确实受到很大的限制。相反，人类在没有各种直觉的能力之后，却被赋予了发现这个世界的自由。

因此，这种很明显的弱势并不是一种诅咒，而是一种祝福。因为它就如同在说："这个世界是你们的，去获取吧，你是自由的！"

儿童的无助促进了人类的适应

男人和女人不是因为爱而结婚的情况曾广为盛行。过了一段时间，等到他们做了父亲或者母亲的时候，他们至少必须相互容忍。直到现在，在某些国家，男人和女人结婚前可能并不认识对方，甚至在结婚以后还不喜欢对方，可是有了孩子以后，他们往往会彼此忍让。有的时候如果不是为了孩子，他们就会分开，这是真的，可是因为他们都爱着自己的孩子，他们就会说："让我们好好在一起相处吧！尽管我并不喜欢你，可……又能怎么样呢？我爱我的孩子！"

对于现代生活形态中的人来说，情形是这样的，对于离现代生活形态很远的人来说，就更是这样了。从有孩子的这个事实开始，不同的问题就必定随之出现。想想看，以前没有保姆的时候，母亲走到哪里都必须带着孩子，因为她的孩子是一个无助的小生命。不管她做什么事情，她都不能丢下自己的孩子。那时候，最好的家庭住所也不过是一个洞穴，这个洞穴不可能像我们现在的房子一样有门能够关起来，周围又有很多大型的哺乳动物，比如熊、狮子、老虎、狼等。在那种状况下，如果把小孩留在洞穴里就意味着再也没有小孩了。因此，母亲会这样想："我得带着我的孩子。"而如果一个母亲走到哪里都要带着她的孩子，将会怎么样？这个孩子将会观察到周围的环境和环境中他的族人的各种活动。这个孩子一直就在族群的环境中，母亲去取水，孩子也跟母亲一起去；母亲回到洞穴开始准备做饭，孩子也总是在那里看着母亲工作。

当父亲把有趣的游戏带回家，孩子在一边看着父亲怎么做。在一些祭奠仪式的场合里，所有的人聚集在一处，小孩也在其中。因此，小孩目睹了所有的一切。于是，环境和社会中的事物就会像种子一样播撒在幼儿心灵的肥沃土壤中，那是不知不觉地，没有被发觉的，他就成了团体中的一员。

这是幼儿从他的无助中获得的一种益处。还有，婴儿在出生的时候，骨骼还没有完全硬化，头颅还没有完全关闭，因此它的空穴能够扩大。所有的脑皮质细胞已经呈现，不过还没有发展完好，他们能够在这样的环境下完善自身。所以，无论是现在还是过去，环境的印象是建立在儿童的大脑皮质细胞里的。

儿童的无助促进了人类的沟通

为了适应，这还有什么好处呢？

其中一种影响首先体现于孩子的父母。

母亲必须要照顾孩子，父亲必须供给食物，所以他们开始分工合作。如果没有这个孩子，父母的分工合作是不可能那么自然而又容易地发生的。父母为了要在一起而且想和对方进行沟通，他们尝试用手势来了解彼此，可是那样也无法深入沟通。因此，过了一段时间他们必定会在一些事情上达成一致，比如，当一个人说“邦把”，那就表示水。于是，如果他们其中的一个人听到“邦把”，对方就能了解他指的是水。这不是很聪明吗？经过协商，一些声音的组合就代表了特殊的意思，语言就这样出现了，沟通也因此出现了，而且是心灵的沟通。即便是在今天，一个人的心灵通过一些声音，在其他人的头脑中产生一个明确的信息。依据人们认可的某种意义对应的某些我们能发出的声音组合，我们的心灵就能够相通。

这种沟通就像我们在一部心理电影中的乐器演奏，而如果只有移动的图像，那就并不是真正的电影。可是说话的时候，一个人除了从嘴里发出一些声音之外，没有做其他任何事情，但通过这些声音，其他人就能了解他的所有想法，那不就是心灵的沟通吗？想想看！声音能够传递心灵的感情，而所有智慧的产物以及所有推演产生的结果，都离不开人的嘴巴能够产生的这些声音，这是多么神奇呀！

如果没有孩子，谁能把这个社会最初的核心凝聚在一起？如果是这样，沟通就失去了可能性，男人和女人会因为某些原因分离，而且可能只能维持在动物的水平，人类可能也无法理解自己的潜能，无法将精神层面的东西表现出来。

儿童的无助促进社会的发展

除此之外，儿童的无助还带来了另一个好处。因为即使父母的第一个孩子长到了大概 10 岁或 12 岁，被强迫养活自己，已经不再完全是无助的了，也会有几个其他的孩子最后降生。因为人有着自然的天性，所以孩子就会以自然的状态一个个地出生。于是，只要是在父母年龄允许的情况下，就永远会有一个需要照顾的孩子，社会就在这样的情况下持续地发展下去。因为即便一个 12 岁的小孩没有得到很好的照顾，他也要离开他的父母，在充满危险的世界中独立地生存。而相聚能带来安全感，所以，时机一到，他们就会结婚。他们会讲只有自己周围的那群人理解的语言。他们会有一些其他的人没有的传统习惯，而且会将其他的元素融入到习俗中，让他们能够维系在一起。因此，这引起了他们的后代、他们的兄弟姐妹产生共同兴趣和在精神层面上沟通的可能性，这不仅造就了群体和群体的经济，而且也铸就了群体的精神。在每一种环境下，一定会有种种事件去促使人们产生他们特有的看法，塑造人们的情感基础、制定规则以及组织各种仪式典礼。

通过自己的智慧，人们已经克服了很多困难，可是，也有一些事情是人类征服不了的。

比如，当雷电击中了一块石头，粉碎的石块埋葬了一些人。这种属于天灾，他们无法克服。如果遇到一只熊，人们可以逃跑，也可以捕杀它，可是谁能控制闪电释放出来的火花呢？那时候在北方，太阳消失之后要过很多天才会再次出现，天气越来越冷，日子也就越来越难熬，动物都消失了，是什么无形的力量在发怒呢？当时的人一定会感到："啊！让他们回来吧！不管你是谁，不管你在哪里，请不要生我们的气。"

渐渐地，这些人类无法征服的巨大力量，对他们来说变得极为真实。这可能是"神"的概念开始出现的原因。在不同的古老宗教中，人们会发现，几乎每一个宗教里都会有一个太阳神和一个雷神以及其他不同的神，他们都同大自然有着一定的联系，也因为在各种得到帮助的情形下，人们才会感到神的存在。

这些神给他们带来了什么？带来的是很多必须遵守的规则以及让他们觉得受到了特别恩惠而产生的感恩，当然也由此产生了一些奉献的仪式，人们由此去取悦神。也就是说，在某些特殊的时候和场合，就出现了牺牲品。它意味着如果存在着一位神，人们必须给那位神提供人类的某些东西。渐渐地，某个族群就会建立一种特有的宗教仪式，从而引导这个族群的人们。

那么，只要有人做了违反族人习俗和法规的事情，就会产生罪恶感。如果一个人犯了罪，就会让自己或者心爱的人不高兴，他会觉得："这是我犯罪所造成的，我应该忏悔，而且不能再犯了。"而宗教、仪式、习俗以及基于这三个因素所带来的是非价值观就会融入这个族群的精神领域。这个族群最终的集合，甚至会比实体上的聚合更有凝聚力。即便是在今天，在某些特定的族群里，不管是谁，假如他们的所作所为超出人们的心灵规范，他们感到不舒服的程度要比当他们遗弃实际的物质更为严重。因为，如果一个人不喜欢现实中的某个物质领域，他可以走开，可是精神领域依然会保有着，你无法离开它。不过，这也是比较麻烦的，当人类犯罪时，你所谓的“良心”会不停地给你带来烦恼。

如果人们出国到了其他的族群之中，而当地的习俗行事违反了访者的良心，访者在这个新环境中就不可能获得宾至如归的感觉。

比如某个地方，那里的人都特别友好、好客，可是他们却是食人族，你肯定仍会觉得：“我忍受不了这样的族群！他们太可怕了！”

一般的情况下，不管是谁，对于他来说，唯一能使他快乐的地方，是那里有人在思想、感觉、谈话上都跟他相像！

“抽象”，也就是物质上并不存在，它不是由吃、住或其他物质上的东西组成，它是精神层面上的，而它也是非常必要的，可以为人类的行为提供导向，它就像动物的本能一样强烈。所以，人类的行为会以由环境的资源所衍生出来的经济体为依据，会以在这个经济体上所创造出来的神为依据。在印度，你会发现人们很尊敬树木，可能是因为在过去，树木曾在食用或居住方面给了他们一定的帮助；在印度人的观念里，牛是神圣而不可侵犯的，他们感激牛为他们所付出的一切。正因为这样，神就从国家的经济体里被创造了出来。

除了语言，一定还有其他使各个族群的人结合在一起的因素。我们可以发现，在一个族群之外的人会以不同的思维方式进行思考。他们信仰的神也不太一样，所以，在每一个区域内的人们一定会有一种意识——这是我的族群，我们有我们信仰的宗教。

正是凭借这种感觉维持和巩固整个族群，有了精神上的积累创造和优秀的后代，这个族群就会变得更加强大。他们特有的宗教和规矩也变得更加稳固。这是儿童带给人类的另一个好处，如果没有儿童，这就不可能发生。

语言、习俗、宗教和由它们所衍生出来的教派都是儿童带给人类的好处。蒙台梭利博士说这是因为儿童具有特别的力量——心灵的吸收力量，这种力量是儿童精神上的特性，是他们在无意识的状态下所具有的。

儿童是人类精神的载体

父母的态度和族群的态度能给儿童的心理建设以真正的方针指导。下面的内容或许能够把这层意思传达得更明了。

人们总是认为小孩子喜欢甜的，可是有些孩子不是这样的。他们的母亲喝咖啡、喝茶的时候，都是不加糖的，这些孩子也想喝这种饮料，而且也不加糖。当孩子看到其他的大人不喜欢这种不加糖的饮料，还会嘲笑他们。所以，问题这并不在于饮料是苦是甜，重要的是大人们脸上的表情传递了怎样的情绪和习俗。

儿童想要分享快乐，而且逐渐喜欢上他们族群所喜欢的口味。每个地方的孩子都是这样的。即使他们还不到1岁，他们仿佛也能探知父母亲脸上的表情，而且对他们所看到的一切留下印象。日复一日，如果一个表情显示出某种东西的参与会给人们带来快乐，那么它对于儿童来说必是好的，而且也是儿童想要获得的。正因为这样，那些母亲喝咖啡的孩子也慢慢地接纳了咖啡的味道。如果偶然有不属于这个族群的访客觉得它苦，那也并没有什么影响。

在比如，在印度，那里的儿童吃特别辣的食物。一位欧洲人第一次吃到那种食物，觉得自己的嘴巴和喉咙就像被灼热的煤炭烧着。可那些印度小孩却会说："啊！太好吃了！妈妈，我还要！"而他们的妈妈就会说："嗯，好的，可是不要吃太多。"小孩又会说："不！不！多给我一点儿！"

在思想上也是同样的道理。孩子不会停下来想是不是合乎逻辑或者是荒诞可笑，局外人会不会认为他们是迷信的，外国人会不会告诉他们的父母他们的想法是愚蠢的。凡是能被族群的多数人所接受的重要事情，儿童就会觉得："我想要它！"比如在某个地方有一种习俗，那里的女人在鼻子上穿上鼻圈，而年轻的女孩子们就会热切地希望要在鼻子上穿上鼻圈。如果在某个地方，把耳垂扩张到能够包住一个木盘被看做一种美，孩子就一定会问："妈妈，我什么时候也能在我的耳垂上放下一个木盘?"儿童并不会自己去判断事情的好坏、美丑、善恶，他们是依据大人的标准来进行判断，大人就是他们的族群。"我想要像大人一样"，这就是孩子所热切渴望的。

你会看到这种精神上的力量怎样影响一个人的灵魂。你会发现人们自然地成长为意大利人、英国人和荷兰人还有祖鲁人，因为每一个族群的孩子仿佛都会说："我继承前人的精神，这就像它是以遗传的方式传递给我的一样。"

正是因为有了孩子，而且是通过孩子，人类可以永久地保存某些本能，适应每一个族群、每一个区域。如果人类能够适应于所有的环境，无论是热带雨林还是北极，那么使这些行为得以永久的，就是幼儿的存在。幼儿仿佛在说："让你的行为举止能够安然自在，让你的精神和灵魂能够安住，这是我的责任。"这可能是儿童给这个社会的最大贡献。人类的倾向就是去创造一种行为举止，而幼儿去渴望那个行为举止，他必然有一种心态："我想要那样做！因为那是你赠与我的最高贵的礼物！"

这就是蒙台梭利博士说的话的内在含义："儿童是一种精神个体，他会保存所有的精神事物，在一连串的历史中，他是保持人类进化的关键。"

无论一个人的特性是怎样的，比如，一位女士没有礼貌或者一个人喜欢卖弄学问，也不管一个人的态度是怎样的，乐观或者轻浮，还是怀有恶意等，他们都被一片族群的云笼罩着，这片云包含了宗教、风俗、习惯等。人们不会远离自己的族群。孩子的小天线正努力地让自己能附着于这片云："我要像你一样，我要有跟你一样的想法。"最终，他们会附属于这片云，而他们自己也会感到很高兴！

然而，在今天，暴风雨遮蔽了这片共同的星云，人们共同的信仰和风俗会受到冲击。可怜的孩子们竖着小天线不断地寻找，却无法找到足够大和稳的东西来附属其上。当儿童狂奔于我们这个时代的精神风暴下，他们就是真正的受害者。

宝宝关键养育1000天

费里芳 著

中国妇女出版社

图书在版编目（CIP）数据

宝宝关键养育1000天 / 费里芳著. -- 北京 ：中国妇女出版社，2023.6
ISBN 978-7-5127-2238-5

Ⅰ.①宝… Ⅱ.①费… Ⅲ.①婴幼儿－家庭教育 Ⅳ.①G781

中国版本图书馆CIP数据核字（2022）第256889号

责任编辑：张　于
封面设计：末末美书
责任印制：李志国

出版发行：中国妇女出版社
地　　址：北京市东城区史家胡同甲24号　　邮政编码：100010
电　　话：（010）65133160（发行部）　　65133161（邮购）
网　　址：www.womenbooks.cn
邮　　箱：zgfncbs@womenbooks.cn
法律顾问：北京市道可特律师事务所
经　　销：各地新华书店
印　　刷：小森印刷（北京）有限公司

开　　本：165mm×235mm　1/16
印　　张：18
字　　数：240千字
版　　次：2023年6月第1版　　2023年6月第1次印刷
定　　价：59.80元

如有印装错误，请与发行部联系

再版前言

Preface

兰兰和庆庆是我两个孩子的小名。本书首次出版时，兰兰6岁；现在，她12岁，庆庆3岁半。书里出现过的家人、朋友们的孩子也都长大了。见证孩子们的成长也是在见证生命的美好和神奇。

首版以来，生活和工作经历带给我新的成长。我深入观察到儿童0～3岁期间的心理发展对整个童年期的深刻影响，尤其是亲子依恋关系以扩张之势影响着孩子多方面成长。4～12岁儿童面临的主要挑战，大多数都要回溯到生命的第一个1000天。比如一年级的孩子，如果是不想上学，一般来源于早期亲子分离、疏离或特殊事件；如果是对功课和校园生活缺乏信心，通常和1～3岁自主性发展关键期缺乏支持有关。这1000天的经历不会留下具体记忆，却会深刻影响孩子们在未来和这个世界建立的关系。我想说：

宝贝，你正在经历生命中第一个1000天

你依靠我，我呵护你

呵护不是代替

你从来都是独立的自己

孩子是我们的儿女，更是独立的自己。我们能给予他们最好的礼物，是不必患得患失的安全依恋，是相互支持和尊重的亲子关系。这个礼物，如果错过 0 ～ 3 岁，将终生无法补送。而这份美好的关系，就孕育在每日具体的育儿生活中，孕育在每一次游戏、吃饭和学习新本领中。

拥抱我们的育儿生活吧，和孩子一起新奇惶惑、面对挑战，也一起渐入佳境。

这次再版，我对书中部分内容做了修订。附录中关于亲子依恋和情绪发展的内容建议提前翻阅。

感谢所有支持本书再版的朋友们！

祝福所有孩子都能拥有一个被满足的人之初！

2023 年 5 月于北京

第一版前言

Preface

美好的父母是知己

兰兰是我女儿的小名。2011 年 3 月，她在预产期当天出生。月子里，有一日忽然想到，当她在未来有了自己的孩子时，我将老去，或许已经不在了。人很难记住从出生到 3 岁的经历，我要记录下这段时光，作为她未来的成年礼和育儿生活的参考。就这样，我开始坚持做育儿记录。

做妈妈的体验带给我持久的感动。我做了两年全职妈妈，每天面对很细致的事情和选择，经常要为弄清一个问题做不少功课。身边的妈妈们也有很多育儿方面的疑问。我发现，原来我们并不懂自己的孩子，不明白他们真正需要什么。继而，我又好奇在生命的头 3 年里，孩子们究竟会发生哪些变化？这些变化将如何发生？与孩子的心理发展联系何在？他们需要及不需要哪些帮助？

就这样，我怀着好奇与探索之心，在 6 年的时间里，对日常育儿生活进行了持续的观察、实践和记录，再加上 4 年的研究，写成了这本书。孩子的身心健康是生命最美好的开端。婴幼儿期是心理发展的第一加速期，这一时期的心理发展对他们的未来影响深远。此时，孩子的感知觉、情绪情感、注意力、记忆力、语言和思维能力等已得到发展。而心理发展是一个整体过程，与孩子各方面的成长相互影响。本书以 0 ～ 3 岁宝宝的心理发展为主线，并涉及其成长发育和家庭早期教育工作的内容。

孩子的个体差异较大，在写作过程中，我注重对发展的内动力和过程进行描述与分析，努力呈现出孩子们所期待的回应方式和需要的具体帮助，以便父母抓住积极信号，顺应孩子的发展需要，更好地帮助孩子成长。

亲子双方能否成为一世知己，答案也许就在头 3 年的努力之中。在最难以被理解又最需要帮助的 3 年里，我们的孩子将经历翻天覆地的变化，如何帮助孩子是对父母的一大考验。新奇惶惑、应对挑战和渐入佳境既是不同阶段孩子成长变化的特点，也是父母内心体验的写照。作为父母，最重要的是陪伴、了解、帮助和相信孩子，顺应孩子心理发展的需要，推动其个性、社会性与认知均衡发展，给孩子安全感，与孩子彼此依恋，这些亦是早期教育的重要目标。代际相传如此奇妙，愿我们是敏感而不焦虑的父母，能够懂孩子，积极温柔地回应孩子，成为孩子的亲密伙伴。

亲子间头 3 年的光阴交集短暂又永久：一边是身为父母的幸福际遇，一边是单纯美妙的孩提时光。无论是热情、好奇和努力，还是不安、恐惧和执拗，都是孩子成长的重要经过。父母所经历的困境、努力和幸福都将成为岁月的收藏，成为亲子之间最宝贵的财富。

我们的孩子，将来可能普通如你我，要去面对生活的起伏与未知。环境的不确定性愈强，个体的状态愈显重要，安全感、幸福感和自我实现能力将成为他们的终身保障。我相信，每个人都有当好爸爸妈妈的天分，我希望这本书能帮助大家思考、行动，让自己成为孩子的知己，陪伴孩子逐步走向独立与丰富。

感谢女儿，让我依然如此沉静。感谢母亲，她给了我最多的爱，我最初的教育思想就来自她，她尤其重视家庭教育和团结互助。如今她已离开我多年，我很怀念她。

谨以此书敬献我亲爱的父母亲——费珍和马俊英。

最后，对我们一天天长大的孩子，祝福他们都能拥有一个健康愉快和充满热情的人之初！

2017 年 3 月于蒙特利尔

目 录

Contents

PART 01
出生至8月龄 新奇惶惑

PART 03
24 ~ 36 月龄　渐入佳境

附　录

PART

01

出生至 8 月龄 新奇惶惑

发展关键词

锻炼感知觉 | 培养亲密感 | 保持好情绪 | 发展好奇心

新生儿

出生至4周

关键词

适应新环境　体会舒适感　发展视听觉

展　望

- 经过有些漫长的等待，亲子双方终于见面了。婴儿出生后，头 28 天是新生儿阶段，也是一个人产生心理活动的时期。和胎儿相比，新生儿面临的环境可谓改天换地：脱离了母体，抵抗力较弱，还要为每日温饱和身体健康而努力。
- 新生儿的主要目标是适应新环境，并为此做好了准备：感觉系统已开始工作，尤其是视听觉发育十分迅速；能通过哭声表达不同需求；一系列反射亦为迎接新生活做好了准备。
- 家人尤其是妈妈应让宝宝体会到舒适感和新环境的友好。有些妈妈因为宝宝柔软、纤小或自己身体虚弱，不敢随便动孩子。如果能掌握方法和克服担心的心理，或在身体较为好转后，妈妈一定要尝试亲自照顾宝宝，培养亲密感。

吃吃睡睡君

新生儿的一天主要在吃吃睡睡中度过，这亦是新生儿最强的两项本领，并在相当一段时间内占据着生活的重要位置。无论是中国还是加拿大，医生都十分关注对新生儿体重的监测，包括出生体重和新生儿期体重的变化。

在宝宝满百天前，顺其自然并让他感到舒适是最好的养护方式。需要及早提醒一点：家人的担心有时会主导育儿生活的内容甚至走向，尽管焦虑于事无补，影响却很实在，妈妈只有放松愉快又敏感积极才能成为孩子成长的最佳伙伴。

睡眠与觉醒

新生儿大多遵循着睡眠—觉醒和活动—啼哭的周期变化。妈妈应对此做好观察和记录，新生儿睡眠不规律也可能是某个异常问题的征兆。

睡眠是宝宝一天中最重要的部分。新生儿大脑皮质功能发育得不够成熟，易疲劳，每天有超过 70% 的时间处于睡眠状态。一个睡眠周期 45 ~ 60 分钟，由安静睡眠、活跃睡眠和不确定睡眠三部分组成，一般每个睡眠阶段会经历 1 ~ 2 个周期。新生儿睡眠与成人睡眠的不同之处是入睡时直接进入活跃睡眠，会出现吸吮、微笑、皱眉、不规则呼吸、肌肉抽搐、四肢活动等；转入安静睡眠期后，呼吸逐渐规律，活动大幅减少。

TIPS

家人一般有两大担心：一怕宝宝吃不饱，二怕宝宝晚上闹。

新生儿在睡眠和觉醒状态方面个体差异较大。大多数新生儿最初每天仅有2～3小时处于觉醒状态，此时他们会安静地观察周围事物和妈妈，仿佛在等着妈妈和自己亲密接触。此外，他们也在记忆和“学习”。有的新生儿觉醒状态持续时间较长，如果这一状态发生在白天，就会引起妈妈更多的关注，从而增加了亲子互动的机会。在最初3周里，女儿兰兰睡眠和醒着的时间比较稳定，进入第4周后，如果白天清醒的时间很长，到了第2天她几乎会呼呼大睡一整天，然后在接下来的白天里又会清醒八九个小时。小男孩聪聪是同学家的二宝，从出生后第2周开始白天清醒时间就比较长，这种状况一直持续到满月，可谓精力旺盛。

TIPS

美国著名早期教育专家伯顿·L.怀特说：“在以有规律的呼吸和静止不动为特征的深度睡眠阶段，正常的新生儿每两分钟就会产生一次惊吓反射。”

新生儿的夜间睡眠顺其自然就好，头3个月都应如此。妈妈不必因为担心宝宝吃不饱而叫醒他们——宝宝如果饥饿就会哭闹，家人很容易就能得到信号。如果妈妈平时夜觉很沉，应尽快调整一下自己，如果不放心，可以增加一个夜间陪伴者。新生儿夜哭的主要原因是饥饿和大小便造成的不舒服，通常很快就能被排除。总之，这个阶段一定要让宝宝随时都能体会到舒适感，无论白天还是夜里。

开奶小助手

早开奶对母婴双方大有益处。初乳有导泻作用，能帮宝宝尽快排胎便，还能缓解其生理性黄疸和生理性体重下降等症状。对于妈妈来说，早开奶除能刺激乳房尽早分泌乳汁，还能加速子宫收缩。催乳师告诉我，母乳喂养是生殖过程的重要部分，可降低卵巢癌和乳腺癌等疾病的发生概率。

影响开奶时间的因素很多。妈妈的妊娠周数、产时并发症及婴儿出生体重等对其都有影响，如果宝宝体重偏轻或舌系带过短，吸吮就会较为吃力。成功开奶和实现母乳喂养最重要的是宝宝的吸吮、医院的护理以及妈妈坚持母乳喂养的信心。

在开奶一事上，我们的吃吃睡睡君是一位能手和得力助手，工作态度非常积极。对此君既要保护好也要用好：保持母婴同室；产后30分钟开始哺乳，产后一周内每1～3小时哺乳1次，逐步延长吸吮时间至半小时；开奶前不要给宝宝喂糖水和吸奶嘴，在其排完胎便前家人不必担心宝宝会挨饿。在北京市海淀区妇幼保健院，产后观察时间一过，医护人员会立即要求妈妈开始哺乳，每隔两小时就让宝宝吸吮近半小时，以帮助产妇早开奶。新生儿的食量很小，一点儿的初乳已经足够。此时如果哺喂配方奶，一次20～30毫升就足够，并要用勺子哺喂，以防宝宝出现乳头错觉。

TIPS

一般来说，宝宝越早吸吮、吸吮频率越高，妈妈泌乳量增多所需的时间就越短。

小眼睛和大泪蛋缓慢亮相

出生后，兰兰很快被抱到我身边。她丝毫不睁眼睛，既不高兴也不忧愁，小嘴巴不停朝四处吸吮，小腿蹬个不停，眼睛和脸蛋有些水肿，广阔的天地对她来说过于陌生和无助。比兰兰小一天的一个小男孩一出生眼睛就滴溜溜转，模样清秀，经剖宫产出生后面部挤压不明显。

小兰兰对光十分敏感，住院期间就是不睁眼睛。出生当天一个阿姨用双手挡住她四周的光亮，她才做出想要睁眼的努力，不过很快又放弃了。大家说小家伙眼缝这么长，一定是个大眼睛的小姑娘。在医院的三个夜晚不知她是否偷偷睁开过眼睛，总之白天没有看到。大夫告诉我：胎儿出生时经过母亲的产道，眼睛很容易受感染，家人应做好观察；出生后头几天经常闭着眼睛，有时一睁一闭，可能与生产中的挤压和眼功能尚未协调有关。我对这一点也不担心：她在我孕晚期时对光已十分敏感，每当我露出肚皮做胎心检查时，不管前一分钟她在活动还是休息，马上就会活跃起来，开始不停踢腿反抗，因此我没有过于忐忑等待重测胎心的经历，每次都能很快收工。人生还有大把的时间，那就让她先休息几天再欣赏这个世界吧。

第四天出院回到家，兰兰果然悄悄睁开一只眼睛，偷偷瞄了一眼“这个世界”——这张照片成了我家的经典。然后又“犹豫”了一会儿，她才睁开另一只眼睛。哦，原来只有那么一点点，准确地说是一道细长的缝。兰兰3岁半的时候，有一天我给她读《金花鼠宝宝到我家》的故事，这个小家伙刚出生后也是不睁眼睛，她问我为什么会这样。我告诉她：你刚出生时也不睁眼睛，等从医院回到家才睁开一只眼偷偷看。她觉得很有趣，反复要我给她讲这些细节。

我们一家三口在嘈杂、燥热的医院住了三个晚上：头一晚尿湿后她小哭了几下；第二晚大声哭了两次，声音很嘹亮；到了第三晚，瞌睡虫的来势比头两晚更加凶猛，她一整夜都在呼呼大睡。尽管她每天都会哭，但直到两周后才开始哭出眼泪。有句话叫"干哭无泪，越哭越气"，仿佛就是形容这个阶段的。

新生儿鼻泪管的出口处通常都有膜状物封闭，大多数新生儿在出生3～4周后泪道才开始畅通，且不一定能哭出很多眼泪，不少宝宝在2个月以后眼泪才会明显多起来。少数新生儿由于封闭的膜状物较厚，或由于鼻泪管部先天性狭窄或鼻中隔畸形而造成泪道阻塞，泪水可能会滞留在泪囊内。遇到这种情况，应及时请眼科医生做检查。

视听觉的发展

感知觉是个体认知发展中最早发生和最先成熟的心理过程。感知觉的发生和发展是婴儿心理发展的萌芽，也是婴儿认知的开端。此时婴儿的感知觉活动不是被动的，而是主动的、有选择性的，他们通过感知觉获取周围信息并以此来适应环境。

感觉分为外部感觉和内部感觉。后者的刺激来自身体内部，包括运动觉、平衡觉和机体觉。外部感觉的刺激来自身体外部，婴儿首先通过视、听、味、嗅、皮肤等感受外部刺激，皮肤感觉包括触觉、压觉、振动觉、温觉、冷觉、痛觉。感觉器官在婴儿期的发育十分重要。在妈妈孕晚期，胎儿较多依赖听觉和味觉；在新生儿身上，其他感觉也将有较为明显的体现。

视觉和听觉是人类最重要的两种感觉，与儿童心理发展的联系也最为密切。

TIPS

婴儿期被认为是个体感知觉发展最重要的时期和感知能力发展干预、训练的最佳时期。

视觉的发展

视觉发育过程体现为视觉定位、注视、追视和视线转移，其他技能还有颜色视觉、对光的察觉和视觉敏锐度等。颜色视觉指视觉系统分辨光的不同波长特性的能力。宝宝出生后能看出黑色和白色；大约3月龄时，婴儿能分辨出红、绿、蓝。之后，颜色辨别能力逐渐成熟。

新生儿其他方面的视觉发育也较为迅速。一般来说，出生12～48小时的新生儿可以追视移动的红环，即具有视觉追踪能力，且能够察觉光的闪烁；出生3周后，婴儿的视线开始集中到物体上，具有视觉集中的能力，理想的视焦点是在距眼睛约26厘米处，相当于吃母乳时婴儿的眼睛与母亲脸之间的距离。

尽管视觉是刚出生时所有感觉中发展水平最低的，重要程度却很高。婴儿视力发育的大致进度是：12月龄前视力仅为0.2左右，24月龄为0.4，36月龄为0.6。远视在合理范围内也是正常的：足月婴儿绝大多数都是远视眼，1～2岁以后，视力将逐渐变成轻度远视，直到转为正视，这是因为宝宝眼轴的长度会随月龄的增长而逐渐增加。有些高度远视的宝宝为使影像清晰而发挥调视功能，时间长了容易形成内斜视或弱视。此外，初生婴儿中也有散光的情况存在，五六岁时仍有少部分幼儿有散光。家人应采取措施保护好宝宝的眼睛，避免让小宝宝以不良姿势看东西，还应避免不良的灯光光源刺激和使用电子产品等。

如果不借助工具，家人有时很难察觉宝宝视觉能力发生的变化。兰兰满月那天我拿一只红球给她看，她能注意到并能跟踪红球转180°，而且似乎很喜欢红色。第75天，我拿几张儿童彩色照片给她看，她能长时间注视。家人给宝宝悬挂气球、音乐床铃和转铃时应注意位置的选择和调整，以免引起宝宝视觉疲劳和斜视等。两个多月的谦谦喜欢墙上的彩色贴纸，经常会侧着头注视不短的时间，需要家人更换躺的方向。2～3月龄的宝宝会较长时间注视灯，所以灯光柔和很重要。

听觉的发展

婴儿的听觉同样出现较早，在胎儿期已有表现。在孕晚期，当我现场听戏和看电影声音较大时，兰兰在子宫里面踢得很厉害。那时我还常听《和兰花在一起》，月子里放给她听时，她一听就很安静。

出生当天婴儿已有听觉反应。听觉发育将经历学习倾听、听觉选择和分辨声音等阶段，听觉技能包括声音感知、语言感知、音乐感知和听视协调能力等。新生儿对较弱的声音相对不敏感，但总体上对声音仍是敏感的，能根据声音辨别和确认养护者，且偏爱妈妈的声音，刚出生几天的婴儿听到妈妈的声音时吮吸活动会加速。

听音乐活动可以从新生儿阶段开始。家人可在每日不同时段为宝宝播放不同类型的音乐，例如清晨播放清新优美的音乐，白天宝宝清醒时播放节奏明快的音乐，晚上宝宝入睡前播放缓慢柔和的音乐。

听视协调能力在初生婴儿身上就有表现。大概到了3月龄，宝宝能将头转向声源，即根据听觉方向进行视觉定位，具有听觉定位能力，这一点家人在开启音乐时就能观察到。当声音刺激和视觉刺激来自不同方向时，婴儿多倾向于注视前者的来源方向。

TIPS

经常重复很重要，也可以不同时段播放相同的音乐，以发展宝宝的倾听行为和听觉分辨力与记忆力。

婴儿对声音的反应主要有 3 种：感受抚慰、警觉和痛苦。对爸爸妈妈的声音和舒缓音乐的反应多属于前者。低音容易引起宝宝明确而一致的反应，人们常说爸爸低沉的声音更适合婴儿；高音则多引起惊跳反应，婴儿对高音尤其是突然出现的高音的消极反应（警觉、紧张、害怕和痛苦）在出生后的第 1 年里将会日渐明显。

新生儿的“本事”

尽管学界对于心理发展的阶段有不同争论，但都认同新生儿阶段已经出现了心理活动。

新生儿最大的本事是吃和睡，本文介绍的反射系统亦是新生儿最突出的“能力”之一。新生儿的反射系统包括生存反射和原始反射，这是新生儿为迎接新生活所做的重要准备。生存反射对新生儿有明显的生物学意义，是生来就有且对人的终身都有适应价值，对看护者亦有积极影响，包括食物反射、防御反射和定向反射等，具体包含吞咽、呕吐、打喷嚏、眨眼、咳嗽、打哈欠和瞳孔放大或缩小等。部分原始反射没有明显的适应价值；部分虽妨碍身体自由活动，但对协调动作有一定促进作用，如掌抓握反射、游泳反射、拥抱反射、巴宾斯基反射、惊跳反射、强直性颈反射、踏步反射等，一般几个月内就会消失。如果新生儿缺少某些反射或某个原始反射持续时间过长，家人应给予重视。

新生儿阶段的反射有几十种，常见的也有20多种。下面列举常见的几种。

觅食反射：该反射有助于新生儿顺利找到乳头，是宝宝生存必备的天然反射。如果轻轻碰触新生儿的脸蛋或嘴角，他们就会张口并将头转向刺激物。刚出生的宝宝要多次转头才能找到乳头；到 3 周大时，他们就能熟练地转头并迅速找到乳头。出了月子，觅食反射的表现就不那么明显了，将被自主性的头部转动所取代。

吸吮反射：这是最强的反射之一。当新生儿开始吸吮时，其他活动都会被抑制，妈妈很容易就能观察到吃奶时宝宝的小手和脚丫较为放松。新生儿在刚出生后半小时内吸吮能力最强，具备母乳喂养条件的产妇应珍惜这个时机。兰兰刚出生后的半小时和我在一起，我就看到她的小嘴在不停地吸吮。

掌抓握反射：又叫达尔文反射，指物体接触手掌时宝宝便握紧拳头，甚至可以把宝宝的身体提升至空中几秒钟。这种反射一般在 3 ～ 4 月龄内消失，有的宝宝到 2 月龄就消失了，自主性抓握将取而代之。我看过 7 个月早产儿的抓握反射照片，宝宝的小手抓住一根细绳就能把自己的身体提起来，看上去很像胎儿紧抓脐带的样子。兰兰和我认识的很多小宝宝似乎都没这么大劲儿，也许和他们是足月出生有关——他们的手在月子里已经握得没那么紧了。但出了月子，当他们用双手抓着家人的手，也很容易就能从仰卧转为坐立姿势。

巴宾斯基反射：轻轻地抓或刺激宝宝的脚掌会引起其脚趾向上张开的动作，这一反射在出生后 8 ～ 9 月龄时逐渐消失。兰兰的这一反射并没有持续这么久，但在百天之前还是明显的。如果妈妈在宝宝出生后经常为其按摩小脚丫，它们就会越来越放松。

强直性颈反射：也称紧张性颈反射，在出生后 2 ～ 3 月龄时消失。把躺着的新生儿的头转向左侧或右侧，他们就会伸出与头转向一致的那只手，而把相反方向的手臂和腿蜷曲起来，仿佛击剑者的姿势。

游泳反射：托住新生儿的腹部，他们就会做出游泳一样的动作。该反射的形成与胎儿在母体内的液态环境有关，在出生后 4 ～ 6 月龄时消失。我生产时医院的新生儿游泳室还没有开放，所以没有尝试，不过兰兰在浴盆里扑腾的样子确实像要游泳。聪聪从出生后就开始游泳，一开始并不活跃，到 2 月龄的时候，他在水里变得自在起来，伸胳膊踢腿——腿部动作很优美，有时踢到壁池还能转身，动作很丰富。在蒙特利尔，不少家长从孩子出生 6 个月甚至百天后就开始带他们在游泳池玩儿，社区游泳中心有专门针对这一阶段孩子的亲子活动。

踏步反射：也称行走反射，这是新生儿很神奇的一个反射，大约在宝宝 2 月龄时随腿部力量的增强而消失。当妈妈用双手从腋下将宝宝托起，并让宝宝的脚底碰触到平面上时，宝宝竟会迈开步，似乎在踏步、走路。

惊跳反射：也称摩罗反射，约在 4 月龄时消失。当婴儿突然失去支撑或受到大声刺激时常会表现出惊恐状态，如双臂伸开又迅速收回胸前、紧握拳头等。

抚触：及早开始

人体面积最大的器官是皮肤，皮肤表面的感受器对抚触十分敏感。

抚触能够同时促进婴儿的生长发育和心理发育。国内外研究表明：抚触有助于缩短新生儿第一次胎粪变黄的时间，降低黄疸发生的危害并缩短其持续时间；可以促进骨骼肌肉的发育和正常睡眠——觉醒节律的建立；改善消化系统，促进食欲；增强免疫力。同时，抚触对早产儿的发育亦有作用。抚触过程中，大量温和的刺激有利于促进婴儿大脑发育，使大脑对动作的反应更加灵敏；整个过程也是非常好的亲子情感交流过程，能平和婴儿的情绪，使其有良好的情绪反应，并能在一定程度上满足其安全感需求。

1959年，美国心理学家哈洛和齐默曼做了一项有趣的实验，通过观察跟母亲分离的婴猴与身体带有两种不同材质（金属和绒布）物质的代理母亲的互动，来比较喂养和触觉刺激对婴猴依恋关系的影响。实验结果表明，相比时刻能喝到奶，舒适的接触更容易让猴子形成依恋。

时间

宝宝出生24小时后，如果一切正常，即可进行抚触，也有专家主张情况正常时出生当天即可进行抚触。对新生儿的抚触应及早开始，一直到百天前后都可以对宝宝进行抚触。

抚触进行的时间应有所考虑，可以选择喂奶前0.5～1小时或喂奶1小时后，以及洗澡后、入睡前，且在宝宝较清醒和不累时进行。一天2～3次，一次先从5分钟开始，逐渐延长至15分钟。如非全身抚触，比如只是帮助宝宝舒展小手和脚丫，妈妈也可以在哺喂时进行。

准备工作

准妈妈们对抚触的重要性已有所了解，但孩子出生后家人可能会因为手忙脚乱而忘了这件事。我是出了月子才去医院学习，有些妈妈还带着宝宝一起参加。网上这类视频很多，书上的操作步骤也很清楚，不一定非要带孩子去活动现场学习如何操作。尽管月子里我没有规范地给兰兰做抚触，但每天都会给她按摩手、腿和脚丫。

抚触开始前，妈妈应做好准备。首先要保持适宜的温度、湿度；妈妈要摘掉手部装饰物，剪短指甲；选择合适的音乐作为背景，营造好的氛围，妈妈自己哼唱音乐也很不错。按摩油通常在宝宝用的洗护套装里，或用温和无刺激的润肤油、橄榄油都可以。但按摩油并非必备品，如果手不粗糙且手法柔和，不用油也没有问题。

方法

妈妈们学习的抚触方法都大同小异：在新生儿全身裸露或半裸状态下，按顺序抚触头面部、胸部、腹部、四肢（先上肢，后下肢）、手足、背部、臀部；按照先俯后仰的顺序进行也是可以的。在抚触过程中，妈妈应保持手法柔和，较小的部位用指尖，较大的部位用手掌或掌心均匀进行；力量应由轻到重，并揉搓大肌肉群；保持心情愉快并面带笑容，让宝宝接触和感受积极的情绪反应；充分调动宝宝的视听和触觉等，以刺激宝宝综合感觉能力的发展。

妈妈不必把方法看得太重，更应珍惜的是抚触过程中的情感交流。

阅读札记

母乳喂养——信心与耐心的双重考验

养育者需要并且能够从阅读中得到帮助。

以下阅读体会来自我的闺密君妈：

在宝宝满百天之前，母乳喂养是头等大事。我和很多妈妈一样，也担心宝宝吃不饱。其实宝宝每日尿量如果在6次以上并且精神好，就意味着他们能吃饱。有的妈妈奶水多且不停哺喂，这样可能会造成过度喂养。

最近我在看《西尔斯母乳喂养全书》，这本书比较实用。作者有丰富的母乳喂养经历，并使读者感受到了浓浓的母爱，这对妈妈读者很有感染力。看这本书的第一个感觉是：书上说的就是我家君君吧！原以为母乳喂养比配方奶喂养更加简单、方便和轻松，现在发现母乳喂养其实更辛苦，需要付出很大的努力。这是我的切身体会，而这种体会在书中获得了作者的认同；我在母乳喂养过程中遇到的各种问题也基本都能从书中找到答案。

作者将母乳喂养宝宝的个性分成几类，特别有趣，摘录在此，与大家分享：

小小美食家——他享受母乳喂养的一切——乳汁的味道、妈妈肌肤的触觉、每一次吸吮、每一口吞咽，他用嘴唇轻触妈妈的乳头、爱抚妈妈的肌肤、依偎在妈妈温暖的怀抱，尽量让这样的体验长久一些。你才觉得他用餐完毕了，他又靠上来享受餐后小饮了。

效率专家——他直接进入正题，5 分钟吸空一侧乳房，转战另一侧，5 分钟后再次搞定。他有其他地方要去，有其他人要见——尽管他只能从背影里观察外面精彩的世界，但他不会因为吃奶耗时太多而错过什么好风景。

吃吃睡睡娃——他在吃奶与睡觉之间颠来倒去——吸吮一会儿，在妈妈怀里睡着了，醒来继续吃，然后再睡一小觉。一般来说，新生儿都会呈现这种个性，所以，只要宝宝体重增长正常，你不用担心这种吃奶风格不好。

享乐娃——他热爱母乳，常常需要找到一个舒适的吃奶姿势，就像你在安乐椅中喂奶一样舒适。他玩弄你的乳头、你的头发，以及一切他能碰得着的东西。享乐的过程中，他也许会停下来，崇拜地注视着你的脸，投以一个感激的笑容……

我们家君君是除“效率专家”外的混合体，不过当我知道他在吃奶过程中注视我的那种目光原来是表示“崇拜”，我感觉好极了。

物品推荐

促进视听觉发育所需物品

红球；音乐床铃、转铃；蓝牙音箱等

5～14周

关键词

展露笑容　发出声音　熟悉妈妈　发现小手

展　望

- 本阶段的婴儿是个环境觉察者和“微笑天使”。他们开始关注和熟悉家人，喜欢有人陪伴和与人互动，家人的积极回应是亲子交往顺利开启的保障；社会性微笑明显，逐渐对妈妈表现出熟悉感和更多微笑。这些都是婴儿社会性发展的体现。本阶段结束前，婴儿的哭泣将会减少，笑容将会更多。有的小宝宝平时不喜欢笑，偶尔笑笑也会带给家人极大满足。昼夜节律开始出现，拉开了生活习惯形成的序幕。
- 本阶段的小宝宝可谓能“说”会笑。对言语的感知开始显现，能发出哭声之外的新声音。出生第一年是语音输入的黄金期，从本阶段开始家人应经常给宝宝听音乐（包括音乐和中外文儿歌等）和读故事。
- 婴儿对周围环境和自己的小手感到好奇，随着视觉的发展，相关行为日渐明显。如果小手处于自由状态，到本阶段结束前，婴儿将会发现并开始注视自己的小手，这是积极的信号和重要的发展。如果该动作此时尚未出现，家人可给予帮助，比如和宝宝玩发现小手的游戏。

亦哭亦歌

婴儿的哭是一种不愉快的情绪反应，却是有机体生存、发展和适应环境的重要手段，使自身处于适宜的活动状态，有利于得到别人的同情和帮助——在婴儿学会语言之前，哭声是表达需求的重要方式。家人应首先判断宝宝是否为病理性啼哭，由于其常表现为过度哭泣，因而当出现此情况时，家人应给予重视；排除后再区分是由于饥饿、困倦、心理不适还是无聊导致的啼哭。

婴儿的哭从呱呱坠地那一刻即开始，并较早出现分化。最初是自发性的哭——多属于生理反射性哭。由不适宜的环境刺激引起的应答性哭泣出现得也很早，是小宝宝向抚养者表达需要的信号，具有社会交往性质。之后逐渐会出现主动操作性的哭——这是宝宝从经验中学到的哭，具备社会性。

刚开始，新手父母还陶醉在宝宝天籁般的哭声里，2个月后就会被这持续的哭声尤其是黄昏哭折腾得没了方向。论坛里不少分享帖上所说的开车兜风、揉搓塑料袋等方法得到了年轻家长的响应。妈妈的声音和孕晚期熟悉的音乐能在宝宝因心理不适或无聊而哭泣时有效转移其注意力。同事给我推荐了一款日本研发的软件，里面模拟了子宫里的各种声音；有人给哭泣的小婴儿听录好的妈妈心跳声，因为这会让宝宝有安全感，继而减少哭闹。同样，在宝宝哭闹时，父母稍紧抱宝宝贴于自己胸前，也能减少因不安、烦躁引起的哭闹。本阶段，在黄昏和夜晚，家人应尽量少带宝宝去陌生、嘈杂的环境，那样会增加其不安全感，容易引发过度哭泣，可以在白天清醒时带宝宝去安全、新鲜的环境。

在宝宝出生后的第1年里，家人应以其感受为中心，及时安慰哭泣的宝宝。妈妈要时刻记着：在整个婴儿期，安全感对其成长极其重要，及时抚慰和经常陪伴宝宝对亲子双方都大有益处。“哭了不抱，不哭才抱”的方法也许的确可以训练出极少哭闹的宝宝，却会带来非常严重的后果。将这种冷漠的方法用到孩子身上，造成的心理方面的负面影响将延续至其成年后。

必须明确的是：相对于其他方面而言，婴儿情绪控制能力的发展十分缓慢，父母对此应保持足够耐心，任何时间、地点和原因都有可能引起孩子哭泣，我们的焦虑于事无补，重要的是尽快做出积极回应并弄清原因。

竖抱也是调节婴儿消极情绪和保持愉快心情的重要办法。这主要得益于竖抱为婴儿带来较好的视野，从而有利于激发和满足其好奇心的发展。有时候正在哭的宝宝被竖抱起来后，立马就来了精神，东张西望，刚开始还边哭边看，看着看着就不哭了，样子十分有趣。那时候我经常竖抱着小兰兰去做“旅行”，后来一听我眉飞色舞地说要去旅行，她就很兴奋。我告诉她每一个物品的名字，让她看看家里的陈设、照照镜子，一点一滴都令她感到新鲜。

TIPS

美国心理学家安斯沃斯和同事发现，如果母亲能对婴儿的啼哭迅速做出反应，孩子啼哭的频率就会越来越低。

不过，美好的日子正悄然来临。出了满月，兰兰白天的哭泣开始减少；到2月龄尤其是2.5月龄的时候，哭泣进一步减少，白天情绪日趋稳定；百天过后，晚上也很少哭了。邻居家孩子们的情况也大多如此，这些变化与大脑和中枢神经系统的成熟密切相关。

此外，宝宝的情绪反应还与气质类型有关。美国心理学家托马斯和切斯将婴儿的气质类型分为三种：一种是容易型气质，这些宝宝生活规律、有节奏，容易适应新环境；一种是困难型气质，这些宝宝的生理节律和生活规律性差，负性情绪多；还有一种是迟缓型气质，他们对环境变化适应缓慢，常常不很愉快。也就是说，即便此时妈妈做得很好，也并非所有的宝宝在本阶段结束前都会变成一个开朗的、笑声不断的孩子。上述研究者后续研究发现，早期气质特征会否改变，与儿童气质类型和父母教养方式的匹配度有关。如果希望属于第三种气质类型的宝宝更加外向，那么就需要鼓励我们自己做得更好。

有一天，当我们回头再来听这最初哭泣的声音记录，一定会被孩子天籁般的哭声打动。

一逗就乐

虽然宝宝在本阶段哭得仍比较频繁，但好情绪也经常有。笑是婴儿的基本情绪反应之一，其发展分为三个阶段。

第一阶段是自发性微笑，主要发生在新生儿阶段，在婴儿出生后1～2天就会出现。兰兰的第一次笑并没有这么早，也许是我没有看到，睡梦中的笑是我在她出生后第4天看到的，笑得很灿烂。

第二阶段是无选择的社会性微笑。此时婴儿可以区分人和其他非社会性刺激，笑的同时也在与人交流，但尚不能区分照料者和陌生人。此时引起宝宝微笑的主要是人的语音和面孔，看人脸（包括照片）和照镜子是本阶段对宝宝有益的活动。兰兰在互动中的第1次笑发生在出生后的第10天下午，是被我逗乐的。到满月的前一天，我逗引后她已有明显的笑的反应。满2个月后，常常是我一逗她就会笑，睡醒后很快就能被逗笑。一两个月的宝宝有时会在吃奶中间停下来看妈妈，和妈妈“说说话”，并冲着妈妈笑。

第三阶段是有选择的社会性微笑。此时婴儿能区分照料者和陌生人的声音和面孔，对照料者微笑更多，属于真正意义上的社会性微笑。聪聪在出生50天时就显示出对妈妈的熟悉和亲切：那天房间里有4个大人，他只追着走来走去的妈妈看，当妈妈走到他侧面时，他还歪着脑袋看妈妈，当妈妈也看他的时候，他对妈妈特别甜地笑了。

此时引起婴儿咯咯大笑的多是身体上的快乐：被父母拍拍小肚子、挠挠脚丫，或是看到、听到爸爸妈妈的夸张表情和声音。第80天，兰兰第一次发出咯咯笑，是在当晚洗澡换衣服后。兰兰4个半月时咯咯长笑的情景我至今难忘，那是我双手连续更换人脸相片并发出“咦”的声音时把她逗乐的，那笑声仿佛仍回荡在我耳边。宝宝从无声微笑到咯咯大笑，带给家人多少欢乐啊！之后过了5天，当她看到小邻居高高的姥姥时傻傻地笑了，此前的1个月里，他们经常能碰面，但也可能与此无关——4月龄的宝宝经常见人就笑，很招邻居喜欢。不过，认生的情况出现后，可能会发生不小的变化。

爸爸妈妈亲切的笑眼、笑脸以及温柔或爽朗的笑声也是宝宝的最爱，一个经常发出欢声笑语的宝宝，家里一定有经常欢笑的爸爸妈妈。开始时他们也许只是模仿或受到感染，通过不断互动，父母的情感就会传递给孩子，宝宝的情绪将会更加愉快、稳定，笑声也会更多。这些爱的情感互动是亲子之间建立情感联系的重要纽带，它们带给宝宝安全感和满足感，是亲子尤其是母婴之间形成安全依恋的基础之一。

小宝宝，睡大觉

睡眠对于婴儿十分重要，高质量的睡眠有助于神经系统的发育、记忆力和学习能力的发展，也有助于宝宝的身体发育以及情绪的发展。在妈妈孕晚期至宝宝出生后3个月的时间是宝宝大脑生长发育最为迅速的时期。

睡眠发育

早期睡眠发育模式十分重要，反映着大脑发育的过程。睡眠结构的成熟是睡眠发育的内容之一。本阶段宝宝的睡眠周期为50～60分钟，安静睡眠时间增多，多发生在睡眠周期的早期，成为睡眠的主要构成部分；活跃睡眠则逐渐移至睡眠周期的后期并减少。出生后3～5个月，婴儿的睡眠结构将基本发育成熟。

睡眠—觉醒昼夜节律亦是睡眠发育的内容之一，体温的昼夜波动是反映其发展变化的敏感指针。夜间体温监测波谷的出现常被认为是昼夜节律形成的标志，有研究指出，这一变化一般在宝宝出生后6～12周即在本阶段出现，并将在下阶段初期初步形成。

影响因素

在不同阶段，影响婴儿睡眠的因素不尽相同。除了小宝宝自身的生长发育因素外，以下几个方面也比较重要。

夜间喂养频次的影响。母乳喂养是理想的喂养方式，但当夜间哺乳次数较多时，宝宝和妈妈都容易出现睡眠问题。睡觉是宝宝的天赋能力，多数3月龄宝宝夜里能自然地从一个睡眠阶段过渡到另一个。也有一些宝宝会将夜里吃几次奶的习惯保持到哺乳期结束。如果宝宝属于这种情况且非足月出生，妈妈就要多些耐心等待。玥瞳和聪聪都是纯母乳喂养的宝宝，他们从2个半月开始就不吃夜奶了，有时还能睡整觉。奶瓶喂养的宝宝夜里睡眠相对踏实、觉醒频率低，主要因为宝宝对配方奶的摄入量较多，半夜不易饿醒。因此，如果宝宝夜醒频繁，工作繁忙而母乳充足的妈妈可以尝试每晚给宝宝以瓶喂方式提供一次较为足量的母乳。对于大龄妈妈而言，晚上休息不好，早上起来就如同生了一场病，加之重返职场后身心压力将会倍增，这种情况下不利于和宝宝做高质量的互动。我那时母乳不够，每晚入睡前会给兰兰喂一瓶配方奶。她能睡整觉的趋势在本阶段后期已经出现。

睡眠环境很重要。本阶段仍应母婴同居一室，妈妈应尽早让宝宝独自睡觉并坚持执行。宝宝睡自己的小床，小床挨着爸爸妈妈的大床。现在的小床一般都能打开单侧栏杆，可以和妈妈的床拼接到一起，这样既能保持母婴之间的亲密感，又安全，且互不打扰，还能避免日后分床的烦恼。不过，下个阶段再这样做就会有安全隐患。婴儿睡觉的环境应相对安静，但也不必太限制声音，尤其是白天。家人越早这样做，宝宝越容易适应。一天上午我去邻居家的时候，小宝宝睡着了，家里三个大人在悄悄说话。其实，这不是很明智的做法，因为过于安静的环境会降低感觉阈限和提高敏感度，容易养成睡眠不安的习惯，从而可能会增加抚养难度。

不同睡姿影响不同。仰卧是婴儿的常见睡姿，利于肌肉放松，可以增加头颈部和四肢的活动，且不会使内脏器官受压。但仰卧可能会使放松的舌根后坠，有时会阻塞呼吸，特别是当发生溢奶时（这种情况很少见）。儿科医生告诉我们：当婴儿还不会转动头部和翻身时，俯卧容易引起呼吸障碍；右侧卧不会对心脏产生压迫感，而且即使溢奶一般也不会发生窒息，也更容易帮助宝宝消化食物；偶尔左侧卧也有好处，能给心脏轻度压迫，使心脏功能得到锻炼。小宝宝睡觉时间很长，逐渐以俯卧、仰卧、左侧卧、右侧卧等姿势交替进行最好。

TIPS

不同国家对婴儿睡姿的主张不尽相同，荷兰提倡仰面睡，美国医生认为趴着睡最安全。

家人的态度

睡觉和吃饭一样，是宝宝的自然天赋和最强本领，家人一定要有这个信念。

邻居家小孩们的睡眠在本阶段开始时表现出差异：夜醒次数有多有少；有的宝宝能自己睡，有的要抱着才睡，放下就醒；有的要环境十分安静才行；等等。在这方面兰兰让我很省心，月子里她入睡前和睡觉时我就不抱、不拍、不摇晃，从第80天起，她开始睡整觉了。3月龄的时候，她晚上的大觉和白天两次小觉都是自己睡。到了下个阶段或是本阶段后期，宝宝白天睡眠时间将会减少，夜间睡眠时间的比例将会增加，家人顺势而为即可。

如果空气好且温度适宜，户外睡眠亦是很好的方式。2个多月大的兰兰白天情绪稳定，喜欢待在户外和推车上，一推就能睡着。润润白天在户外睡觉的习惯一直保持到2岁。

有些家庭为宝宝睡觉的事大伤脑筋。首先，其中多数是由于家人对宝宝的睡眠干涉较多，比如抱着哄宝宝入睡。其次，有些宝宝有睡眠不安发生，这可能与大脑发育和亲子交流程度等有关。对此，家人不必太着急，想办法一点点增加宝宝的安全感，改善喂养行为，培养其独立睡觉的习惯，等着有一天和宝宝一起睡大觉。

小手和小脚

新生儿的大脑尚未发育完全，还不能正常发挥功能，触动其身体的任何部分都可能会导致头、手和脚等乱动。进入本阶段后，宝宝的小手和小脚放松多了，动作的协调性也将明显增加。

小手

手的发展是一项终生事业，0～3岁期间的发展尤其重要。本阶段，宝宝的小手有时还会紧握，但在吃奶以及和妈妈交流时通常都很放松。兰兰出生后第70天，我把拨浪鼓放在她手里，她能握住30秒。此时，兰兰的举动尚属无意识的抓握。在这一阶段松手也属于无意识的行为，所以家人经常可以看到拿在宝宝手里的东西一会儿就会掉落。

本阶段最激动人心的变化是婴儿将会对自己的小手产生浓厚兴趣，喜欢注视它们，经常能看较长时间，开始吃手（有些宝宝在上个阶段已开始吃手）或尝试够物。

从出生第77天起，兰兰开始长时间注视自己的小手。一周后，好友小洁带着10个月大的大齐来看我们。大齐那时已能用小手随便挑选玩具，拿到手后还有各种操作动作。我很受鼓舞，开始尝试给兰兰递摇铃。她看到后很想抓，手却来回晃动，要试几次才能碰到。坚持一周多后，多数时候她都能抓到摇铃了。兰兰出生85天时，我把床铃调到她举起小拳头刚好能碰到的位置。她不停尝试，用左手碰到好几次，这时右胳膊和右手也能运动到相似的高度了。邻居家的孩子们也基本都是在3月龄时开始抓握摇铃，也有的家庭会晚几周开始给宝宝递东西。一旦宝宝有想抓的反应，家人就要多为其递带响的、颜色鲜艳的玩具，直到他们能稳定、准确地抓到。

TIPS

小宝宝的指甲长得飞快，妈妈要经常检查和修剪，否则一不小心宝宝就会把自己挠花。如果没有宝宝专用的指甲刀，用普通的小指甲刀给宝宝剪指甲也没有问题。

注视一段时间小手后，小宝宝就会开始吃手，也有的宝宝是先吃再注视。刚开始时，小家伙们会吃整只手，通常是把整个小拳头或几根指头一股脑儿地塞进嘴里。聪聪从出生第88天开始啃手，没过几天已经从啃拳头发展到啃食指，或者拇指、食指一起啃，似乎无比香甜。百日那天，聪聪单独啃了大拇指。与此同时，他喜欢高高举起小拳头注视，这时妈妈逗他，亲亲他的小手，他似乎觉得很有趣，有时会主动举起小拳头让妈妈亲，自己就咯咯咯地笑。在此前后，聪聪还会伸手抓妈妈的衣服和别的东西——躺在床上时抓自己的衣服或被子，玩具靠近时主动张开手去抓。而且，他把东西抓在手里的时间也延长了。出生第88天，兰兰能同时摇动并注视摇铃；第96天，能抓起衣服后放进自己嘴里。此时，双手交叉在胸前玩儿的动作开始出现。

脚丫

本阶段，兰兰的巴宾斯基反射依然很明显，我就经常给她按摩脚丫。

坚持按摩一段时间后，她的脚丫放松多了。不过大脚趾还是不怎么放松，吃奶时有时会用劲。

这一阶段，妈妈要保护好宝宝的脚丫。软底鞋或纯棉毛巾袜的透气性和吸汗性好，适合温暖季节在户外或者冬天在室内穿着；炎热的夏天可以穿棉丝混纺袜和薄的棉毛巾袜。袜子不仅要大小合适，袜腰的松紧也要合适。妈妈不必为防止宝宝蹬脚会使袜子脱落而选袜腰较紧的，那样会影响血液循环。

有的早教领域从业者基于婴儿的踏步反射主张帮助宝宝多练习这个动作，我认为没这个必要。到了下个阶段，爸爸妈妈就可以让宝宝在自己的大腿上蹬脚玩儿了。

了不起的“阿锅”——言语的早期反应

本阶段的宝宝可以用能“说”会笑来形容。宝宝除了哭声还能发出美妙的声音，这无疑给家人带来了新的欢乐和期待，并激发家人更加积极回应。感知语音的能力是获得语言的基础，出生第一年是语音输入的黄金期，家人应多和宝宝说话，为宝宝阅读。这些活动既能带给孩子安慰，又能为其语言发展提供支持。

宝宝首先发出类似元音的声音，辅音很快也会出现。刚满月的兰兰开始发类似“ɑ”“o”“e”的音，1个半月的聪聪发的也是这三个音。有几周，兰兰又说“阿锅”“阿瓜”“阿歌”，其中“阿锅”说得最多，我还用录像机和博客为伟大的“阿锅”做了记录。2月龄的聪聪开始发“爱”“可爱”“阿客”几个音，大齐在这个阶段则爱发“阿狗”的音。

宝宝本阶段仍处于发音的第一个准备期，即反射性发声阶段（0～3月龄）。婴儿的发音源于哭、咳、吃奶等引起的非自控音，比如新生儿的发音主要是哭叫，并能用不同的哭叫声表达不同需求。逐渐地，婴儿将会发出自控音。婴儿最初的发音呈现出普遍的规律性，据说全世界的婴儿在6月龄时发音听起来都很相似。

刚开始，发音需要满足某些条件才能发生，随着活动次数的增多，条件的限制在减少。出生第52天，兰兰开始爱“说话”了，一开始要在睡醒、吃饱并且躺着时才说，一个条件都不能少。后来，只要睡醒就爱说，抱着有时也说，也不再总用“啊”来启动。出生第80天，兰兰会对着镜中的自己长时间“说话”。有的宝宝则白天说得少，早晚更爱说。

小宝宝听到成人发出自己喜欢的音能获得某种满足，偶尔甚至会表现出某种“能力”。谦谦3月龄的时候，我对着他说“啊咦”——那时他经常发这两个音。每次当我开始发音，他都认真地看着我，听完后还报以微笑，仿佛很满足。如前所述，兰兰两三个月的时候，“阿锅”是我家的热词和万能词。出生第65天，我多次发出“阿锅”的音，她看着我，先尝试发出“阿”，后来又发出“阿歌”。她想哭的时候，我也拿“阿锅”说事，有时真能吸引她转移注意力。在家里，“阿锅”逐渐成为海星床铃的专用名字。这个名字用了不短的时间，有时我说一声“阿锅”，她竟然会看一眼床铃。

婴儿在正式开口说话前的这些发音以及随之而来的表情与动作亦是言语。他们发的音虽简单，大部分时候也只是本能行为，但仍是了不起的变化，甚至有人说本阶段宝宝的发音活动是将来说话的一次“预演”。

头部塑形

我小时候，北方人喜欢后脑勺扁平的孩子。于是，我们睡觉的枕头里有各种填充物：小米、玉米粒、谷子等。不管是用哪种，用途都一样——把后脑勺压扁。邻居告诉我，她1岁的时候，妈妈嫌她后脑勺不平，又给她枕了一段时间书。

被睡平的头俗称东方墙壁头，是造成大脸的原因之一。一旦后脑勺变平，头面部都会受影响。这样的女生每次去美发店，设计师一定会给一个共同的建议：把头顶和后脑勺的头发烫一下更出效果。光是这一点，日后就有多少麻烦事啊。如果听了这样的研究结论，比如扁平脑袋会限制大脑思考能力的发展，就更让人泄气了。3岁的庆庆是圆头，一位小学校长普夸他“没把脑浆睡坏”。

在我老家，后脑勺凸出的孩子被称为坝子头。这种叫法既有对孩子聪明的夸奖，也有头型不理想的遗憾。尤其是如果前面还有奔儿头，就成了北京人所说的“前脑门后勺子”。以前老家人如果这样说，言下之意就是丑哭了。

南方人对睡眠的干预较为宽松。我有几个南方的同学，他们小时候睡觉比较自由，家人不会给枕硬邦邦的枕头。一个新生命，日夜陪伴自己的是个硬东西，柔软的小脑袋该多么不舒服啊，这个世界是有多不友好啊。

新生儿后脑勺通常比较大。兰兰出生20天的时候第一次见到大姨，大姨忧心忡忡地说：后坝子这么大，还是个女孩子，可得想想办法。兰兰从出生到3岁几乎没枕过枕头，百天之后开始趴着睡，我也没干预。趴着睡压不着后脑勺，也能部分地塑脸型，3岁前她一直这样。后来还没等到上小学，她就不再趴着睡了。

当初家里人认为兰兰留住坝子头的可能性不大，是遗传就不会是这个样子。事实证明我们的墙壁头是被后天塑造的——到2岁半的时候，兰兰还是个小坝子头，而这个阶段的小孩头型已几乎定型。遗传影响的是头的大小和基本脸型，即使几代人都是墙壁头，还是可以睡出坝子头的下一代。

宝宝在半岁之前，很容易出现偏头的情况，这是由于两侧睡的时间不均衡所致。有的家长不太重视，觉得反正将来要留头发，也看不出来。碰到这种情况，家长还是应该尽早帮宝宝矫正。此时矫正也只是大人多辛苦一下，比如帮宝宝或妈妈自己换个方向睡，尤其是月龄如果没超过12个月，矫正的效果很不错。这样孩子长大后，就不必为此烦恼。有一次，我碰到一个10月龄的小女孩，她的头上戴着一个航天头盔样式的硬壳帽，是用来矫正头型的。那时天气很热，每天24小时都要戴着，需要很大耐心。遇到这种问题，家长应多尝试些办法。

头的塑形在囟门闭合前都有机会。宝宝囟门闭合一般在24个月前后，但总的来看，第1年里机会最好，尤其是头半年，头骨很还软，调整两周就有效果。头半年不要给孩子枕枕头，包括各种造型的枕头。现在的孩子营养好，出生后头部灵活得像个拨浪鼓，活动起来自由得很，造型枕很难控制孩子的睡觉姿势。即使不加枕头，宝宝的后坝子也会逐渐变小；如果给硬一点的枕头，变平的速度就更快。兰兰出生后很快就到夏天了，我只用纯棉毛巾垫在她头下面吸汗。

我第一次见到贝贝是在他快满月的时候，后脑勺比兰兰的更突出。即便这样，长到1岁半时，他的坝子就正合适了。1岁多的君君脸蛋小小嘟嘟的，下巴颏尖尖的，小脑袋的前后径大于左右径，前庭饱满，正是传说中的帅气模样。

阅读札记

科学育儿

《斯波克育儿经》曾被《时代》周刊评为影响20世纪人类思想进程的10本书之一，作者是本杰明·斯波克。新版前言的标题是“相信你自己和宝宝”，单看标题已令人振奋和反思。作者这样写道:“孩子有一种内在的动力，这种力量促使他们不断地成长、发现、体验、学习，让他们学会如何跟别人相处。许多教育方法之所以成功，就是因为顺应了这种强大的驱动力。所以，当你努力相信自己的时候，别忘了，也要相信你的宝宝。”

本书分为成长、饮食和营养、精神健康、发育和行为问题、学习与学校、健康和安全6个部分，内容较全面，使用时间较长，文字亲切又不乏犀利。看得出作者十分了解和理解妈妈的处境，读来感觉很痛快。针对一些棘手问题，作者举重若轻，比如他说“当一个又吵又闹、十分生气的孩子认识到，自己的父母用不着生气就知道该采取什么措施的时候，这个孩子也就从内心得到了安慰”。作者倡导的相互尊重、自尊、执行纪律等思想对孩子的成长十分重要，比如“在充满温情的家庭中形成的纪律才是好的纪律，孩子得到了爱，同时又学会了爱别人”。

美国著名医学博士西尔斯主张亲密育儿法，建议父母及时接收和回应婴儿发出的信号，甚至要通过识别宝宝啼哭之前发出的微妙信号来预测其需求，“你的宝宝就能学会用许多不同的方式来表达自己，很少有必要用哭的办法来得到他想要的东西……这样，与父母关系亲密的婴儿就将成长为能够明确地判断自己内心深处的情感，并把它们表达出来的孩子”。这一理念对培养婴儿的安全感和亲子依恋十分重要。

物品推荐[1]

促进视听觉所需物品

有人脸的图片或照片、大小镜子；健身架（带音乐或其他声音反馈）、拨浪鼓、响球、小铃铛（适用于小脚）

促进精细动作所需物品

摇铃

1　前面推荐的物品仍可使用，每个阶段只推荐新物品。

3.5～8月龄

关键词

五感活跃　情绪愉快　尝试新动作　建立亲密感

展　望

- 本阶段的婴儿是个精力充沛的环境监测者和自我发展者，同时关注着环境、物体和自身，注视行为明显增加，对外界事物产生了兴趣，甚至表现出某种喜好，例如喜欢某首乐曲或歌曲。
- 婴儿对头部和身体的控制能力此时大大提高；随意抓握出现并迅速发展，开始频繁用手够物，对自身动作及对目标物的作用效果饶有兴趣；能自己喝奶，学习翻身和坐，并开始移动自己，到本阶段结束前，一些婴儿能通过爬行来移动自己。这些发展意味着婴儿能主动探索、认识周围事物和协调发展多种感觉。开始添加辅食，对日常饮食表现出兴趣。
- 为发音和理解语义做着准备。一些婴儿在一小段时间里显得有点儿沉默，到了后半段，发音行为普遍会更加活跃，发音数量将会增多。发音连续性增加，可发重复音节。通过这些活动，婴儿将进一步学习调节和控制发音器官。半岁前后，词语开始具有意义，婴儿将能逐渐理解最初几个日常指令。

- 婴儿主动吸引家人关注的意图更加明确，手段更加多样，并开始表达自己的态度（例如不满意或让谁抱）。在建设亲密感方面，婴儿是一个积极主动的参与者——本阶段结束前开始黏妈妈，初步建立起和妈妈或其他主要看护人的情感联结，有哥哥或姐姐的婴儿有时会试图主动接近对方，对对方的情绪变化较为敏感。笑声更欢乐，故意啼哭出现。对陌生人态度友好，直至认生反应开始出现。
- 认知方面，客体永久性出现；记忆力发展明显，尤其是情绪和动作记忆；初步表现出对秩序的敏感；好奇心发展迅速，从自己的身体到小物品、食物，无不充满好奇；积极配合与家人的互动和游戏。
- 家人应帮助宝宝发展一些重要技能，例如眼手协调、大运动、语言及与家人的交流等；激发宝宝的好奇心，增加亲子间的积极情绪与情感互动，不断丰富宝宝的感觉体验。

嗅觉和味觉的发展

瑞士著名心理学家皮亚杰认为，处于感知运动阶段的婴儿通过感知觉接收丰富和适宜的刺激，获取周围环境信息，进而适应外部环境。意大利幼儿教育家蒙台梭利认为，儿童所有的智力都是从感觉发展到概念。多看、多听、多动手以及抚触等都能增强孩子的感受力。饮食是婴儿生活的一大主题，嗅觉和味觉的发展意义重大。

嗅觉

嗅觉是最古老的感觉，人类的鼻子里有大约500万个嗅觉细胞。1～2月龄的宝宝饥饿时会在家人胸前找乳头，分不清抱着自己的是爸爸还是妈妈，要靠气味确认。嗅觉还能帮助味觉工作。

新生儿和本阶段的婴儿都表现出对母体气味的偏爱。有的妈妈重返职场后，白天把文胸留给宝宝，抱着妈妈文胸的宝宝仿佛得到了莫大的精神安慰。

味觉

味觉是婴儿出生时最发达的感觉。味蕾的分布从舌根向舌尖依次为苦、酸、咸、甜。刚出生的婴儿已具备辨别味道的本领，并表现出明确的味觉偏爱；出生一周即能以面部表情和身体活动等对酸、甜、苦、咸4种最基本味道做出反应。

母婴之间的味觉倾向有关联吗？有的准妈妈担心妊娠呕吐会影响胎儿，研究表明这并不会影响宝宝出生后的味觉反应。准妈妈的饮食味道能通过羊水增强胎儿对相应味道的接受力。宝宝出生后，母乳对婴儿的味觉发育会有影响。我的大学室友说她喜欢吃橘子是因为她妈妈怀孕期间吃橘子比较多，很多妈妈也会有类似想法。这只是一方面原因，对这种现象更为客观的表述是：妈妈爱吃橘子或认为橘子对孩子有营养，所以给孩子吃橘子比较多，亲子双方由于长期共同生活形成了接近的食物取向。也就是说，影响孩子味觉偏好的主要因素是家庭和学校提供的日常饮食安排。比如，兰兰来到加拿大后，幼儿园供应西餐，她对这些新食物也逐渐有了兴趣。

本阶段是婴儿味觉发展的关键期之一，味觉能力的发展与食物的刺激密切相关。母乳喂养能提高婴儿对多种味道的接受力，添加辅食后宝宝将陆续品尝多种食物，味觉体验在这一过程中将会逐渐丰富起来，反过来又能促使婴儿接受多种食物，利于避免出现偏食和挑食。家人提供的食物，除了种类外，口味对宝宝也有影响，有研究表明，孩子对口味的偏好——例如口味的轻重——在婴儿期或幼儿期已经形成。对于新的味道，家人应在孩子体验的同时告诉他们，而不是等到吃完和味道消失后。随着饮食经验的增加，味觉将逐渐成为孩子选择食物的重要手段。

宝宝对甜味的喜好与生俱来，并不需要额外激发。因为可以每日从饮食中摄取内源性糖（牛奶、水果和蔬菜分解的糖），所以我很少给兰兰吃除此之外的其他甜食，这样到3岁时她对甜食并不热衷——当然还是很喜欢甜味。有个原则妈妈一定要坚持：辅食的添加应先蔬菜后水果，且水果应选择甜度适中的给宝宝吃。妈妈如果希望宝宝将来在饮食摄入方面相对均衡，就要在本阶段让宝宝先接触蔬菜泥和粥等清淡口味的食物。

添加辅食啦

吃在宝宝日常生活中十分重要，且与心理发展联系密切，因而亦被纳入本书。

关于辅食添加，各国相关部门的指导建议不尽相同，这主要与饮食习惯的差异有关。而对于添加的起始时间，目前已形成较为一致的指导意见。

辅食添加的时间

目前，主流添加方案为：以纯母乳喂养的婴儿从6月龄开始添加辅食，添加顺序依次为谷物、蔬菜泥、水果泥、豆制品，然后才是鸡蛋黄等动物性食物。西尔斯在自己的书里对婴儿需要固体食物的信号和为什么从6月龄开始添加辅食做了很好的说明。

4月龄前不应添加任何辅食，8月龄后仍未添加也不可取。6月龄的婴儿进入了长牙、尝试食物的重要阶段和饮食习惯开始形成的重要时期，宝宝的咀嚼和对新食物的适应能力将会提高，这有助于其日常营养的消化吸收。6～12月龄是婴儿接受食物的关键期，错过之后再添加，可能会导致营养不够或对食物兴趣不高，从而可能会影响宝宝1岁以后的饮食偏好。由此可见，适时添加辅食有助于减少婴幼儿时期的进食问题，还有利于婴儿发音器官的发育，对语言能力的发展亦有促进作用。

添加原则

在辅食添加阶段，家人应按照安全量少、循序渐进、种类丰富和适时添加的原则推进，添加的食物不应超越宝宝的生长发育阶段和消化能力。

辅食添加的安全过渡十分重要：每次应仅添加1种新食物。在宝宝1岁前家人应坚持此原则，这样当发生问题时能很快作出判断。添加的量应由少到多，适应后也要适量供应。辅食添加是否合适，可通过以下几点来判断：一是大便，这是最直接的途径，家人应做好观察，必要时请做好记录，当大便形状发散、不成形时，表明辅食供应可能偏多或是食物粉碎不够；二是肤色和皮肤光泽度，通过观察判断营养是否缺失以及对食物的反应，如起疙瘩或湿疹表明消化不良或食物过敏；三是体温等情况。

每个月都应给宝宝添加一些新食物。宝宝如果不能接受第一次添加的食物，妈妈不要着急和灰心，可过些日子再尝试，或者考虑改变食物的形式。

种类与顺序

6月龄的婴儿唾液分泌量增加，唾液和肠道中的酶开始能消化淀粉类食物。婴儿最早接触的辅食是谷类，可以是稠米汤和米粉等，大米最好，这一点往往取决于食物制作者的习惯。含有谷蛋白的小麦等麦类食物比其他谷类食物更易致敏且不易消化，因此在辅食添加初期不应给宝宝提供面食。

6～8月龄，家人可逐渐丰富辅食种类。本阶段辅食供应主要是谷类、蔬菜和水果、豆制品和蛋黄。蔬菜类初期尤以根块茎类和瓜果类为好，之后再添加叶茎类：土豆、红薯、南瓜、胡萝卜、西蓝花、菠菜这些可逐步添加。其中，土豆可以做成浓度适中的土豆泥。蔬菜起初可以菜水的形式提供，但蔬菜泥的维生素和纤维素保存较好，营养更丰富。家人不需要在食物中添加其他任何东西，包括糖和盐，也不必担心宝宝会不接受，因为此时他们还没有任何经验。本阶段和下个阶段婴儿主要是在适应而不是做选择，因而是形成良好饮食习惯的难得机会。

本阶段具体添加顺序可参考下方文字。

6月龄： 添加粥、米糊；土豆泥、胡萝卜泥、南瓜泥；苹果泥、香蕉泥和梨泥等。

7月龄： 添加红薯、山药以及多种切碎的蔬菜；豆制品；蛋黄；水果可以增加火龙果和牛油果等。

8月龄： 添加肝泥和肉末等。

婴儿开始接触辅食后不久，就会在看到辅食甚至家人的食物的瞬间兴奋起来。有些宝宝此时对第一口食物犹豫不决，经过诱惑和鼓励才肯尝试。兰兰就是这样，小邻居高高则要等家人先尝第一口后才肯吃，而一旦他们接受了第一口，后面吃起来就会很香。

作为家庭一员出现在餐桌上是宝宝成长中的一个重要里程碑。在本阶段后期，绝大多数宝宝已能坐稳，此时家人可考虑邀请宝宝坐上儿童餐椅和家人一起“用餐”。儿童餐椅、小碗和小勺能增加宝宝对食物的兴趣，而且从此时或下阶段开始将进餐地点固定在儿童餐椅还能避免日后某些吃饭难题，比如追着喂饭。

眼手协调和手的发展

婴儿的心理发展与各个方面密切相关，如婴儿对周围事物产生了兴趣，感觉能力得到发展等，其动作指向也将发生变化——将从自身转向外部客体。不过，此时吸引婴儿的主要还是动作本身及动作作用于物体所产生的效果，因而本阶段是一个过渡阶段，是内外部“初步联结”的阶段。

没有动作，婴儿的心理便无从发展。皮亚杰提出，儿童的心理源于主体对于客体的动作，感知运动是高级认知能力发展的基础。动作的发展使婴儿获得了探究环境的新手段和主动权，促进了婴儿认知和社会交往能力的发展，并推动认知发展不断高级化和复杂化。

婴儿对外界的认识在一定程度上是借助视觉引导手部动作获得的。眼手协调（也称视触协调）指眼睛将所看到的刺激传达给大脑，大脑再发出指令由手操作完成，也可将之理解为视觉和运动觉的联合协调动作。眼手协调的出现和发展与视觉的发育密切相关，对精细动作的发展十分关键，婴儿的日常生活将会因此而更加丰富多彩。百天前后，婴儿注视小手并试图活动手指的行为拉开了新的序幕——眼手协调开始出现。这是婴儿认知发展的重要里程碑，主要标志是能伸手够物，也是手触探索的真正开始。这项发展将会经历相当长的时间，亦是本阶段重要发展目标之一。

本阶段激动人心的变化是手的随意抓握动作将会出现。从无意识抓握到随意抓握是婴儿手部动作发展的重大飞跃，眼手协调和五指分化（指拇指与其他四指的分化）为此创造了条件。由此，婴儿将开始主动探索和认识周围事物，实现视觉、听觉、触觉、味觉等多种感觉协调活动，为认知发展奠定基础。

3～7月龄是婴儿抓握能力发展的关键期，最初是全手掌抓握。家人仍然可像上阶段那样为宝宝递摇铃，或把摇铃放在宝宝手掌上让其握住，有时他们紧接着就会把刚到手的摇铃准确送到嘴里。4个半月的小玥曈已会抓挠，当听到妈妈说“抓个挠”时就会“表演”一番，说明此时婴儿手的灵活性已大大提高。

婴儿通常先能随意抓物体，然后才会随意放开物体。当能轻松放开物体时，婴儿对手的控制能力又有了新的提高。邻居家的阿姨对我说，4.5月龄的小外孙总是把妈妈放在小手里的东西不知不觉松掉。我建议她把放改为递，多给宝宝递东西吸引其主动抓握，然后再轻轻抽出使其体会新动作。如果宝宝抓东西很紧，还不能随意抓握，此时可以抓的引导为主，当其手部肌肉逐渐放松后，再引导放的动作。

TIPS

家人要去丰富和发展宝宝手的感觉能力，为其提供不同尺寸、形状、材质和温度的物品，例如棉布、丝绸、羽毛、石头以及温水和凉水等。

本阶段，宝宝手部动作的发展内容十分丰富。首先是对动作的兴趣与日俱增，动作日渐丰富，双手配合使用增多。妈妈或许还记得宝宝伸出双手求抱或双手抱奶瓶等动作的出现，这意味着双手协调动作开始发展。逐渐地，他们的兴趣点转向动作作用于目标物的效果以及动作和结果之间的因果联系。6月龄前后，宝宝开始撕纸，同时玩两个或两个以上物品，以各种方式摆弄物体，如敲、按压、扔、摔以及用手指物等，或是用自己的动作引发镜像的动作，并且喜欢不断重复这些动作。7月龄的聪聪抓起果壳后就往地上扔，果壳落地的清脆响声令他兴奋，或是拿起玩具在桌上和妈妈身上敲，并反复做这些动作，由此积累了一些经验。多次尝试后，他发现抓耳朵能拎起一只较大的毛绒音乐兔，当眼前出现另一只很小的毛绒兔时，他仍然使用了这个动作。一些宝宝此时已能用食指和拇指配合完成捏、揉等精细动作和更多操作，捡豆子和捏珠子等游戏在保障安全的前提下可使宝宝小手的灵活性和动作的准确性得到发展，那时候兰兰坐在餐椅上捏柚子丝，每次都能玩上好一会儿。

以本阶段兰兰手的发展情况为例，可以看出孩子手部发展的一些规律。

3月龄第20天，开始找身体附近的玩具，把玩具从一只手递到另一只手；4月龄第10天，双手捧住奶瓶，并将奶嘴放入口中；4月龄第12天，玩具掉落会找，双手一起握住一件玩具并注视；5月龄末，揪我的头发和眼镜时手有力而精准，能认识自己的小手（询问“小手在哪里”时有反应）；6月龄初，能拨弄小丸、换手玩积木及撕纸。

家人可以让宝宝做撕纸练习，提供不同薄厚的纸让宝宝随意撕扯，以锻炼手部肌肉。有的家庭比较随意，把废旧的书也拿给宝宝做练习。如果日后一段时间里宝宝喜欢撕书的话，提供纸巾和白纸则能避免这个问题。此外，用手抓饭是用勺子前的必经之路，有利于增加宝宝对食物的兴趣和提高手部活动能力。

手和行走动作之间亦有密切联系。走路之前的大运动——例如坐和爬——对手的发展也有很明显的促进作用，这一点家人很容易就能观察到。我从兰兰百天开始给她用学坐椅，最初是拍照时用，之后觉得方便就逐渐延长了使用时间。这一点和她手的发展不无关系，高高坐起来自然就会看到点儿什么，看到什么自然就想抓一抓、找一找。

在下一阶段，宝宝对动作对象或者说外部客体的关注将会加强，解决问题的意向和能力也将随之发展。

翻身进化史

婴儿的动作发展具有一定的方向性和顺序性，遵循头尾原则、近远原则和大小原则。动作成熟的顺序可以概括为：从整体到分化、从上部到下部、从大肌肉群到小肌肉群、从无意到有意。宝宝在0～3岁期间主要发展的动作是手的抓握和独立行走，二者分别是精细动作和大运动的典型动作和发展重心。大运动除了走路，还包括翻身、坐、爬、跑、跳、弯腰等使用大肌肉群的动作技能。1岁以前，婴儿以移动动作为主。

翻身是婴儿最早尝试的一项大运动。翻身需同时借助头部、胸部和四肢等的力量，有一定难度，在开始阶段需要家人帮助。翻身没有学爬难度大，家人只需提供一些简单的帮助。家人应细心留意宝宝要翻身的信号。这些信号一般在宝宝3月龄时出现，甚至有些宝宝满月前就出现了小幅度翻身。“三翻六坐八爬”中的“三翻”指宝宝3月龄时会翻身，可有些妈妈发现宝宝到了3月龄却不会翻身；有的宝宝此时已能侧翻，但还无法从侧卧到俯卧，家人却没有意识到宝宝在用自己的努力向我们表达需要一点儿帮助。

翻身动作的发展有一个过程。一般从3月龄开始起步，到8月龄时宝宝才能普遍学会翻滚，即连续从仰卧翻到俯卧，又从俯卧翻到仰卧。360°翻滚是从90°侧翻开始的。俯卧抬头是宝宝学习翻身的基础之一：小婴儿上下肢的活动受颈部活动影响较大，俯卧中发展的颈部支撑力会促进上肢支撑能力的发展。

辅助孩子进行侧翻比较容易。宝宝平躺时，妈妈用一只手轻轻扶着宝宝的肩膀，慢慢将宝宝的肩膀抬高；或者一只手护着宝宝的后脑勺，另一只手扶着屁股，以帮助宝宝做翻身的动作。加入一点儿游戏内容会更好，比如拿红球吸引宝宝转头，同时在语气上给予鼓励，引导宝宝多练习。兰兰出生第96天时，可以向左侧翻90°，2周后她能向右侧翻90°，一周后，能翻身近270°。有的宝宝自己就会侧躺，此时可直接进入第二阶段，即从侧卧翻成俯卧。妈妈可以轻轻牵着宝宝的胳膊，往他侧身的方向轻轻拉几下，同时帮助宝宝转动腰部和屁股。

宝宝一般先从仰卧翻成俯卧，再由俯卧翻到仰卧。4月龄的兰兰夜里开始转圈睡，能从仰卧翻到俯卧，两周后又能从俯卧翻到仰卧。

TIPS

如果宝宝学习翻身或者爬行的阶段恰逢冬天，穿衣太多也会增加习得难度。

多数宝宝在大运动习得中都需要一点儿帮助。家人应避免使这种帮助变成限制，如果没有某些限制，也许宝宝听凭自己的好奇心和努力也能学会新动作。更好的方式是家人在给予宝宝一两次帮助后观察其反应，如果他们因此获得了方法，并且愿意自己去尝试，那就只在关键时刻给予帮助好了。这种帮助如同点拨，将引导宝宝走向自我尝试。

有些大人以为宝宝还不会翻滚，就毫无遮挡地把孩子一个人放床上，这是危险的，因为此时宝宝靠一点点小幅度的翻身也能移动较大距离。兰兰能从仰卧翻到俯卧后，白天的活动和睡觉都改在地上进行。温度适宜的木地板地面较好，温度较低的地面则不行。建议家人还要铺上垫子或毯子等，以更好地保护宝宝。

学爬：第一次远行

有些宝宝动作发展特别快，六七个月就会爬，而且往往是孩子自己学会的，大人并未如何辅导。城堡是同事的儿子，属于“自学成才”——5个半月就会爬了。白天小家伙在地垫上玩儿，看到感兴趣的东西就往前蹭，很快就会爬了。我见到城堡的时候他刚6个月出头，爬的动作十分标准——撅起屁屁、腹部离地地往前爬。宝宝天生就有接近新事物的好奇心，家人要注意给他提供场地和自由，这样也能在一定程度上促进孩子发展爬的能力。

在观察了一个4月龄的小妞后，我对这一点更加深信不疑：这个小姑娘俯卧在小毯子上，看上去很像要爬行出发的样子。在她眼前，哥哥和伙伴们在做游戏，她激动地看着，嘴里不断发出声音，一只小手不停抓毯子，一条小腿一直在用力蹬。位移虽不很明显（毯子已缩成一团），但这样过上几周，很难想象她还能老实待在原地。

学爬的益处

从爬到走的过程有半年左右时间，这段时间亦是宝宝大脑发育的关键期。各种动作之间有积极的影响，例如坐、爬和走路对手的解放和精细动作的发展有促进作用。例如，8个半月的兰兰就会兴高采烈地爬到沙发、玩具桌和茶几边去够上面的玩具。爬行除能促进大脑发育及眼—手—脚的协调发展，还有利于锻炼颈部、胸腹部、脊椎、背、四肢以及促进骨骼生长。有了爬行经验后，学走的基础也将更加牢固。

一些高级心理活动在眼手协调和学坐、学爬前很少出现。通过爬行，婴儿还会获得一些生活经验，感知觉、情绪情感、好奇心和自我意识等也能得到发展。例如，坐着的婴儿看见喜欢的东西想去拿，够物的过程中需要意志力，拿到后会表现出高兴和兴奋，并进行探索。爬行对情感发展的推动似乎不那么直接，那我们不妨想一想：会爬的宝宝能更多、更主动地去接近父母和与家人互动，与家人的交往从依赖和被动等待转向主动。这样，亲子间交流情感的机会便增加了，亲子依恋关系便能获得提升。

还有一些孩子不经过爬便开始学走，而且会走后一段时间里仍不会爬。对此，专业人士的建议是即便先学会走也要继续练习爬，即便这时的爬与会走前的爬的作用并不相同。

如何引导和保护宝宝学爬

老话说“三翻六坐八爬”，但爬不是一两天甚至也不是一两周就能习得，多数宝宝需要家人持续引导才能学会。引导可以从宝宝半岁前后开始，随进展一点点地推进。7月龄的兰兰坐着坐着有时就会向前倾，幅度还很大，因为她想把球推远或够某个玩具。这是婴儿想要移动的内在动力。

不少刚学爬的宝宝都会经历后退和以肚皮为中心转圈的状况，一些宝宝很快就能双臂或单臂匍匐前进。这两种情况主要是由于四肢力量尚不够或不平衡，过不了几周一般就能以标准姿势向前爬了。

引导宝宝学爬，方法和信心都很重要。不仅宝宝需要辅导，辅导者也需要得到家人的鼓励，因为挫折感随时可能出现。茗茗的妈妈试了一个星期就放弃了，这样茗茗就直接学了走路。随着宝宝一点一滴的进步，辅导方法也要随之调整。先做好基础工作，主要是锻炼胳膊和腿部的力量：俯卧抬头练习有助于增强颈部和上肢的力量；有的辅导机构要求爸爸妈妈配合，每次帮助宝宝做100次上下肢的爬行配合动作。有的妈妈很有心，在前几个阶段给宝宝做完抚触后，在前面放一个玩具鼓励宝宝爬，这个办法简单有效。7月龄的兰兰会为眼前的苹果做出向前爬的努力，咬开的苹果更有吸引力，累了让她啃几口或舔一舔都是极大的满足。有的妈妈假装老虎叫，以增加爬行游戏的乐趣。我给兰兰做出爬行的完全示范，还在脚上套了个摇铃球，以吸引她的注意和兴趣。这种模仿在宝宝8月龄以前还有些困难，但8月龄时他们就能有所领悟了。示范和引导宝宝进行双腿交替练习能加快习得进度，有哥哥姐姐或能请来小朋友示范就更好了。

准备爬行配套装备也很必要：一是学爬阶段的纸尿裤，二是爬行服。这两种装备对秋冬季节学爬的宝宝尤其重要——给孩子穿很多衣服会影响其活动。宝宝活动时不需要穿太多衣服，一体式爬行服是个好帮手。第三件装备是一条长条运动毛巾——对于以肚皮为中心转圈和匍匐前行的宝宝用处很大。使用时把毛巾套在宝宝腰上，妈妈跪、蹲或猫腰站着从宝宝背后轻轻向上提拉，让宝宝体会抬起肚子和撅起屁股爬行的便利。兰兰学爬时用的那条红毛巾我一直留着，觉得很珍贵，因为它见证了我们俩的共同努力。

TIPS

从会爬到会走这一时间段，宝宝衣服脏得特别快，因此要格外注意卫生，每日应及时给宝宝更换衣物和洗手。随着宝宝活动本领的提高，家人还要提高环境的安全程度，比如要对抽屉开关和桌椅四周的尖角做些处理。

发现小脚丫

如同发现小手一样，发现脚丫也是一个新信号。

4个半月的兰兰双手抓住音乐架可短时间独自站立。也在此时，她开始玩自己的小脚丫了。有些邻居家的孩子3个多月就发现了小脚丫，过程很自然：仰面躺在床上或婴儿车里，无聊或当脚底受到压力时，宝宝会做一些踢腿运动——此时宝宝的腿部肌肉比以前更加有力，当他们抬起脚并用力时，脚丫可能就会出现在其眼前。随着这一幕的重复发生，宝宝对脚丫产生了好奇。对婴儿来说，脚丫的出现或许首先意味着日常生活中又多了一个“玩伴”，但接下来就会有新的意味。

与妈妈们交流时发现，有的妈妈为宝宝吃脚丫而烦心，有的妈妈因为宝宝5个月了还没发现脚丫而忧心，二者都大可不必。宝宝如果未发现脚丫，家人可以在日常小事上给一点儿帮助。比如，光着脚丫有助于宝宝去发现（等到下个阶段，光脚练习走路有利于发展肌肉），光是美丽的脚趾就很有吸引力；当宝宝靠坐在澡盆里洗澡时，妈妈可以告诉宝宝“这是你的小脚丫，你来自己洗洗吧”；可以在宝宝脚上绑个红色的毛绒球或小铃铛之类做“找找看”的游戏；在宝宝平躺时举起他们的小脚丫故意问“咦，这是什么？哦，原来是宝宝的小脚丫”……这些简单的小游戏足以让宝宝发现并且喜欢上自己的脚丫。

TIPS

除了自己的脚丫，到能坐和学爬的阶段，宝宝对家人的脚丫和鞋也表现出明显兴趣，一有机会就要朝“理想目标”进发。我猜想他们对脚和鞋的兴趣也是对站立和走路兴趣的萌芽。有时候，妈妈能从宝宝的眼睛里看到他们对大人脚的崇拜，好像在说：“能走路的脚丫多美丽，我也想让脚丫动起来！”

宝宝一般先玩脚丫后吃脚丫。发现脚丫和吃脚丫是宝宝在探索自己的身体，对其生理自我的出现也有推动作用，还能满足口欲。可要想吃到脚丫，还需要一点儿条件。最初，宝宝一般是躺着吃，如果他们一只手抓一只脚，或者把腿伸得笔直，就不能吃到脚丫，只好重新尝试。很快他们找到了合适的姿势，品尝上心仪已久的“美味”脚丫。会坐后，有时他们坐着也会吃脚丫。5个半月的兰兰能吃到自己的小脚丫了，尤其喜欢在洗澡时吃，一副津津有味的样子。从这时起，宝宝对视觉控制下的双脚动作也表现出兴趣。玩脚丫和吃脚丫是本阶段宝宝的一大活动，从家里到户外都如此。

小脚丫一月月在长大。有一天，它们就会迈开步来，走很远的路。

亲子互动游戏

出生后4个月的第1周，兰兰对事情出现了预期反应。当我噘起嘴做吹她脖子的动作时，还未吹气，她就咯咯咯大笑数次。这是互动中出现的变化。

宝宝的健康成长离不开亲子互动，而游戏是婴幼儿的主要活动和最佳教育途径。游戏还是婴幼儿重要的精神寄托和实现自我价值的最佳载体，亲子、同伴间交往的最好媒介以及社会性发展的重要渠道，亦能促进认知、情绪情感和动作发展。认知发展学派尤其重视游戏对儿童认知和社会化发展等方面的价值。

作为婴儿阶段最好的亲子互动方式之一，家人在游戏中很容易观察到这样的场景：宝宝眼、耳、手、脚并用，充满好奇，迫不及待，有疑惑和挫折，也有惊讶和欢笑。这意味着游戏既能调动婴儿的感知觉和情绪情感，也能训练大运动、精细动作，并提升体力；通过与我们及物体的互动，婴儿还能获得与人交往和应用事物的经验。当家人难以与宝宝互动时，换成游戏的方式往往能容易很多。

感知运动游戏很早已出现。与手的发展相呼应，婴儿游戏的发展也经历着从指向自身的游戏到操作外部客体的游戏，再到功能游戏（按照功能使用物体）的过程，这些转变在出生第一年已发生。家人的参与和互动很重要，在宝宝0～3岁期间一直如此。

互动方式应与宝宝的发展阶段相适应。家人如果一味按照自己的想法做，有可能会带给宝宝压力，自己也会感到失望。在这样的尝试中，我们感受不到互动，孩子也接收不到友好、积极的信号。在与宝宝发展相适应的前提下，家人可对游戏的目标、内容和形式逐渐有所设计，比如是想促进宝宝感觉、动作的发展或是想激发其好奇心，再结合宝宝的发展和反馈逐步摸索。比如，3月龄的宝宝对游戏只有很短暂的注意力，此时家人可通过移动带响和颜色鲜艳的玩具吸引其注意，以促进视听觉、视觉以及认知的发展。

我们在和4月龄以及更大的宝宝互动中会有惊喜发现，无论是照镜子、看照片还是引逗翻身和坐爬，这些游戏总是充满乐趣。以4月龄的宝宝为例，他们对周围环境兴趣大增，“找玩具”（尤其是铃铛）或“找人脸图片”都是不错的游戏。比如，妈妈可以把铃铛藏在枕巾下面，或放在距离宝宝稍远处，启发和鼓励宝宝去找。出生4个半月时，兰兰会兴奋地盯着看我双手连续更换相片，每换一张我同时发出“咦”的声音，引得她咯咯长笑。4月龄末，她会和我玩“躲猫猫”游戏（用一张纸遮住脸）了。随着宝宝和家人互动的增多，妈妈会觉得带孩子也越来越有意思了。此后，把东西捡到容器里、找玩具（大人说出物品名称后由宝宝递送）、看图识物、听音猜物、听儿歌做动作、跳舞、欢迎家人回来等都是很好的亲子游戏内容，且不需要准备特殊道具。

家人在亲子游戏中应注意以积极情绪来感染宝宝。比如，爸爸妈妈和宝宝一起听儿歌时可以和音乐同步念儿歌，一边念一边拍手，然后再握住宝宝的两只小手也拍一拍，让宝宝感受到快乐；或者结合儿歌的内容，爸爸妈妈学动物叫或做些夸张动作，以激发宝宝去理解内容或抒发情绪。家人也可以模仿宝宝的动作，鼓励他们探索自己。在游戏中分享情感和快乐对宝宝很重要，在这样的气氛中，孩子获得的经验将更加自然而深刻。

宝宝认生了

认生又称陌生人恐惧，是宝宝感知、情绪情感、记忆力以及社会交往等获得发展的体现，主要发生在6～18月龄。同事在儿子5个多月的时候，和一个同处于哺乳期的亲戚想试试孩子们是否认生，当时亲戚的女儿7个月大。结果同事的儿子吃了亲戚的奶，小女孩却不吃同事的奶。

认生是一个积极变化。家人要准备好去理解宝宝对我们的情感，并就他们对陌生人态度的转变保持耐心和微笑。

对妈妈的依恋开始出现

认生与母婴依恋息息相关，是婴儿与依恋相关的恐惧之一。有育儿经历的人一定体会过宝宝“一根筋”：他们总想找同一个家人，这个人通常是妈妈。婴儿依恋（主要是母婴依恋）的第3阶段是分化的依恋阶段，在7～9月龄出现，此时婴儿已建立起真正的依恋。

小宝宝对妈妈的依恋有一个发展过程。出生64天的谦谦和出生68天的小玥曈对妈妈有明显的熟悉感，出生72天的兰兰也开始能认出我了。之后有一天我给刚满5个月的谦谦讲故事，他听得津津有味，可是每听完一页就会回头疑惑地看我一会儿，似乎察觉到我的声音和妈妈的不一样，有点儿陌生——听音辨人是宝宝确认生人和熟人的本领之一。兰兰4个半月时开始出现认生反应。5天后的晚上，家里3个大人坐在她身旁，她轮流盯着我们每个人看，尤其是看我；那天她第一次主动给我小手求抱。从5月龄第1天起，她开始频繁向我伸出双手求抱，认生现象也明显起来。快6月龄的时候，睡前她开始找我了，晚上她爸爸独自试了几次，但她总要闹一会儿。八九月龄的聪聪很黏妈妈，见妈妈出门会哭；远远看到妈妈回来或者妈妈在远处一叫就会激动起来，不停对妈妈笑，等不及妈妈换鞋和洗手，妈妈一抱他就使劲儿搂住妈妈脖子开心地笑；妈妈在家时只想让妈妈抱；一听到妈妈的声音就想去找。

对陌生人态度的变化

日本儿童精神医学专家佐佐木正美曾说："孩子相信妈妈，才能相信别人。"但这一点在孩子两三岁时才能见分晓。婴儿认生出现的时间有早有晚，多数宝宝将在本阶段出现不同程度的认生。兰兰认生现象持续的时间较长，较明显的表现一直持续到18月龄，前后加起来有13个月之久。不过，兰兰在3岁前已是个开朗的小姑娘。因此，如果你家宝宝的认生现象和兰兰类似，不必担心，如果看护人性格开朗，宝宝会逐渐与之相适应。

开始依恋妈妈的同时，宝宝对陌生人的态度也悄然发生着变化，对家人的"熟"和陌生人的"生"逐渐泾渭分明起来。不只如此，如果家中哪个人一段时间内较少出现，再出现时也可能会引起宝宝的认生反应。聪聪的认生现象出现得较早，是在4个半月那天出现的，他对出差一周刚返家且平时工作忙碌的爸爸表现出认生。原先活泼、喜欢和陌生人微笑的宝宝，到了半岁左右，在外面见到陌生人时，大多不再主动微笑了。如果对方一点点靠近，他们会紧张甚至会恐惧和哭泣。当看到陌生人来家里并接近自己，他们会皱起小眉头，露出紧张的表情，有时还会大哭起来，想抱就更不可能了。这些信号意味着宝宝进入认生期了。宝宝对陌生人反应的激烈程度一般会在8～10月龄达到顶峰，之后强度将会逐渐降低。宝宝认生也有反复，即使在反应高峰期，也不是每次见到陌生人都紧绷神经。

兰兰出现认生现象后，在外面和家里俨然是两种表现，在外面时“不苟言笑”，在家里则“嬉皮笑脸”，在半岁后的半年多里一直如此。在外面遇到常见的、不常见的小朋友她都面带笑容，看大孩子们玩耍时会笑出声来，对其他人则一律谨慎对待。7月龄的聪聪在外面刚看到陌生人时会笑，如果对方继续接近自己就会哭起来。有些小宝宝此时仍然经常对陌生人笑，家里家外的差别并不很明显。

家人应当如何应对

增加外出可以部分解决认生问题。

处于认生期的宝宝敏感易紧张，家人不要因为他们对外人不友好而给他们压力。小宝宝对家人的情绪变化很敏感，不要让宝宝处于内外双重压力之中。在宝宝认生最厉害的时期，应尽量避免更换日常主要看护人，以免引起宝宝的不安和焦虑。

认生是宝宝成长中的一个美丽插曲，这个短暂阶段亦是增进亲子感情的大好机会。用爱和微笑对待宝宝吧！有了我们稳定而持久的爱，孩子们终将在这坚不可破的安全感之中重新笑对周围。

有趣的记忆反应

一些与特殊记忆力有关的小说、电影或现实人物总能引起人们的兴趣。苏联生理学家谢切诺夫说过："没有记忆力，人将永远处于新生儿状态。"实际上，人类个体记忆发生的时间是在母亲孕晚期时，胎儿的记忆较多依赖于听觉和味觉。从兰兰出生后对特定音乐和爸爸妈妈声音的反应看，我确信她在胎儿期是有记忆的。

微信朋友圈里流传过一位日本妇产科医生对平均年龄为4岁的幼儿做的一个调查，结果显示33%的幼儿有胎内记忆，还有不少幼儿保留着对诞生过程的记忆。兰兰4岁1个月的时候我问了她这个问题，她立即告诉我妈妈肚子里面是粉色的，爸爸说话的声音大，妈妈说话的声音小。我问里面有什么东西没有，她说有一根带子，是灰色带棕色的，连在自己的肚皮上。到她4岁半的时候我又问了一次，她告诉我不记得了。

婴儿期是记忆发展的第一个高峰期和关键期。记忆的过程从识记开始，之后是保持、回忆（再现）和再认，这几个环节组成一个完整的记忆过程。一定条件下可以说条件反射的出现是建立在记忆之上的，视觉表象是回忆的表现。有一种现象叫作延迟模仿，指婴儿对一段时间之前出现的他人行为进行模仿。它的出现标志着婴儿表象记忆和回忆能力的初步成熟。孩子对不快乐的事记得更牢，因为这些事对生存更重要。

记忆的分类方式有多种，按照能否意识到被分为内隐记忆和外显记忆，按照内容分为情绪记忆、动作记忆、情景记忆、形象（表象）记忆和语义记忆。在出生后的第1年里，婴儿的主要记忆类型是情绪记忆和动作记忆，但情景记忆和形象记忆也会逐渐有所体现。

一些早期记忆有一定的条件依赖性（例如感知觉和情境），尽管如此，婴儿的分辨能力仍十分出色。我记录了兰兰和几个亲戚、邻居家孩子的一些有趣反应。68 天的小玥曈对妈妈已有明显的熟悉感，此前主动跟妈妈笑和“说话”已有 8 天时间，这一天妈妈化了妆，她先是面无表情，继而又疑惑地看了妈妈半天才放松下来。6 月龄的兰兰和 7 月龄的玥瑶都因为妈妈换了发型而“不认识”妈妈了。兰兰 5 岁半时我剪短了头发，那天她一见到我，拉起我的手斩钉截铁地说：“你不是我的妈妈，我不喜欢这个新发型。”隔了 5 年的距离，她俨然已是个有主见的大姑娘了。

婴儿的记忆力发展十分迅速。兰兰5月龄时，我带她离家半个月，回来后她对爸爸和家里有明显的熟悉感。8月龄时 ，兰兰一看到两天前见过的会发出声音的小熊和小兔就开始不停眨眼，直到确认不被弄响为止。10月龄时，兰兰离家1周，返回后比5月龄时外出后对玩具和图片的记忆深刻了许多。

TIPS

社会发展对婴幼儿记忆力的发展并不都是有利因素。有学者指出，含有二羟基二乙胺的洗发水和有些品牌的肥皂会对婴儿的记忆力产生不良影响，因为这种物质会使大脑失去产生记忆细胞的能力。

科学界对记忆力的发展颇为关注，积累了不少研究方法和发现。家人可参考某些简单易行的方法，以了解孩子记忆力的发展，可能就会有惊喜发现，例如观察宝宝对物体的注视、吸吮动作和延迟模仿行为等。有实验表明，8月龄的婴儿注视大人从错误位置拿到目标物的时间比从正确位置拿到目标物的时间更长。

家人的持续帮助对孩子记忆力的发展十分重要。对于3～6月龄的宝宝，家人可通过看人脸图片、用单个毛巾当面藏单个玩具、“躲猫猫”（蒙脸）等方式锻炼其记忆力。“躲猫猫”这类游戏还有助于婴儿认识客体永久性。在整个婴儿期，家人重复进行一些工作对宝宝记忆力的发展十分有益，比如反复播放音乐或诗歌，经常为宝宝提供增加感觉体验的机会，持续支持孩子的兴趣和关注点，不断帮助孩子发展语言能力等。这些帮助的作用是直接的，比如促进语言能力的发展能够增强和巩固记忆力。

阅读札记

婴幼儿心理发展

1762年，法国著名启蒙思想家、哲学家、教育家、文学家卢梭的著作《爱弥儿》出版。作者对人的发展与教育的探讨具有划时代意义，书中对0～3岁婴幼儿发展的描写有颇多细致之处，今天读来仍有启发。进入19世纪后，欧洲的儿童发展研究成果卓著。在德国，有价值的作品不断问世，比如，教育家福禄贝尔的《人的教育》《幼儿园教育学》《慈母曲及唱歌游戏集》，以及生理学家和实验心理学家普莱尔的《儿童心理学》等。在英国，生物学家达尔文写出了《一个婴儿的传略》。这些以儿童为中心的研究和教育思想是时代进步的标志。

在人的一生中，心理发展并不随年龄增长而匀速“前进”。婴幼儿阶段是第一发展加速期和认知能力发展最迅速的时期，且对负面影响十分敏感。然而在实际生活中，由于年龄太小、表达受限及不被平等看待等原因，婴幼儿心理发展的一些方面往往得不到应有的重视和及时引导，甚至还会被忽视。

按照皮亚杰的认知发展阶段理论，第一阶段是从出生到2岁左右的感知运动阶段，这一阶段也是思维的萌芽期。在这个阶段，孩子对日常生活环境有了初步了解，并能解决一些问题，家人的示范和参与亲子互动对其帮助很大。第二阶段是前运算阶段（2～7岁），体现出泛灵论、个人中心、不守恒、不可逆、不分整体部分等特点。面对孩子的“不友好”和“不成熟”，家人首先应理解和尊重，再逐步引导，发展孩子的亲社会行为和认知能力等。

发展心理学对心理发展阶段的划分还有一个重要理论，是美国发展心理学家和精神分析学家埃里克森的人格发展八阶段论。该理论界定了各时期人格发展的任务和目标，其中0～1岁和1～3岁的主要发展任务分别是获得信任感和克服不信任感、获得自主感和克服羞耻感，人格特征分别是希望品质和意志品质，家人可以参考这个框架因势利导，化解亲子冲突。在出生第3年甚至出生第2年初始，宝宝就开始主张自我和反抗家人，很多事情他们都想自己来，这是正常发展的表现，家人应给予一定的支持、鼓励、指导及适当的限制，并利用好这些机会发展宝宝的自理能力与社会交往能力。

物品推荐

日常生活所需物品

婴儿餐椅、餐具（安全塑料碗勺、硅胶软勺）、训练杯（带奶嘴）；牙胶、指套牙刷；婴儿安全座椅（外出）

促进感觉发展所需物品

视觉：视觉挂图、黑白和彩色大卡片、布书、镜子等
听觉：镂空摇铃球、音乐不倒翁、音乐敲击玩具
触觉：各种材质的柔软玩具（如软球套装）、宝宝游戏垫（毯）

促进大运动所需物品

婴儿学坐椅；爬行垫、爬行服、长条运动毛巾（可作为学爬带）

促进精细动作所需物品

各种摇铃、较小的多彩方块积木等

PART 02

8 ~ 24 月龄 应对挑战

发展关键词

寻求安全感

开口和行走

发展自主感

体验纪律性

8～14月龄

关键词

移动自己　探索环境　发展好奇心　寻求安全感

展　望

- 本阶段的宝宝是个小小探索者、“野心家”和自我建设者。动作技能、语言能力和智力发展加速，自我意识得到发展，复杂情绪开始出现。
- 通过爬或走，宝宝能大幅移动自己，不少宝宝将在本阶段迈出人生第一步；能协调双手使用物体，兴趣转向动作对象和自身动作的结果，并开始尝试解决问题，日常探索范围扩大到周围环境；对食物的兴趣与日俱增；生活能力有所提高，开始频繁表达需求和学习自己吃饭；能控制或部分控制大便。
- 进入学话萌芽阶段和言语发生期，无意识发音增多，多数宝宝将会在本阶段说出第一个词，语言理解能力迅速提高，少数宝宝将会迎来第一批词汇；认知发展加速；好奇心旺盛，学习能力和注意力增强，开始主动发展模仿能力；脑容量增加，记忆力增强，本阶段后期开始进入以表象记忆和语义记忆为主导的阶段，长期记忆能力将随之增强。
- 情绪情感和社会交往能力继续发展。情绪进一步分化，恐惧情绪时而出现。如果此前婴儿经常得到家人的积极评价，此时他们会更频繁地展示新本领，并会表现出骄傲情绪。对妈妈的依恋日益明显，认生和分离焦虑亦有明显发展，迫切寻求安全感，积极与家人亲密互动，有时还会主动吸引陌生人的关注。

- 本阶段是发展好奇心和注意力以及导入日常规则的适宜时间；支持和满足宝宝的安全感和好奇心发展的需要，继续以细致、积极的方式提供日常照顾，提供安全的可探索环境和亲近自然的机会；经常夸奖和给予积极反馈；继续丰富其感知觉，后期可尝试引导认识大小、颜色与形状。

辅食添加：顺序要注意，过敏要预防

吃和睡是宝宝的天赋本领。乳牙萌出后，婴儿的消化道容量增大，消化酶的分泌增加、活性增高，逐渐能消化各种食物。同时，食物中的营养素亦能刺激消化系统的发育和完善，婴儿的免疫能力也将因此增强。相对而言，在本阶段和上个阶段，家人对食物的添加应较为细致；孩子14月龄以后，家人可相对放松。

小宝宝能接受简单而清淡的食物。家人不应从自身喜好出发为宝宝准备食物，比如有的家庭很早就让宝宝吃大人的饭菜，甚至对多肉、油、辣也不避讳，这不仅对宝宝的身体发育不利，也会影响其对多样食物的接受。在专业营养师的指导下，现在很少有家庭会在宝宝1岁前添加盐和糖，清淡的口味在本阶段仍然更适合他们。2岁以后，宝宝很难再抗拒成人食物的诱惑。家人应珍惜机会，培养宝宝的健康饮食习惯。本阶段宝宝如果仍喜欢用手抓饭，可以和使用餐具配合进行。到本阶段结束前，体验过多种辅食、带着新的经验和兴趣，宝宝普遍馋多了。另一方面，家人对孩子的进食量抱有很大期待，甚至有时为了缓解孩子的消极情绪，提供食物次数过多或过量，并且经常干涉孩子的进食。实际上，如果进食期间孩子未受其他事物干扰，自然进食量就是他们的需要量，也就是说孩子知道自己需要吃多少。伴随孩子的成长，家人也要多了解、多学习，才能给孩子科学的照顾。

辅食添加顺序

父母可参考西尔斯的书中所列的分月龄辅食添加表，由于各方面情况的差异，中国父母要结合国内营养机构的建议做些调整。谦谦出生于加拿大蒙特利尔，家庭医生禁止父母在本阶段为其添加盐、糖和蜂蜜等，谷物、蔬菜和水果在添加辅食时同步添加，蛋白质与肉类从6月龄开始添加，奶制品从8月龄开始添加，视孩子的反应决定是否持续添加。我看了医生提供的表格，6月龄的宝宝即可尝试微量肉类食物，对每个阶段添加食物种类（比如蔬菜或肉类）中的具体项目写得很详细。每个宝宝的生长发育和食物接受情况不尽相同，家人应多考虑自家孩子的具体情况。此时添加的食物仍是辅食，宝宝学步较早的家庭可将主要的几餐按照正餐对待。蒙特利尔的家庭医生有个有趣的做法：孩子可以坐起来时开始吃辅食，可以走起来时开始吃正餐。

8月龄的宝宝可以吃米粉、碎菜、水果、豆制品、蛋黄和肉末等。本月我给兰兰新加的辅食有：谷类和蔬菜配方米粉、莲子米粉、面条、西红柿、西蓝花、豆腐、芝麻、金枪鱼泥、三文鱼和鱼肉松。有的家庭给孩子吃手擀面或发面的面食，只要不给吞咽能力带来大的挑战，用它们来取代市场售卖的、更易进食和消化的盒装婴儿面条也是可以的。

9月龄的宝宝可以吃常见肉类的肉末和种类更丰富的蔬果。本月我给兰兰新尝试的辅食有：鱼肉蔬菜米粉、香菇、草莓（大米草莓粥，大米粥出锅前最后1分钟放入草莓，兑1勺奶粉）、蓝莓、鲑鱼、鸡汤面、鸡肉。

10月龄的宝宝可以吃全蛋、碎肉和软饭，12月龄以后可为其供应荤素菜、虾等。10～12月龄时我给兰兰新添加的辅食有多种蔬菜、豆制品、蛋白、鸡肉米粉等。13～14月龄时，兰兰开始吃清炒时蔬。她第一次品尝清炒西蓝花时，看上去十分心满意足。韭菜、葱和洋葱等可在此之后尝试为宝宝添加。

与新食物的第一次接触很重要，应在宝宝有胃口、情绪好时进行。此时宝宝的经验仍然有限，家人不要想当然，按部就班地添加即可。蒸、煮和炖是本阶段优选的烹饪方法。

TIPS

如果前期辅食添加得很顺利，此时添加节奏可以加快。

预防可能出现的过敏反应

婴幼儿期尤其是18月龄之前，孩子的免疫系统尚未完全建立，且食物过敏是婴幼儿过敏性哮喘的主要诱因之一，家人应谨慎添加高过敏性食物，有过敏史的家庭应更加慎重。在宝宝1岁前，家人每次应只添加1种新食物，以便于观察过敏、消化等反应；还应注意防范海鲜、坚果和热带水果，尤其是虾、杧果、菠萝及柑橘类水果、花生、腰果、杏仁等，这些食物不应在1岁前为宝宝提供。随着月龄的增长以及消化功能和免疫系统日渐完善，宝宝的食物耐受性将会逐渐增强，食物过敏反应将会减少。

家人应区别对待高过敏性食物。海鲜致敏的原因是其中富含大量异种蛋白，过敏症状有胃肠道和皮肤症状两种。生长在海洋的海鲜尤其是近海产品会受病原微生物感染，加工时一定要烧熟煮透；有害的金属容易沉淀在头部，应避免给孩子吃虾头和鱼头；宝宝进食海鲜后不要马上为其提供水果。孩子吃水果易患过敏性皮炎（水果疹），有时这与吃法有关，应避免“洗脸式”吃法，这样易将果汁弄到脸上和身上。水果中的致敏物质大部分存于果皮中，削皮、加热或切开后在空气中放置能在一定程度上破坏致敏物质。

到了入园年龄，国内有过敏症的儿童并不多见。我在北京只接触过两个对食物过敏的孩子，入园后需要学校提供特定食物，家长在择园时很伤脑筋。总的来说，这种情况以前很少，近年来国内儿童过敏有增多的趋势。

北美人易过敏，这种情况在儿童当中也很普遍。美国的食物过敏症90%以上由花生、坚果类、鱼类、甲壳类、乳类、小麦、大豆和蛋类八类食物引起，这些也是食品过敏原标记的重点。2016年，加拿大魁北克省患有严重过敏症的儿童人数达6万，幼儿园、中小学校禁止学生带花生和坚果。到了2017年，情况有所变化，有的学区解除了该禁令，原因是认为这一做法无助于问题的解决。卫生部确认的过敏原还有多种，学校委员会、家长和有过敏症的儿童面临着巨大挑战。兰兰4岁半在蒙特利尔入园时需要填写这方面内容，教室墙上有一张每个孩子的过敏食物明细表，也有只吃素食的孩子，园内的门上和走廊墙壁的显著位置都贴着禁止家长携带过敏食物的警告，带生日蛋糕或带食物聚餐时必须考虑这些情况，连过万圣节也有非过敏糖果，甚至连我参加的成人聚餐都会被告知不能带某些坚果。我在听过几位家长遇到的“惊魂时刻”后，真正意识到问题的严重性。比如，有一位家长出门忘记带防过敏反应的针，另一位家长则是没有检查新食物的成分表。

国内婴幼儿过敏的情况也不乐观。流行病史研究表明，近20年来，国内婴幼儿食物过敏患病率从1999年的3.5%升至2009年的7.7%，再到2019年的11.1%。其中，最常见的食物过敏之一是牛奶蛋白过敏。2022年，《中国儿童过敏循证指南》发布，目标是规范针对儿童过敏的诊疗行为。

以往，医学界的一个普遍看法是：除严防接触外，尚无其他有效预防食物过敏的办法。美国国家过敏和传染病研究所资助过一项研究，几年前，该项研究发布了这样一个结论：从小就开始吃含花生的食品会使人对花生过敏的风险大幅降低。该研究所根据上述研究结果，在起草的《美国花生过敏预防补充指南》中，建议家长在婴儿出生4～6月龄时开始，定期食用少量花生制品以防止过敏。另有一项研究显示上述预防过敏策略还适用于鸡蛋。在美国，口服免疫疗法已被证明是行之有效的过敏治疗法，很多对花生、牛奶、小麦或大豆过敏的病人因为这种疗法而逐渐痊愈，有些病人甚至同时对5个过敏原脱敏。

“香喷喷”的大拇指——触觉发展与问题

按照心理学相关理论尤其是奥地利心理学家、精神分析学派创始人弗洛伊德的体系，1岁以前属于口唇期，吸吮需要此时如未得到满足，孩子长大后可能会出现一些问题。在此期间，家人应满足婴儿吸吮的心理需要，而不应去剥夺。比如，我观察到半岁多断奶的宝宝较容易出现频繁吸吮大拇指的情况。

触觉的发展

触觉是肤觉和运动觉的结合，在某些阶段婴儿认知活动中占据着主导地位，尤其是口腔和手的触觉，在婴儿认识和探索事物中发挥着重要作用。

口腔触觉是婴儿出生后发展最快的能力，作为探索手段，其作用十分明显。吸吮小手首先出现，大拇指将会逐渐成为宝宝的最爱。刚开始，宝宝吃的是小拳头或某几根手指，并不十分固定，有时也会吃到大拇指。到五指分化出现后，大拇指逐渐成了宝宝的最爱，不少宝宝就开始专心享用“香喷喷”的大拇指了。前面几个阶段吃大拇指有积极意义，颇令家长欢喜了几回。

本阶段，口触探索和手触探索仍在交替发展。我们经常能看到小婴儿会把拿到手的东西立即放进嘴里，通过口触做探索。在手的探索活动发展起来以后，口触探索才逐渐退居次要地位，并仍在一段时间内作为重要的补充手段发挥着独特作用。在12～18月龄，宝宝的口触探索活动仍会出现，但手触已取代其主角地位。如果此时宝宝仍频繁将物品入口，说明其手的发展不够。

在宝宝1岁大以前，家长不应对其吸吮手指的行为做任何限制。在本阶段的大部分时间里，将频繁吸吮手指的行为称为吸吮依赖亦为时略早，为行文方便，我放到一起介绍。本阶段仍有不少宝宝拿到东西就会往嘴里送，将物品入口此时仍是积极的探索行为，家长不应为避免麻烦而鼓励宝宝多吃大拇指。

宝宝过了1岁，尤其是如果此前一直固定吃大拇指，吃手就成了爸爸妈妈的心事：宝宝的大拇指已被吸得变了形，扁扁的，如果破皮还很容易感染。有的宝宝由于过度吸吮，门牙都错位了。

12月龄的兰兰因为频繁吸吮大拇指，手指变得可怜兮兮的。她是从7个多月大学爬多次受挫后开始吃大拇指的。我观察到半岁多断奶的宝宝也较容易出现频繁吸吮大拇指的情况，类似情况并非唯一诱因，无事可干也是诱因，较多的归因则指向安全感缺失。还有一种情况是由于家人错误地满足孩子而导致：有一次在机场，我看到一个在妈妈怀抱里的女婴不停想去抓身旁的包，妈妈却只顾一次次给孩子往嘴里送奶嘴，这一幕在北美很常见。

我一直犹豫是否采取措施，因为措施本身也会给孩子带来心理负担。有些家长还试过给宝宝戴小手套，这个工具最要不得，会限制孩子手的发展。在兰兰14月龄的时候，考虑到她走路已较为熟练，且近期没有发展其他大运动的目标，我决心帮她戒掉吃左手大拇指的习惯，半天时间就“成功”了。那时候我感觉很不错，仿佛去掉了一块儿心病，还和朋友们分享了心得。

不吃手的生活显然更加美好：大拇指很快恢复原样，口腔更加卫生，更重要的是孩子也不必再纠结于吃手还是做别的事情。然而，“成功”戒掉吃大拇指还不到1个月，兰兰转而开始吸吮下嘴唇了，有的孩子会转而咬上衣领、被角或床单。既然兰兰还是需要吸吮，而且也没影响到日常的探索活动，这一次我就没再介入，这样到她2岁10个月的时候，这个动作就自然消失了。我身边那些曾经吸破、吸扁过大拇指的邻居家的宝宝也都在3岁前顺利戒掉了这个“毛病”。

但是到了下个阶段，将宝宝频繁吸吮手指的行为称为依赖已没什么不合适。此时宝宝吃手的探索需求已不复存在，心理依赖却增强了。当吸吮行为占用手、口的时间过长时，就会影响手和口的探索活动；当嘴巴除了进食而较多用来吸吮手指时，就意味着口触作为探索手段的价值已十分有限。此时，宝宝如仍频繁吸吮手指，家人就要想办法发展宝宝的手部动作和好奇心，以吸引其将更多精力用于探索环境。

频繁吸吮手指能自然戒除当然好。1岁以前，不管是男宝宝还是女宝宝，有依赖物普遍且正常。我在兰兰4月龄时曾尝试给她停用奶嘴，整个过程很自然，并未观察到她有任何情绪上的反应。宝宝走路稳当后，是自然戒除吸吮依赖比较好的时机——此时他们的活动和探索空间更大了，通过手来探索学习的时间也增加了。但是，如果孩子的情绪反应比较激烈，应以情绪的保护为优先。

推荐两个柔性办法，妈妈们可以举一反三：一是使用创可贴，二是涂抹儿童专用的指甲油。后者适合更大月龄、有意志力和有爱美之心的宝宝。找一个合适且信息能被有效接收的机会，妈妈可以这样和宝宝讲：“大拇指红红扁扁的，生病了，需要用贴贴保护一下。”然后剪下窄窄的一条贴上一圈即可。配套工作包括每日做好更换，以及丰富亲子活动、营养餐和保证良好的睡眠等，这样做也许可以在几天内解决这个问题。问题如未解决且发现有更好的操作方法，家人可等待些时日再尝试一次，而不要因此给孩子任何压力。如果此番行动没有收获，那么只要这个依赖并未影响到孩子手的发展，家人就放松面对吧！

兰兰上幼儿园时有个同学，我们认识的时候她刚好5岁。有两次我看到她把手指送到嘴里吸吮，都是当她看到妈妈抱起小妹妹的时候。孩子吸吮手指的原因不尽相同，且随心智的发展有所变化，家人应找到背后的缘由，帮助孩子发展积极情绪，改掉这个习惯。

手部精细动作的发展

皮亚杰认为真正有计划的反应出现在8～12月龄的“二级图式间的协调”阶段，此时婴儿能协调两种或两种以上动作来达到简单目的（实际上，有些婴儿在上阶段末就能做到这一点）。此后将会进入试误探索图式，家人将要面对的是一个更加好奇的宝宝。

在同物体的反复接触中，婴儿的兴趣从自身动作转向动作对象。探索物体的特点与运动，将双手的运用与解决问题相联系，这些是本阶段激动人心的重要发展。本阶段亦是协调使用双手发展的关键期，婴儿将会继续探索手的运用及其结果，模仿行为（包括延迟模仿）也将会频繁起来。1岁以后，宝宝的双手将逐渐能熟练、灵活、准确地运用物体。

7～8月龄的宝宝已能用食指和拇指配合完成一些精细动作，双手间转移物体和使用手势也较常见，对动作作用于物体已做了诸多尝试。到了本阶段，他们对动作带给对象影响的观察和体验加深了，对事物特点的探索和认识也随之深化。8月龄前后，他们已尝试着反复扔掉手中的玩具，并用眼睛看着、用手指着被扔掉的玩具，掉落时发出的声音和物体的变化令他们兴奋。家长对此不仅不必过度反应，还应做进一步引导，让宝宝体会更多有趣现象。如果某一天宝宝扔东西只为引起家人注意，此时家人就可以考虑换一种反馈方式，并要继续提供适当的环境供宝宝探索。有了这些积累，宝宝将会逐渐尝试去利用事物，以寻求解决问题的新方法，从而把手的利用与解决问题相联系。

宝宝对动作和结果之间的联系表现出具体期待。八九个月大的兰兰通过尝试发现拍健身架上的太阳、按音乐玩具的按钮会发出声音，有时她会用锤子敲击这些按钮。1岁前，她对电脑兴趣浓厚，尤其爱敲键盘。我给她找来个旧键盘玩儿，没拍几下她就没了兴趣——没有屏幕的呼应一点儿都不好玩儿，敲击键盘本身此时已无法使她满足，因为动作没有引起预想的结果。可是，半岁的宝宝拿到键盘则会兴致勃勃地玩上好一会儿呢！当然，键盘并不适合小宝宝玩耍，这里只是用来对比这种变化。

本阶段练习手部精细动作的互动游戏更加多样。游戏的目的一是促进眼手协调和协调使用双手，二是发展探索行为和解决问题的能力。新游戏开始前爸爸妈妈要给宝宝做示范，活动中要多和宝宝互动，活动本身和亲子互动对促进宝宝手的发展都很重要。爸爸妈妈还要设计和调整游戏的难度，给宝宝适应新游戏的时间，多鼓励宝宝尝试。

比如，陪9月龄的宝宝玩“放进去和拿出来”的游戏时，爸爸或妈妈先用两只手把玩具一件一件放进容器，再用两只手把玩具一件接一件全部拿出来，然后拾起一件做出重新放回的动作，并鼓励宝宝也这么做。这个月龄的宝宝喜欢模仿，在爸爸妈妈的鼓励下很快就会做出同样的动作。在反复玩儿的过程中，宝宝的反馈会越来越多，并充满乐趣和成就感。

另一个游戏是“送玩具回家”：把大小玩具分别放入大小适合的容器中。开始时，宝宝会试图把大玩具装进小容器或者相反，家人可以一边示范一边鼓励宝宝尝试，在自我探索和尝试后建立起来的经验对宝宝更有价值。铃铛对敲、触摸感知、套环、打电话、塑料钥匙串及插锁眼、捡球、精确敲击等也适合本阶段。

本阶段兰兰手的动作发展如下。

8月龄	开始用饭勺吃饭，能把勺子放入嘴里；学会拍手；通过更换玩具开关，发现按钮和一个动物配件的联系
9月龄	学会抓挠和敬礼，用食指指东西和用锤子敲击玩具按钮
10月龄	抠鼻子；翻书页；打哇哇（用手心对着嘴巴，同时发出声音）；用食指表示1岁
11月龄	第一次用勺子挖到一勺香蕉，基本能在碗里用勺子碰到小块食物；连续把小球投入玩具篮筐，熟练地把球放进和拿出篮筐；模仿家人擦地的动作，用自己的尿布擦地；自己脱袜子
12月龄	全手掌握笔并留下笔道
13月龄	可以独立拧紧瓶盖；在垒积木的游戏中，可以将积木垒高
14月龄	能用勺子独立吃饭

辨识大小和形状——空间知觉的发展

知觉是客观事物直接作用于感官而在头脑中产生的对事物整体的认识，是各种感觉协同工作的结果。刚出生的婴儿感知觉尚未分化，随着单项感觉能力的发展和成熟，跨感觉通道的感知能力很快也将得到发展，并将成为婴儿探索世界的重要“武器”。其中，首先是视听协调，很快又会出现眼—手—脑的协调。当婴儿感觉到的事物个别属性越多越丰富时，他们对事物的感知也将更加准确和完整。

知觉对儿童认知发展作用很大。知觉可分为空间、时间、运动知觉及错觉，具有整体性、选择性、恒常性和理解性，对信息整合和概念形成等有直接影响。其中，空间知觉是对物体的大小、形状、距离、方位等空间特性的知觉。

家人在宝宝出生3个月后就能观察到这方面的发展。此时婴儿已具有分辨简单形状的能力，很快他们对不同大小的玩具会以不同的手形应对，如5月龄的婴儿会用手的动作和是否需用双手配合来对抓握对象做出反应。此时也是婴儿双眼视觉（立体视觉）发展的重要阶段，婴儿的知觉开始具有大小恒常性，形状知觉能力也在发展。除了双眼视觉，影响大小和形状知觉的因素还有运动觉、触觉、参照物、生活经验等，这些在婴儿出生后第1年中稳步发展。婴儿逐渐能够根据有限信息建构图形。1岁以后，宝宝已能较为精准地区分物体的大小和形状，比如能按大小摆放套环组件和区分一些基础形状。以平面图形为例，由易到难的顺序大致为：圆形、正方形、三角形、半圆形、扇形、长方形、梯形、五角形、不规则图形等。但注意，难易顺序不一定是宝宝的辨识顺序。从本阶段后期开始，家人可尝试进行这方面游戏。一块式形状拼接图就是个很好的工具。

人们依据运动线索、单眼和双眼线索来判断距离远近。“视觉悬崖装置”实验表明，半岁甚至更小的婴儿已具有深度知觉（距离知觉）。运动能力的发展（比如爬行）与运动经验的积累对婴儿深度知觉的发展和解决其他空间关系任务都有积极影响。

婴幼儿的方位知觉主要表现为对上下、前后和左右方位的辨别，发展顺序也基本如此。在本阶段结束前，部分婴儿将能辨别上和下。到了下个阶段，大部分宝宝都能辨别上下和前后。左右概念则一般要到四五岁时才能辨别。有的宝宝2岁半就能穿对鞋，但此时一般尚不能正确命名左和右。除以自身为中心进行方位定位，婴幼儿有时也会以周围物体（比如带靠背的凳子）和听觉提供的信息作为定位时的参照。

言语的发展

言语是人们用语言进行交际的活动和过程。婴儿言语的发展又称言语习得——对母语口头语言听说能力的获得，将经历言语准备期、发生期和发展期3个主要阶段。言语准备期也称为前言语阶段，指婴儿从出生到说出第一个具有真正意义的词之间的这段时间，通常是出生后第1年。本阶段是婴儿言语发展的跨越性阶段，言语的发生和发展可能会集中出现。语言的五个成分包括语音、语法、语义、句法和语用。对语音和语义的理解是本阶段发展的重点。表达需要从自发到自觉的过程较短，而发音器官和内容表达从不完善到完善的过程则较长。家人应保持耐心，继续给宝宝积极支持。

言语准备期

言语准备期的结束时间取决于婴儿何时说出第一个有意义的单词。

发音进入学话萌芽阶段。经过反射性发声阶段和咿呀学语阶段（4～8月龄），本阶段将进入学话萌芽阶段（9～12月龄）。4.5月龄的兰兰能长时间“唱歌”，尤其是嘴里有玩具的时候，很是自我陶醉；7月龄时，她第一次无意识地叫“爸爸”和“娃娃”。进入本阶段后，连续发音活动增多，婴儿可连续发重复音节和不同音节，音调也更加多样化，并开始模仿发音。兰兰在9月龄的后两周发音增多，比如

“gong”“ke”“gu”。有的宝宝说母语前会说一段时间“火星文”，而且是成段和有声调起伏的，只是没有明确的意义和指向。

词语理解的准备也在悄悄进行。半岁以前，所谓婴儿能“听懂”指令，主要是基于对情境的反应，而非对词语的确切反应。半岁以后，婴儿对情境的依赖降低了，如7月龄的兰兰能明白“蹬腿”的指令，8月龄时能明白“过来找妈妈”“给妈妈小手”等指令。用手指物是言语理解发展的标志动作。8月龄的兰兰用目光注视回应提问；9月龄时能用手指着回应问题，比如“爸爸在哪里”“玩具鸭在哪儿”“兔子在哪儿”。此时的她喜欢认物，手指有如一根魔法棒。有研究显示，8月龄的婴儿平均能听懂十几个短句。8～16月龄是语言理解的快速发展期。

言语的发生与发展

宝宝快到1岁时，表达的需求日益迫切，很可能会在某个时刻突然开口。出生后的第1年里，家人要经常关注孩子的表达方式和回应孩子的表达，这种一贯的、积极的方式也许就能促使宝宝开口。

宝宝说出第一个与某一事物有特定指代关系的母语中的一个词标志着言语的发生。我国心理学家认为，婴儿言语发生的起始时间基本在10～14月龄。出生后10个月的第4天，兰兰开始说话。那天傍晚我们在海边看过夕阳，晚上在一张陌生的大床上，她轻轻拍了拍我，温柔地叫我“妈妈”。

在开口说话的最初阶段，宝宝词汇量的扩展十分缓慢。永难忘怀的那一幕发生后，接下来的3个月里兰兰仅学会5个词。那时我一边拍球一边发“啪”的音，她看得很认真，嘴唇也在动，却发不出音来，但我相信她对这个词的理解丰富了。10月龄时，兰兰除能叫“妈妈”，还能叫“爸爸”“奶奶”；12月龄时，能说“蛋蛋”和“瓜瓜”。

言语的发生过去3～4个月后，词汇量的增长将会加快。13月龄的兰兰词汇量多了起来：能说自己的小名（发音不准），以及儿歌《小白兔》3句中的最后一个字。一天，当我说“小白兔，白又”时，她补充了“白”，她以前不会发这个音。有一天晚上，我抱着她看月亮，刚看到她就高兴得要喊出声来。我鼓励她说“亮亮”，她说“酿酿”，真好听啊！从这时起，她开始组词了。开口说话后，词汇量的增长时快时慢，但总的趋势是词汇量的增加会越来越容易，这一点在下个阶段将会普遍有所体现。

围绕宝宝熟悉或感兴趣的人和物、贴近其已有知识和经验来展开话题，对鼓励宝宝开口十分有益，将事物的名称与特征、功能和组成联系起来等方式对宝宝学习新词汇有帮助。一天早上醒来，兰兰被爸爸抱到客厅，爸爸让兰兰和“小朋友们”（毛绒玩具）问好，兰兰说“好”。这个字我教了好几次，那天她第一次勇敢地说了出来。谈论眼前事物和正在做的事情时孩子会比较放松，多日的困难可能会迎刃而解。那几天，她先后学会了狗、羊、牛和小猫的叫声，当看到蜜蜂的图片时马上学老虎叫，看到其他不知道怎么叫的动物图片也一律学老虎叫。晚上入睡前玩接字游戏，兰兰接最后一个字：白日依山——尽，黄河入海——尽，欲穷千里——吗，更上一层——佳，然后便呼呼大睡。一天晚上在外面玩儿，兰兰第一次对别人的奶奶也叫“奶奶”，这时她对这个词的理解便扩展了——以前让喊阿姨会叫，让喊别人奶奶从不喊。那天入睡前她还试着叫叔叔为“实实”。当第一批词出现时，婴儿开始真正掌握母语的各种发音。

言语发展的个体差异较大，但基本过程和引导方法是共通的。不少宝宝此时仍习惯用动作表达，这很正常，家人应继续积极回应和鼓励。学说话是一件容易让宝宝产生挫折感的事，及时的鼓励和表扬十分重要。

手势语言的增多

非语言技能的延伸能促进婴儿表达性语言的发展。从本阶段开始，婴儿使用非言语的反应（如手势和面部表情）多了起来。普遍使用的手势有陈述性手势和祈使性手势，比如，喝奶前兰兰会指着我的大腿，意思是让我抱着她喝。手势语言交流有助于发展婴儿的沟通技巧和对词汇的理解，并能促进认知发展。加州大学的研究者称，11 月龄时学习了手势语言的婴儿，几个月后语言能力会超越同龄人，这种语言优势可一直保持到 3 岁。美国的 signing time（手语时间）网站为婴幼儿学习手势语言提供了范例，家人也可以自己创造一些手势语言。

环境的影响

环境和主体的相互作用对儿童言语的发生和发展有重要作用。在言语的发生和发展过程中，宝宝始终需要家人的帮助。家人和小伙伴为宝宝提供了一个社会化的学习环境，尤其是如果父母和口齿伶俐的哥哥姐姐能根据宝宝的情况调整自己的讲话方式，用短小简单、音调较高且语调多变的句子加上相应动作与宝宝讲话，用问问题和提要求等方式鼓励宝宝说话，陪伴宝宝一起认识玩具和其他事物，就创造了一个支持性的语言学习环境。哥哥姐姐在这些方面的影响常会超越父母。

有一种现象叫联合注意，即追随别人的注意。这项能力在婴儿期能够获得持续发展，婴儿的注意从大人的面孔转向手是联合注意的先兆。有研究表明，婴儿和母亲发生联合注意的次数与婴儿词汇的使用呈正相关，联合注意会影响后期语言的发展。

TIPS

在本阶段甚至下个阶段的大部分时间里，说话能力并非言语发展的最重要标志。相对而言，语言理解能力的发展在出生后头两年更加重要。也就是说，如果宝宝此时能逐步理解家人的话语，我们就不需要过于担心。

好奇宝宝

在支持性环境里，好奇心是整个婴幼儿阶段持续获得发展的一项心理活动。好奇心受到激发和保护的宝宝，将会发展出良好的学习兴趣、能力以及积极的情感体验，这些对其未来成长影响深远。作为孩子成长的重要目标，在本阶段，家人并不需要为好奇心的发展付出额外努力，因为绝大多数宝宝都怀有卓越的好奇心。

不同阶段的体现

好奇心的发展与各项感觉和动作的发展密切相关，在不同阶段表现上差别较大，但不外乎是探索物品、新动作以及身边的人和自己。满月前后，婴儿对人脸很好奇。两三个月的婴儿对自己的小手产生了浓厚兴趣。上个阶段，他们发现了自己的小脚丫和美妙的食物，学会翻身、坐甚至爬，视野更开阔，动作更灵活，好奇的对象扩展至周围事物，开始通过反复动作来确认事物及自己的感受。本阶段和下个阶段，随着爬行、站立、行走本领的逐一实现和日常活动范围的进一步扩展，宝宝将有更多机会去接近更多事物，好奇心随之愈发强烈，开始利用工具探索事物和解决问题，注意力、记忆力、观察力和理解能力等亦将随之得到发展。

宝宝的好奇心是家人了解其兴趣和帮助需求的窗口。8月龄的兰兰对家人的鞋袜、自己的袜子，自己的脚丫、胳膊肘，电脑显示器、键盘和闪烁按钮，爬行垫和地板的边界等都表现出浓厚的兴趣。她还经常兴致勃勃地转换玩具开关和其他按钮，通过反复尝试还能发现一些规律，比如一个按钮和一个动物、动作、声音的对应关系；大玩具能玩较长时间，对小玩具兴趣短暂；对认物兴趣明显。这些与好奇心密切相关的兴趣延续的时间很长，到了13月龄时，她对脚、鞋、尿不湿、鼠标、键盘等仍然很感兴趣。不仅是精细动作，学习大运动时也会受好奇心的驱使。有的宝宝很早就学会了爬，其中有一部分动力来自对鞋或其他事物的好奇，这种好奇心有时也许会强烈到可以忽略爬行困难的程度。本阶段末，兰兰很喜欢头顶冲地在双腿间倒着看东西，似乎觉得很新奇。宝宝的这些表现就是在提示家人他们对什么感兴趣和需要哪些帮助。

在好奇心的驱使下，本阶段宝宝开始主动发展模仿能力。有时模仿家人的言行本身就是在满足自己的好奇心，令他们有一种骄傲感。此时家人激发宝宝的兴趣变得容易，这在出生最初几个月是不可想象的，尤其是如果对这种引导和激发本身就有所设计的话。

应对方式

家有好奇宝宝值得高兴，家人应保护和帮助宝宝发展好奇心：尽可能满足其好奇心，提供有助于发展好奇心的环境，并陪伴孩子一起探索。

提供探索的环境并不难。对于这个月龄的宝宝而言，家里到处都有可探索的资源，客厅、厨房、阳台等都是探索宝地，一些旧物也能重新派上大用场。其他场所和场合，比如公园、马路、交通工具、聚会等对宝宝也有很强的吸引力。本阶段家人并不需要带宝宝去特殊或较远的地方，但只要时间允许，就要多带宝宝出门接触新事物，引导宝宝观察，鼓励其动手。

亲子阅读和做游戏能够经常提供完成一点小任务的机会，帮助宝宝发展自己。一旦他们对某个事物或某件事产生了浓厚的好奇和兴趣，在安全的前提下可让其独自探索。那将同时是宝宝独自探索和妈妈享受闲暇的美好时光。

好奇心有时会带来一些破坏，家人应保持温和与耐心。比如，宝宝会把搭好的积木一把推倒，把家里搞得乱七八糟。婴儿需要通过不断尝试去探索事物及其规律，好奇心将会在这个过程中得到深化和发展，并会积累起新的心理资源和发展能量。

认物先锋

宝宝的好奇心太强了，妈妈常为此感动：他们迫不及待想要了解周围的一切，对有妈妈陪伴的认物时光十分珍惜，积极配合。有的妈妈觉得宝宝还太小，教了也认不出记不住，或者因为宝宝反馈不明显便匆匆放弃。如果妈妈多去体会宝宝的好奇心，理解好奇心和吸收速度之间的距离，就会多一点儿耐心。宝宝能坐稳后，视野更开阔，好奇心更强烈，此时家人就可以开始尝试带宝宝认物。对于已经学会翻滚和坐爬的宝宝来说，认物能很好地满足其好奇心。当家人不断指着一个个东西讲出一个又一个名称时，便为宝宝开启了一个新的世界。很快，宝宝将会用自己的食指到处指东西，并热切等待着家人的回应。

本阶段适宜宝宝学习认物，蔬菜、水果、粮食、动物、身体器官和玩具等是很多小宝宝认识的第一批事物。婴儿具有加工整合信息和分类编码的能力，9～12月龄的婴儿就能将食品、动物、交通工具等分别归类。认物的场合无所不在——家里和院子里、超市和商场、公园和动物园。除了实物，色彩鲜艳的挂图也为宝宝认物提供了便利。9月龄的兰兰认识了大白菜、葡萄和耳朵；10月龄时识物速度加快，1个月内认识了大约50种物品，会指认舌头、头发、五官、胳膊和腿。

接触实物的体验是其他形式所不能替代的。13月龄的兰兰爱看一本画着很多水果的图画书，里面有整个和切开的香瓜和西瓜。我隔了一些时间问她两次哪个是西瓜，兰兰都指香瓜，于是我带她去厨房看西瓜，晚上再问就指对了。因此，我们应尽可能为孩子提供接触实物的机会。

家人应随时给予孩子热情反馈，了解孩子的接受情况。将一种事物告诉宝宝几次后可让宝宝自己去指认，家人了解后可及时做出调整。此时多数宝宝已会用手指东西和爬行，他们很乐意爬过去指。如果指的结果被家人认可，就会流露出小小的骄傲，十分可爱。家人要多夸奖宝宝，以激发其好奇心和探索热情。如果没指对，妈妈给予确认就好，也可以尝试告诉宝宝所指物品的一两个特点。

随着宝宝识物的增多，家人可逐渐增加一点儿难度。比如用图片玩从局部识别整体、找出隐蔽事物、在相似中找不同以及在不同地方找相同事物等，这些也是提高宝宝思维能力的好方法。本阶段我尝试了两种方式：一是把图片和现实生活中的事物统一起来；二是指认不同地方的相同事物，比如两本书中样貌有差异的小猴子。有些方法在这个阶段对宝宝来说还比较难，在下个阶段可以做更多尝试。

认物活动除能满足好奇心，还能推动记忆力和其他认知能力的共同发展。

注意力的发展

俄国教育家乌申斯基曾说：“注意是心灵的天窗。”注意是心理活动或意识活动对一定对象的指向和集中，是心理过程中的一种状态。注意力好的孩子做事比较专注，接受能力一般也相应较好。

婴儿注意力的发展是从无意注意（不随意注意）到有意注意（随意注意）：前者自然而然发生，无须任何意志上的努力，先天的定向反射将头转向声源是无意注意的初级形态；后者是人所特有的一种心理现象，受主体内心心理活动控制。随着宝宝的成长，有意注意的发生将会越来越频繁。

为确保婴儿的注意力得到发展，家人应注意自身呼应方式。新生儿会盯着红球或床铃看不短的时间，两三个月的小宝宝会盯着爸爸妈妈看上好几分钟，这些都是注意发展的表现。如果宝宝正专注地看一个东西、玩某个玩具或做其他正常活动，大人就不应随意打断他们。同事说她10月龄的儿子正在专注地玩儿，这时奶奶过去从孩子手里拿走玩具想要示范，有时甚至把玩具拿走，孩子就非常着急和生气。这种方式不仅浪费了注意力发展的机会，也影响了孩子的好情绪。家人不仅自己不要去打断，还要避免其专注活动受到其他干扰，包括有人来访时也应允许宝宝继续进行自己的活动。注意力的培养是本阶段育儿工作的重要目标之一，避免打断玩耍中的孩子是有效方式之一。

亲子互动对促进宝宝注意力的发展十分有益，游戏活动和陪伴阅读等均能潜移默化地促进宝宝注意力的发展。亲子互动和打扰宝宝是两回事，在互动过程中家人尽量不要随意中断，因为家人的持续参与能够深化宝宝对事物的认识，对宝宝注意力和好奇心等的发展都十分有益。8～9月龄，家人可以陪宝宝玩捡球和找玩具的游戏；10～12月龄，可以一起玩捡豆豆、读图等游戏。每次游戏时间视宝宝状态而定，并可多次重复进行。宝宝的注意时间此时虽较为有限，但经常会一次探索和尝试不短的时间，有时甚至可能超过20分钟。注意力的稳定性在这个过程中便得到了增强。

玩具是婴儿生活中的重要“伙伴”，也是游戏和培养注意力的重要载体。对新玩具，家人可观察宝宝的反应，不适合的先收起来，适合的就要反复陪着他玩儿。对于游戏内容，家人可根据宝宝的反应进行丰富或简化，使宝宝能参与其中，在参与中逐渐掌握直至能独自玩耍。到了本阶段后期和下个阶段，拼图对注意力培养的作用将会有明显体现。

简单整洁的环境对注意力的发展也有益处。育儿家庭一般都有很多玩具，如果一下子把玩具都给孩子，很容易分散他的注意力。家人应根据宝宝的发展需要和兴趣提供和更换玩具，一次只给宝宝提供一两种玩具，也可以示范将两种玩具结合起来玩儿。当玩具越来越多，经常整理、存放和更换很有必要。这个阶段的宝宝转移注意力本身就很容易，比如在人多的场合，经常是吃奶时听到说话声甚至脚步声就会坐起来看看，杂乱无章的日常环境也容易对宝宝造成类似“效果”。相对而言，经常且深入地进行亲子互动对注意力发展的积极影响更大，环境整洁与否对日常习惯养成的影响更大，如果两者都做不到，就极有可能会损害宝宝注意力的发展。

怎样判断宝宝注意力的发展呢？人们常用前面提到的联合注意来评价宝宝注意力的发展。比如，宝宝从家人的表情、手势动作和手中的物体获得外界信息的情况，这一点体现着社会理解能力和注意力的双重发展。

另一个比较直观的标准是看注意维持的时间，维持时间越长，注意力越稳定。所谓的长是相对的，本阶段这种表现并不十分明显。在出生后的第1年里，多数时候婴儿的注意力都比较容易被转移，这是该阶段婴儿的普遍特点，此时他们的选择性注意力较差，但家人应有节制地利用这一点，主要在孩子出现消极情绪时使用。到了第2年尤其是进入第3年后，判断标准将会发生变化，宝宝注意稳定性的特点和倾向将会越来越明显，这与他们中枢神经系统的成熟有关。如果家人认为宝宝活泼捣蛋的程度已影响到其注意力的发展，那就更要和宝宝多互动并鼓励其探索。

模仿标兵

模仿是宝宝天生具有的一种重要的学习手段。婴儿通过模仿来学习，表达他们对被模仿者的爱恋，并由此获得归属感。

模仿能力开始发展

爱模仿是小宝宝的天性，刚出生的新生儿就有可能模仿成人的表情或面部动作。模仿手部精细动作是模仿能力的一次飞跃。

约在8月龄之前，宝宝还几乎不会有意识地模仿。从此时开始，他们能逐渐体会到可借助动作和工具使对象发生变化或解决某个问题，加之手部动作以及好奇心等的发展，父母和其他看护人的某些动作和语言开始显示出非凡的吸引力。有了这些积累，婴儿将开始主动模仿。当他们发现模仿还能吸引对方关注时，模仿的动机又得到了丰富和强化。到本阶段后期，宝宝将会更加喜欢模仿家人和其他看护人的动作和发音。14月龄以后，其模仿能力将会加速发展。

模仿内容

除了表情和动作，婴儿的日常模仿内容还有声音和规则等。在本阶段，动作、声音和一些情绪情感的表达是其模仿的主要内容，其中工具性行为如扫地、擦地、按开关，情绪情感表达如拥抱和亲吻等。与拍手相类似的动作有特殊意义，和言语的发展亦有联系，属于肢体语言，如挥手表示再见、拍手表示欢迎或夸赞、双手握拳表示谢谢等。这些亦是本阶段宝宝的模仿重点。声音方面，8月龄的兰兰和家人学会了抽鼻子和老虎叫，此后她对声音的模仿多了起来；9月龄时爱模仿大人咳嗽；后来又学会了狗、羊、老牛和小猫的叫声。

婴儿对动作的模仿最初有一个学习过程，家人做示范时应有所设计。尤其是肢体语言类动作，家人更要将其与情境联系在一起，以便宝宝理解意义。比如妈妈在爸爸进门的同时拍手，并用语言和其他亲昵动作示意，这样宝宝就能理解拍手有欢迎的意思。在我的持续示范下，兰兰学会了用拍手和挥手来表示欢迎和再见。第一次看我拍手时，她并没有模仿，只是一副很高兴的样子。后来才开始专注地看，她主动做这个动作是在我连续示范两个多星期后开始的，那时她8个半月大。愉快的气氛能激发宝宝的模仿兴趣。12月龄的兰兰和几个邻居家的小孩子很喜欢看幼儿园的小朋友做操，现场会跟着手舞足蹈几下，回到家还能做一点儿看过的动作。

到了12月龄左右，婴儿会进一步模仿语言和解决问题的过程，比如踩凳子够物和盖瓶盖等。

模仿的对象

婴儿的模仿将经历从非选择性到有选择性的过程，这无疑对模仿对象（即示范者）提出了要求。家人应把好关，给宝宝提供一个好的环境。

婴儿的主要模仿对象包括家人、阿姨、日托机构看护人、小朋友、邻居、书里的人物以及动画人物等。对于和宝宝相处时间较长的人，妈妈要多与其沟通。父母作为宝宝的主要示范者，应不断加强自身修养，随着孩子慢慢长大，这种影响将会逐渐显现。如果父母能经常意识到这一点，就会深入地做些反思和调整。婴儿对成人的示范可能会出现过度模仿，这有时是因为他们的认知和理解水平还较为有限。

除了家人，宝宝也很乐意模仿同龄人和同性的行为。小朋友之间的模仿很厉害，我看到过一位妈妈教孩子擤鼻涕怎么也教不会，她就请来大一点儿的小朋友示范，结果她的孩子一下就学会了。

延迟模仿

由于延迟模仿能力需要建构、储存和提取心理符号，因而它的出现被认为是婴儿表象记忆和再现能力初步成熟以及观察学习能力提高的标志。对于延迟模仿出现的时间，研究者有不同观点。一般来说，9月龄的婴儿开始出现延迟模仿，不少婴儿将会在本阶段表现出这种能力。

TIPS

1～2 岁是延迟模仿能力迅速发展的时期。

“请关注我”

在本阶段，宝宝的社会交往能力有了新发展。他们会频繁吸引家人的关注，比如看到家人走近时会兴奋起来并伸手求抱。逐渐地，他们不再满足于仅仅吸引家人的注意。同事9月龄的儿子在外面时，邻居和他的奶奶说话，他在一旁不断发出“啊”的声音来引起邻居和小朋友的注意。

什么举动是宝宝在期待关注

很少接触小婴儿的人大约会好奇：不会讲话的小家伙如何吸引家人并与家人互动。如果家人也认为无法和宝宝进行有效沟通，那么对宝宝出生后第1年的育儿生活会带来消极影响。这种认识也说明我们还不够细心，对小宝宝还不够了解。其实从一开始这一点就不是明显障碍，尤其是进入本阶段后，这一“障碍”更加微不足道。多数婴儿此时只会说有限的几个词，但这毫不妨碍他们去吸引家人注意，比如8月龄的兰兰会用拍手和发声等方式来主动吸引我的注意。

小婴儿吸引成人关注的方式有做动作、注视、发声和其他互动等，本阶段由于语言表达能力还很有限，他们对动作的使用仍然较多。约12月龄的宝宝喜欢扔东西，重复次数多了，他们发现扔东西还能吸引家人的注意，于是又去做新的试验。他们还很喜欢摆弄玩具，一会儿放进嘴里，一会儿又扔到一边，似乎同时还观察着家人的反应。有时他们所做的一切似乎都是为了吸引父母的注意。迅速发展的模仿能力和模仿行为成为宝宝吸引家人关注的新“武器”，他们似乎都能在短时间内观察到它们的作用。

注视家人有时也是宝宝希望获得关注的信号。从八九个月大开始，宝宝对家人的积极关注和评价有了明显期待，这一点建立在家人对宝宝不断重复的热情反馈之上，是宝宝成就感的最初体现之一。8月龄的兰兰能明白一些动作指令，当她按请求做出后，便高兴地看着我，期待着我的关注和夸奖。这时，我就会立即夸奖她。9月龄时，兰兰对识物很有兴趣，每次较肯定地指认后都会看着我，好像在等我夸她。这种反馈多起来以后，得到夸奖似乎也成为她日常活动的动力之一。

宝宝有时还会试图打断父母的谈话，尝试模仿家人的发音并用声音吸引家人注意。同事9月龄的儿子在家时，会用咳嗽声打断家人的谈话，或用假哭吸引妈妈的注意。

有些行为似乎并不那么直接，但也是宝宝在寻求家人关注。比如，兰兰13月龄时，有很多次爸爸上班出门前她不停拿书要爸爸读，不知道是不是不愿意让爸爸出门，希望仍能得到爸爸的关注。家人和孩子之间的关注是相互的，当某个人给予孩子较多关注时，孩子也会较多去关注那个人。

家人给予关注的正确方式

父母通常都能在宝宝的饮食起居方面给予及时关注，但这些还远远不够，满足宝宝的情感发展需求也很重要。就当下的物质环境而言，宝宝的日常生活并无多大区别，但能否获得情感上的满足却会给孩子的未来带来巨大影响。家人的高质量陪伴本身就是一种关注。宝宝在亲子互动中除能获得安全感，也同时收获了关注。

此外，家人关注宝宝还可以有很多表达方式，除了响应其需求，也可以反过来给他们布置一点儿任务。在本阶段的最后1个月，有一次我想休息的时候兰兰却想让我陪她玩儿，我就让她给我捶捶腿，她就轻轻地给我捶腿。然后我又让她给我拿根香蕉，她就走到餐桌边比画，奶奶给了水瓶等四样东西她都不要，最后拿了香蕉给我。

为引起家人重视，宝宝有时也会做些捣蛋行为，最初这可能仅仅出于好奇。我对兰兰出现的消极行为通常有两种反馈方式：一种是一发生就立即表示不悦，比如她揪头发和揪花，我会用语言制止并把她抱走，这样她和别人、花草就能和平相处；另一种是视而不见，比如掐人，她自己可能并未意识到这个行为，我也没有提及，这种行为也就没再出现。如果家人的响应和反馈方式不恰当，将会因此面临新的难题。爸爸妈妈不妨记住这句表达得不够严谨但有提醒作用的话：家人的关注之处可能会引起宝宝的注意，家人的过度关注之处可能会引发宝宝过度试探。当然，随着月龄的变化，反馈方式也要随之调整。

婴儿的恐惧

婴儿有本能的恐惧，多半由大的声响、位置的突然变化以及疼痛等引起，有时也会由家人的消极情绪引起。恐惧是人的基本情绪之一，尽管恐惧有其积极意义，但无法否认的是，恐惧作为一种消极情绪体验必然会引起紧张，造成逃避和退缩。日常生活中我们更习惯使用“害怕”“担心”等词而不是“恐惧”，但后者往往能使我们更好地理解和帮助孩子。

恐惧开始出现

恐惧情绪出现得很早，但在百天以前，小婴儿的恐惧表现并不明显。那时他们主要为温饱“奋斗”，与周围的人或事的互动才刚刚开始，一切还很懵懂。当小脑袋竖直和与外界互动增多后，一个不同的世界开始呈现在他们面前。

上个阶段，婴儿的恐惧情绪明显起来。4月龄的兰兰对视线外物体发出的较大声响开始表现出恐惧；5月龄以后，她对视线之内但没有“防备”（有时似乎是超出预期）的声音也开始害怕。比如，5个半月的时候，一天晚上爸爸邀请兰兰看“会说话的汤姆猫”游戏。因为这只猫（Tom）能模仿声音，兰兰哭一声Tom也哭一声，兰兰哭两声Tom也哭两声，这下兰兰一直哭到爸爸不得不把Tom关掉。也许她是既恐惧又愤怒吧！

恐惧在本阶段的表现

能说会动的动物玩具对于婴儿来说是有生命的，令他们有些畏惧，这种畏惧有时似乎又是由于婴儿对这一点（它们是否有生命）感到困惑。兰兰对能说会动的动物玩具很警惕，那些不同寻常的声音或者说“生命”令她感到不安。当她看着聪明鸭玩具边走路边说话边下蛋，会立刻含上大拇指或远远离开；第一次听到塑料小熊和小白兔被捏响时，也在瞬间含上了大拇指。本阶段快结束时，一天，一个大姐姐来看她，送给她一只能发声的大白兔玩具，本来她很有兴趣想要摸一摸，但一听到里面有说话声便马上走开了。那时，她每天兴致勃勃地在院子里看小兔子，但对能说会动或体型超大的大白兔玩具却总是望而却步，在家里她只喜欢接近那只淡粉色的编织小玉兔。

宝宝们的恐惧对象有较明显的个体差异。兰兰对声音比较敏感和警惕，在本阶段反应也更加明显。突然出现的敲门声、电话铃声通常会使她紧张，家人要立即告诉她是谁来了（打来电话），直到看着来人进门后她的紧张情绪才能释放。婴儿对水的恐惧亦较为普遍，相关内容请见“找回快乐的洗澡时光——克服对水的恐惧”。

在本阶段，婴儿会出现与知觉、经验及特定气氛相联系的恐惧，即由于不愉快的经历和经验而引起的恐惧。随着记忆力的发展，恐惧的发生提前了。两天后当我再次拿出能被捏响的小熊和小兔时，还没出声兰兰就开始不停眨眼，直到确认不响为止。1岁生日那天，当全家人围在她周围齐唱生日歌时，她差点儿哭出来，这可能是因为气氛有点儿夸张。除此之外，对意外处境的无力感、排便、冲马桶、做梦、去医院等统统可能会令宝宝感到恐惧，这当中似乎也有想象力的影子，婴儿也可能会表现出由想象引起的预测性恐惧。8月龄体检那天，爸爸抱着兰兰刚走到医生房间门口她就立刻大哭起来，持续了将近20分钟。等我办完事返回后，她的情绪才有所好转。出生以来，她还从未一次哭过这么长时间。听爸爸这么一说我有点儿后悔，体检前不应该离开她。医生是陌生人，医院是让人疼痛（注射疫苗）的地方，这两点加起来已足够可怕。14月龄的一天，我带她搭乘公交车，上车后她很紧张，要我抱，似乎陌生的封闭空间和陌生的乘客对她很有压力。同一天，她对动物博物馆展示的大老虎标本却完全不害怕。

陌生人焦虑和分离焦虑是与依恋相关的两种恐惧。本阶段是认生反应的高峰期，由此导致的恐惧将会不时出现。不少宝宝此时还会表现出分离焦虑，和父母分离的恐惧有时也很强烈。

如何应对宝宝的恐惧情绪

家人应避免使宝宝的恐惧情绪频繁出现甚至成为习惯反应。

在恐惧高峰期，一方面家人不应让宝宝反复接触同一刺激源，以逐步减轻其反应强度；另一方面应给宝宝营造安全、愉快的环境和氛围，鼓励孩子多在其中活动。此外，增加环境刺激、多接触一些人和物有助于宝宝逐步放松心情。家人安排和引导得当的话，一般的宝宝害怕几个月就会明显减轻甚至消失。

成人不应吓唬宝宝，也不应表现出自己的恐惧。成人的吓唬有时是为了让到处乱爬的宝宝听话，比如对孩子说“打雷好可怕”。我们很容易就能观察到宝宝多么需要安全感，听到打雷有的宝宝已经有点儿紧张，家人就不要再去刺激他，那样只会让宝宝变得胆小多疑。

对待宝宝已经出现的消极情绪反应，家人应给予共鸣和尊重。当我们试着去体会宝宝的感受，肯定他们的情绪反应并尊重其恐惧感时，就为宝宝摆脱恐惧增添了力量。长此以往，就能帮助宝宝发展积极自信的人格。

情绪调节是婴幼儿期发展较为缓慢的一项能力。出生第2年后，孩子对某些情绪的调节能力将会有所体现，但对恐惧仍难以掩饰和进行自我调节。

对新事物的戒备

前一分钟还在夸小宝宝对新事物多么好奇、多有热情，转眼间家人就和他们的恐惧情绪和戒备心理“狭路相逢”。比如有的宝宝在品尝第一口新辅食前小心翼翼，再三犹豫或要等家人先吃完第一口才肯张口。对诱惑力强的食物尚且如此，对其他事物的戒备就更不难理解了。与前文探讨的恐惧相比，这种戒备心理还夹杂着强烈的好奇心。

说起宝宝的“轴”和“一根筋”，妈妈们一定深有体会。兰兰快到1岁时，我用了近两周时间才引导她接受了坐便器。刚开始她拒绝使用，我没勉强她，也没收起来，而是放在家里让她增加熟悉感。后来有一天她着急要大便，我立刻把她抱到上面，这是她第一次接受小熊坐便器。可见当婴儿戒备心小的时候，更容易接受新事物。

提前做铺垫是帮助孩子克服戒备心理的重要准备。如果当初我在坐便器出现之前先拿出佐佐木洋子的绘本《我要拉㞎㞎》，翻到小马桶的图片，告诉兰兰这个东西的名字，然后给她讲讲大河马和小伙伴一起找马桶的故事，告诉她小熊坐便器是小朋友的“好伙伴”，它会邀请小朋友坐在上面大小便，还会帮小朋友保存好，站起来就能看到。同时，给她介绍认识大人的马桶。这样做好铺垫之后，也许她能更快接受这个新鲜事物。

增加熟悉感有利于减轻戒备心理。兰兰14月龄时第一次坐安全座椅同样很难接受，主要的原因可能是前面的扶手挡着前胸，由于身高不够，胳膊和手的活动受到限制，感觉不舒服。后来有一次我去其他小朋友家，看到安全座椅就在家里，随时都能让宝宝坐一坐，便于熟悉和接受。

不管是积极的还是消极的方面，同伴的示范和安慰作用此时已有体现。10月龄的聪聪对游泳中心新的活动室感到陌生，虽然妈妈就在身边，他仍表现出警惕和担心，但当哥哥进来并开始玩耍后，他对这个陌生的环境立即有了安全感。

不必强迫孩子在第一次就能接受，可以让他慢慢适应。在他们幼小的心里，很多新东西都是神秘和未知的，甚至是有威胁性的，他们希望有些变化不要那么快。在这些时候，请家人给他们一点儿时间。尤其是本阶段，宝宝进入了语言理解以及认物和模仿的高峰期，他们心里既有小小的成就感，也有卑微感，不要让这些无谓的挫折感经常出现。

有时候，我们希望孩子能很快接受一些东西，却不顾他们有些担心和畏惧的心情；另有一些时候，我们却不顾他们的好奇心和兴趣而步步代劳。我们如果换一种思路和方式，亲子相处的时光也许会更加顺畅和美好。

控制大便

大便对于婴幼儿来说颇为重要，是每日生活中的一件大事，他们对大便的反应也常常很有趣。在本阶段和下个阶段，这种有趣的反应尤其多。有段时间兰兰每次从坐便器起身后都会立即回看“成果”，有时便后还会撅起屁屁看，这种行为持续了大约4个月。此后她还会转身看看，但已放松很多，经常表现得很愉快，似乎还有一点儿成就感。

宝宝不仅对自己的大便感兴趣，对别人的也是如此。在《我要拉㞎㞎》的书里，每个厕所和马桶上面都有遮挡卡。这本书带给大齐惊喜后，大齐妈分享给兰兰，2 岁半的兰兰果然很爱翻开遮挡卡看。后来我把这本书分别拿给 1 岁和 2 岁的宝宝看，几个孩子也都很喜欢翻开遮挡卡看，尤其爱翻马桶里有臭㞎㞎的那页，翻过去的时候通常都很兴奋，仿佛发现了什么宝物。像珑莺那样语言能力发达的小孩，立刻就会大声叫出来。2 岁的宝宝还十分热衷于报告放屁，这些现象都十分有趣。在加拿大的幼儿园，toilet words（厕所词汇）也是孩子们的热词。

宝宝能否控制大小便主要依赖于神经系统的发展。大小便意识会自然发展，一般发展顺序是：夜间控制大便→白天控制大便→白天控制小便→夜间控制小便。也就是说，宝宝将首先学会控制大便。

夜间，新生儿大便的信号已经很明显，即便是粗心的妈妈也能及时发现情况，处理起来相当省事。婴儿夜里控制大便的能力是天生的，尤其是百天过后，一般只有在特殊情况下，比如拉肚子期间规律才会被打乱。我听几位妈妈说过宝宝夜里大便的事，原因是她们夜里哺乳时间过长，宝宝一边吃一边拉。这种情况很正常，且基本发生在百天以前。

自主控制大便的过程

虽然婴儿较早即能夜里控制大便，但从夜间控制到白天自主控制，中间有一个不短的过程。当宝宝表现出一些令人费解的反应时，很可能就是向白天自主控制大便发展的转折点。兰兰14月龄的时候这样的记录最多。一天晚上，她站在我旁边，我看书后一起身吓了她一跳，原来是大便了，听到正常响动就这么紧张大约是因为太专注。这件事过了两天，第三天下午，她醒来后吃饱喝足正在自己玩儿，我赶着准备文件。过了一会儿，她开始不停地喊“妈妈”。一开始我没在意，她越喊越紧张，一副很害怕的样子，一边喊一边指着地上的一块大便。我猜她是觉得自己办了件糟糕的事。我连忙轻声安慰，她这才放松下来。第二天，她早晚两次想大便都告诉了我，方式是带着哭腔不停喊“妈妈”，同时一只手抱住我的腿，另一只手用力拍自己的屁屁。这是个好的开始，说明女儿又长大了。也就是从这时起，她白天完全能控制大便了。几天之后的一个中午，我需要休息一会儿，她想下床，我没理会，她就安静地躺在我身边。等我醒来后，她着急要下地，原来是想大便。憋了这么长时间，真让我感到心疼。

家人的应对方式及可能出现的问题

我见过18月龄穿着纸尿裤的小家伙站着大便的情形，小姑娘想大便时会立刻站住不动开始用劲。对于1岁以上的宝宝，即使穿着纸尿裤，家人也应引导他们做出想排便的表示。如果条件允许，应立即帮孩子取掉纸尿裤，将其抱到坐便器或马桶上。这样几次之后，孩子会发现原来有更加舒服的方式，很可能就会接受和主动报告或控制了。

12月龄以下的宝宝在纸尿裤里大便时家人更要及时处理。家人的迅速反馈也是在帮助宝宝养成控制大便的意识和行为，使他们明白在纸尿裤里只能尿尿。

如果家人在宝宝会爬以后就有意引导其使用坐便器大便，可能会推动宝宝更早建立这种条件反射，较早实现白天控制大便。

在新的阶段到来前，不少宝宝都会对大便表现出紧张情绪，妈妈一定要帮助孩子及时缓解这种焦虑。大人对待宝宝大便这件事的态度很重要，但即便我们处理得很小心，有时也完全搞不清楚状况。比如，君君快1岁半的时候，有几天很害怕大便，不让把也不坐坐便器，持续了大约1周才恢复正常。只要家人注意不给宝宝压力，这些就只是短期状况。大人当然也不必给自己压力，处理得当的话，新的阶段很快就会到来。

TIPS

如厕训练很受家长关注，但要记住孩子们的发展节奏不尽相同。如同其他很多变化一样，这个过程会自然且逐步完成，不存在统一的辅导时间。家长应观察孩子的变化信号，不过度介入，又要适时提供帮助。

家人的用词对宝宝也有影响。兰兰3岁前，我从没对她用过“大便”“小便”这样的叫法，而是用“拉㞎”和“尿尿”，因为“大”“小”这样的对比叫法最初可能会令孩子感到困惑。有的家庭用“嘘嘘”“哗哗”来表示尿尿，甚至对小女孩也这么用，我觉得完全没有必要。有些父母可能觉得这样表达适合的场合能多一些、文雅一些，但如果是不适合的场合，其实怎么说都不合适。面对这种情况，只要告诉孩子轻声说就可以解决这个问题。父母要记住，日常沟通中不要让孩子对上厕所这件事感到焦虑和有压力，而应让孩子感到这件事普通而自然，甚至是重要和开心的。孩子们很敏感，如果我们总令他们感到这件事很难为情，就会带来不必要的麻烦。

开始学走啦

学走路是一个渐进的过程。从扶物站立开始，经过扶物走、推物走、家人双手拉着走、自然下蹲、家人单手拉着走、独自站立等一系列过程，最后宝宝才能开始独自迈步。

婴儿的大运动发展个体差异较大。有的宝宝似乎不用学就能翻会爬，甚至学走的过程也很短暂，对这种情况家人就不应再阻拦。邻居家的小宝宝有的10月龄时就会走路，男孩女孩都有，而且很快就能走得很稳。不过，值得注意的是，1岁前学走路身体负担较大且不安全，那些体胖头大的孩子应推后一些进行。行走普遍被认为是12～18月龄宝宝大肌肉动作发展的重要指标之一，本阶段学不会走路没有关系，但要做些准备和积累。

TIPS

刚刚独自迈步时，宝宝会用手的动作等来帮助身体保持平衡。

婴幼儿在学习大运动过程中伴有丰富的心理活动，这意味着他们将面临双重挑战：身体条件的局限与情绪波动，后者主要来自对父母怀抱的依恋和自己承受的压力。因此，在习得过程中，家人应及时发现问题并给予帮助和疏导。而新的能力一旦被掌握，就会推动婴幼儿进入新的发展阶段。

从扶物站立到独自站立、从独自迈出第一步到自由行走，中间一般都需要一至几个月时间。兰兰在大运动习得方面一向表现得中规中矩，从未跨越某个阶段。在此，我将兰兰学习走路的完整发展过程进行了梳理，分享给大家。

8个半月时很喜欢扶物站立，之后是横跨迈步，沿着沙发扶着走。到了这个月龄的末期，她可以手扶着我的腿站立；抓较高处的沙发站立，如果站不起来，就先抓住较低处的学坐椅背站起来，然后再挪到沙发旁；能在跪、扶物站和爬行时直接坐下。10月龄时推着小板凳和大板凳在家里快步狂欢，喜欢双手拉着我的手走路，但一听我说让她自己站就马上下蹲或坐下；能独自站立大约2秒。10月龄末，她能单只手拉着我的手走路了。进入11月龄后，她已经完全会蹲了，于是正式开始练习走路。此时如果没有任何依靠将会给孩子较大压力，一开始应让孩子靠着东西站，比如沙发或者墙。这样我撒手后，兰兰不往下蹲而是能独自站立一会儿。不过比起推着小熊坐便器、音乐健身架或者篮筐到处转悠，这种训练对她仍有一定的压力。转眼半个月过去了，那天是2012年3月2日，她迈出了人生的第一步。之后的两天，又分别走出3步和5步。

在刚学会走路的两三个月里，情况随时有可能出现反复。兰兰学会走路5周时，有一天天气很好，我和爸爸带她去公园。公园里小朋友很多，兰兰走路变得勇敢了，一次走了30多米，双手平行向前举着的伴随动作消失了，改为两只小手紧贴在胸前找平衡，身体不平衡时能立即下蹲。而且在迈出第一步后的两个多月里，有时她似乎仍怀疑自己走路的能力。有一次我带她在院子里玩儿，把她放在一片柔软的草坪上，3分钟过去了，她依然皱着眉头站在原地，似乎完全不相信自己已经可以走路。另一些孩子则不似这般谨慎，而是十分大胆，就算跌跌撞撞也要往前走，邻居家的小宝宝杉杉就是这样。

反复终归只是个插曲，新的进展随时可能会出现。到了本阶段末，一天上午我带兰兰出门，路边有一个较陡的坡，她很有兴趣往上走。上坡较费力，她已经可以自己完成。最后上坡后力量没减下来，一下摔倒在地，下巴磕破了，想哭但没哭。下坡时，她还不能控制速度，当她走到半截我就抱住了她。那天晚上在外面吃饭时，她已将上午的事情抛在脑后，总要拉着我的手下楼梯，下两级后我想往回走，她还是坚持要完成，对这个活动很有兴趣。

闺密君妈的博客里有这样几段记录，写得很好。

昨天又是一个值得好好庆祝的日子，因为君君正式开始走路了。晚上，君君自信满满地独自在屋子里走来走去，灵活地掉头转身，绕过障碍物。因为芳芳的提醒，我特意查了一下日历上的记录：君君独自迈出第一步是在10月5日，到昨天已整整2个月了，这个过程还真有些漫长。

别人都说刚学会走路的宝宝特别热衷于练习新本事，可君君从不这样，从来都是懒得下地走，妈妈和姥姥好不容易哄他下地走几步，他马上又缠着要妈妈或姥姥抱，对走路仿佛没有一点儿热情和兴趣。前段时间君君已能在妈妈和姥姥之间间隔好几米的距离内走好几个来回，可正当我们高兴地以为他马上就能自己走路时，小家伙突然变得十分胆小，怎么也不肯松开家人的手。没有依靠的时候，哪怕一步也要趴下爬行，要不就黏在妈妈和姥姥身上不下来。虽然他不愿意自己走，但我仍能看出他能力的增长：他拉着我们走的时候不停地一边走一边蹦，而且能蹦得两只脚同时离地；站着的时候，可以不依靠别人的力量自己蹲下又起立。姥姥每次见君君显摆这些本事都会无奈地说："你瞧你，这是不能走路吗？为什么不走呀？"妈妈也时常语重心长地对君君说："你难道没有一点儿紧迫感吗？马上就要15个月大了，是不是该自己走路啦？"

前段时间看过一个纪录片叫《婴儿日记》，里面有几个月龄相当的宝宝，他们在开始走路的时间上有很大差别。有一个宝宝，当别的孩子已能熟练行走时，她仍只对爬行情有独钟，丝毫也不愿离开地面站起来。不过她爬行的能力真的是超强，也许她觉得爬已经够用了，暂时还不需要新的能力。走路是这样，宝宝其他能力的发展应该也是同样的道理。每个宝宝都是独特的个体，他们有自己成长的独有轨迹，不能苛求去遵循某个统一的标准，否则家人就是在自寻烦恼。

阅读札记

了解孩子，更懂孩子

父母如果不了解孩子的需要和成长过程，将是一件棘手的事。第一个孩子出生后，年轻父母意识到眼前的孩子和想象中的是两回事，他们不似想象中那样干净、乖巧和聪明。我们并不知道明天将会发生什么，所以必须认真了解孩子和他们的需要。

意大利教育家蒙台梭利很重视儿童的“心理生活”，她认为儿童期是人生最重要的一个时期，此时心理的发展更加需要被重视，并提出“儿童是成人之父”。《童年的秘密》和《有吸收力的心灵》是其代表著作。作者倡导爱和自由，其儿童观有很强的科学性和预见性。比如，她认为儿童心理发展是天赋能力在适宜环境中的自然表现；儿童心理发展具有阶段性，将经历不同的敏感期；儿童通过“工作”实现心理的全面发展，通过不断活动把精神胚胎实体化。她的著作和对儿童心理的剖析在字里行间尽显才华，对我们了解孩子很有帮助。

《有吸收力的心灵》一书对很多主题的探讨都环环相扣、引人入胜。比如，“能够使用手的儿童比不能使用手的儿童发展得更快，并且性格会比不能使用手的儿童明显要坚强”，以及“我们认为儿童不能走很远的路，是因为我们下意识里要求儿童与我们有同样的步幅”，这些描述洞察入微，文笔细腻。作者对手的使用和作用、行走的发展过程和地位以及二者之间的联系从常识和文明发展的角度娓娓道来，令人心悦诚服。其他内容也莫不如此。

《从出生到3岁》一书对我的育儿生活影响较大。作者伯顿·L.怀特将0～3岁婴幼儿的发展分为7个阶段，在每个阶段分别围绕婴幼儿的生理、心理、社会能力和情感发展等内容展开。其中有一些方面内容很重要但易被忽视，比如兴趣、好奇心和社会化发展。父母从中能学到怎样借助宝宝自身动力来帮助其发展，提前阅读既有必要也很有趣，令我们更加好奇而热切地期盼着变化的出现。结合作者的启发与指导，妈妈更能信心饱满地安排好日常育儿生活。

对于本阶段的宝宝，作者提到以下几点。

如果注意观察你的宝宝，你就会发现他是一个“观察者”。他会用大量时间注视各种物体。

现在，语言理解能力的发展缓缓拉开了帷幕。这种对词语的最初理解体现在这一阶段中出现的服从行为上。当你叫宝宝的名字时他会越来越多地给予回应，在你和家里的其他成员说话时，他会看着这个人，而且，他还会服从一些简单的要求——亲一下、挥手再见或捡起一个东西。

从8月龄到14月龄，你会发现宝宝对主要看护人的兴趣与日俱增。到大约10月龄或11月龄时，这种兴趣的增长将表现为向看护人发出第一个明确的请求帮助的信号，以及第一次针对这个人表达他的友爱或愤怒。宝宝的第一个请求通常是想要多喝一些牛奶或多吃一些饼干，或者有时在自己无法做某件事的时候寻求帮助。

作者还建议家长从本阶段一开始就设立坚定而有效的纪律，因为这样就不需要在出生后第3年里继续应付孩子的坏脾气。而且，父母应表现得既慈爱又坚定。

有些内容围绕14月龄以后展开，但家人及早了解也很有益处，比如作者认为从社会性方面来看，2岁的小孩已经是个复杂而基本合格的人了。他已经在此前的16个月里与自己经常互动的人形成了一个无言的社会契约。这个契约是非常详细的，包括了孩子从与其看护人的数千次交往中——这种交往在孩子6月龄的时候开始注意到自己的某些行为对看护人的影响时就开始了——学到的东西。

此外，一些知名高校的公开课有这方面内容。我看过耶鲁大学关于婴幼儿思维发展的公开课，信息量很大，能为家长节约不少时间。哈佛大学儿童发展研究中心等机构每年也会发布一些新的研究成果，对这方面感兴趣的父母可以关注一下。

物品推荐

日常生活所需物品

吸管杯；洗澡护眼帽；坐便器；轻便推车（可折叠）；儿童安全锁（锁抽屉门等）；防撞角

促进感知觉所需物品

套杯（叠叠杯、碗）；套塔；积木（各种大小、颜色及形状）；形状小屋；小喇叭

促进大运动所需物品

学步鞋、学步带、学步推车（非学步车）；牵拉玩具

促进精细动作所需物品

塑料容器；趣味投篮框；海洋球；安全蜡笔

促进认知所需物品

语言启蒙书、自我认知绘本、实物挂图、立体纸板书；多面多功能玩具；玩具电话；学习桌（可兼顾玩和扶站）；一块式颜色/形状拼图

14～24月龄

关键词

情绪起伏大　语言发展快　寻求自主感　发展纪律性

展　望

- 本阶段的宝宝是个小小矛盾家。具体体现为：既有长大感，也有挫折感；想一往无前，又缺乏信心；勇气可嘉，又顾虑重重。他们在亲子互动中寻求自主感和学习自我控制，有安全感饥渴、自我“膨胀”和不断起伏的情绪。发展顺利的话，安全感将会初步形成。与此同时，宝宝的个性将逐渐显现。
- 大运动方面，本阶段宝宝将从移动动作向基本运动技能过渡。手部精细动作的发展仍很明显，动作的目的性增强，探索事物的兴趣和双手解决问题的技能进一步提高，对物品特性的了解不断深入。
- 语言理解能力发展迅速，表达能力将会在本阶段后半段或末期获得较显著发展。宝宝个体自我意识发展的第一次飞跃——出现对“客体我”的自我认知通常发生在本阶段；表达自我需求与情感的方式更加多样且激烈，除了语言，情绪和执拗行为等也是重要的表达方式；开始主张自我权利，尤其是对自己物品的占有，家人对此应给予肯定并做好引导；不断寻求家人的关注和肯定。同时，好奇心、观察力、想象力与思维能力等都将得到发展；社会交往开始走向家庭之外。

- 父母应继续给予一致且积极的反馈，尊重孩子，理解孩子的勇气和怯懦；多陪伴孩子，尽力帮助孩子建立起安全的亲子依恋和发展与小伙伴的交往；疏导执拗情绪，帮助孩子发展情绪调节能力；关注其秩序感发展；继续执行纪律，培养健康饮食、最初的独立性，以及养成好的学习习惯。
- 本阶段适合开展丰富空间知觉等的活动、“认颜色”等分类游戏以及发展装扮行为等，继续开展亲子阅读和音乐活动，帮助孩子发展注意力和记忆力。

小小夜哭郎

本阶段宝宝的睡眠总体上更加稳定。但也有问题发生，比如夜哭问题，并伴随着一些正在变化中的心理需求。宝宝夜里一次哭几分钟、十几分钟，甚至几十分钟都有可能，如果只是偶尔这样，家人就不必紧张和烦恼。

夜哭开始后，家人应首先排除生理性原因，比如冷了、热了、想尿尿、肚子痛、渴了、吃多了、饿了等。除此之外，夜哭还有可能是由于做梦惊醒、怕黑、受到惊吓、断奶期间恋奶、担心妈妈离开等原因引起，即可能是在寻求安全和依赖。如果一时无法确定原因，可以从最简单的办法开始尝试，比如妈妈一边说“宝贝，妈妈在呢”，一边轻轻抚摸一下宝宝，这个组合对这个阶段的孩子常常很有效。在一些特殊的时间点，例如生病和断奶前后，家人的贴心照顾能让宝宝安心，只要分寸合适，并不会带来消极影响。所谓哭醒，绝大多数时候并非真的清醒，只要不是突然起病，就要尽快排除问题让孩子重新入睡。家人行动越及时，孩子越容易更快重新入睡。

大运动能力的突破带来的新奇体验使宝宝精神亢奋，有时也会造成夜哭。19月龄的一天，凌晨5点半兰兰突然起身说“走”，不让走就哭，导致当天上午就开始补觉，晚上又睡了一觉，结果夜里过了零点都不困。6

天以后，凌晨4点50又说要走，我抱着她摇了几下，重新放回床上她还不愿意，于是我把她挪到客厅的垫子上，换地方后她马上就睡着了。半小时后她醒了，又隔了半小时开始补觉，一直睡到8点半。这样一折腾，白天睡觉就会多，晚上入睡就会晚一些。有时晚上睡觉已经延迟了，她还是不愿意上床，舍不得那些吃的和玩的。这种情况大约是因为白天玩得比较兴奋或有了新的体验和发现。枣枣到了这个月龄，夜里也哭着要走，断断续续持续了两周时间，我跟枣妈分享的心得对枣枣却不管用。有趣的是，同事的儿子在学爬的阶段半夜迷迷糊糊地也要起来爬一下。遇到偶发情况，家人不必着急，可结合当前阶段特点、宝宝的反应和白天的情况沉着应对，多试几个办法。

白天和入睡前不愉快或兴奋的心情容易反映到梦里，比如，白天玩疯了，或入睡前因某一需求未得到满足而产生了情绪波动。相对于白天的活动，睡前活动安排和情绪状态对夜间睡眠质量的影响常常更直接，因此尽量不要让宝宝睡前太兴奋或情绪过于起伏，比如长时间哭泣或大笑。兰兰有大概两周的时间，几天夜里都喊着要念书，这是因为睡前家人拒绝继续给她读书而感到不满足。这个情况出现后，我们和她约定睡前只能读一本书，多数时候她都能平静接受。此外，还应避免让宝宝睡前看电视（美国儿科协会给出的建议是孩子在2岁前不应接触电子屏幕）以及吃太多东西、喝太多水。本阶段，有些入睡前的活动可以商量着来，除非困极了，宝宝一般并不会胡搅蛮缠。

夜半哭声响起时，有时再仔细一听，原来宝宝并不是在哭，而是在带着情绪重复喊几个字。也许，孩子学会说话也会令他们自己兴奋不已。在宝宝能说双词句前后，半夜可能会边哭边喊，刚开始这会令家人感到新奇和有趣。宝宝喊出声的主要好处是有助于家人了解其情绪发生的原因。

找回快乐的洗澡时光——克服对水的恐惧

新生儿面对大海般的洗澡水通常会表现出小小的紧张，似乎这水不如妈妈身体里的羊水那么“友好”。如果家人坚持每天给宝宝洗澡，过几周，他们就会放松下来，甚至还很享受每天的洗澡时光。这时爸爸妈妈可能会感叹：爱水真的是宝宝的天性，洗澡是他们一天中最快乐的时光之一。

了解恐惧原因，对症下药

进入本阶段后，爸爸妈妈一提议去洗澡，不少宝宝立刻就会表现出拒绝和紧张。孩子的害怕在大人看来有时显得很无厘头，但他们自己却很认真。等宝宝能用语言表达后，家人能更好地了解其担心，比如有的宝宝会说害怕在水里滑倒，害怕眼睛不舒服，害怕水流进地漏。

宝宝出现任何反应都有可能，重要的是家人准确接收这些信息。如果知道确切原因，就可以有针对性地解决问题。如果宝宝的语言能力还不能清晰地表达，父母就要细心观察，多去体会和理解孩子的心理变化，通过揣摩和尝试排除负面因素：如果是害怕进浴盆，家人可以让宝宝先在一个浅盆里试一试；如果宝宝想自己动手，家人可以在浴盆里放一个孩子喜欢的娃娃、鸭妈妈和鸭宝宝或其他玩偶；如果宝宝害怕放水的声音，洗完澡后可以先把宝宝抱走，然后再排水；如果宝宝不适应家人的洗澡方法、感觉不舒服，家人可以考虑换一种方式或工具。还有的宝宝以前洗澡时出现过意外，再洗澡就会胆小很多，这种情况下家人要引导宝宝慢慢重新适应。

洗澡方式带给宝宝的压力有所不同。如果在本阶段把洗澡方式由盆浴改为淋浴，宝宝既不能坐在盆里随心所欲地玩儿，又要随时面临眼睛甚至整个头部的不舒适。我不赞成在孩子2岁前就改成单纯淋浴，这种方式带给宝宝的心理压力更大。

家人如果陪伴宝宝学习游泳，就会看到类似的适应过程以及反复的经过，反过来，游泳体验又能帮助孩子克服对水的恐惧。兰兰进入学前班后，我认识了几位父母，他们告诉我为帮助孩子克服对水的恐惧，从孩子半岁起就开始带其接触泳池，每一两周玩一次。一开始由教练带领家长陪孩子玩儿，1岁半以后直接由教练陪着玩儿，这对孩子克服洗澡恐惧很有帮助。兰兰游泳的社区中心有4～12月龄的小宝宝专属的亲子游泳时间。家长们相信把游泳活动和孩子的游泳天分相衔接有助于克服其对水的恐惧，并能使其爱上水。每次去我都看到这些小不点们和爸爸妈妈玩得好开心，那些2岁多的、较有经验的孩子看到水就往里扑，和教练的互动并不比大孩子们少。

TIPS

随着想象中的担心和痛苦的消失，再加上玩具和游戏的陪伴，尤其是顺利洗完头之后，孩子总能在水里找到乐趣。

把洗澡变成快乐时光当然离不开玩具和游戏。洗澡时，可以让宝宝给塑料娃娃也洗个澡，或是一起玩孩子喜欢的游戏，讲讲有趣的故事。

同时，家人还可以渗透一些知识，比如用瓶子舀水来让宝宝体会“满”和“空”等。这些都能使洗澡变成愉快体验，宝宝也会因此越来越喜欢洗澡。经过这些尝试，兰兰经常会在浴盆里发明游戏自娱自乐，在洗澡时留下很多欢声笑语，前与后、满和空、浮和沉等好多概念她都是在浴盆里了解到的。洗澡时的玩具有很多，那种塑料弹簧玩具在水里运动时很有趣，能溅起很多水花。有段时间，我在兰兰的浴盆里放了一个塑料小鱼缸，里面有两条能游泳的玩具鱼，她很喜欢玩儿。总之，如果宝宝手里有点儿感兴趣的事情做，对洗澡的配合度就会提高很多。

洗澡用具

准备必要的洗澡用具对提高宝宝对洗澡的接受度也很有帮助。水温计是宝宝洗澡时的配套工具，本阶段爸爸妈妈的经验已很丰富，通常并不需要用，如果造型较为可爱，可将其作为宝宝洗澡时的玩具使用。淋浴遮挡帽是另一个必备工具，本阶段我用得比较多。洗澡椅我是在兰兰3岁时新添的，宝宝走路自如后即可使用。如果宝宝对水流入眼睛感到恐惧，家人可早些使用，这样洗头比较方便和舒服，但不能带来玩水的乐趣。一块小小的干毛巾也是洗澡必备物品，在宝宝不舒服的时候可以随时擦一下。

动作大发展

本阶段是婴儿从移动动作向基本运动技能过渡的阶段，练习运动技能仍是其日常生活的一大乐趣。与此同时，精细动作继续发展。

宝宝的动作发展离不开家人的引导和帮助，而家人则应当顺应其发展的内在需要，即宝宝表现出什么兴趣或趋势家人就帮他们发展什么。每个孩子每天总有想做的事情，如果喜欢用勺子就让他们自己吃饭，喜欢爬高就要在旁保障安全。

精细动作的发展

皮亚杰认为 18 ～ 24 月龄是宝宝通过心理整合创造新手段的阶段，此时宝宝可以在内部的、符号水平上解决问题（内部实验），并能对复杂的行为序列进行延迟模仿。这是感知运动阶段发展的最高水平。

在大脑皮层的机能定位中，手指占据的区域最大，家人应持续引导和帮助宝宝发展手部动作。本阶段手部动作的发展重点是增强对手指的控制能力和双手的细致协作能力，进一步提高手的灵活性、准确性以及用手探索事物和解决问题的技能。

美国一些州将 18 月龄宝宝的精细动作发展重点描述为：捡东西、涂画、翻书、堆东西、转移小物体，认为这一时期宝宝能控制自己的手和手臂，能用拇指和食指钳取物品及用蜡笔等工具在纸上涂画点、线等图案，翻较大的图书及把物体堆积到一起，以及在两手间转移细小物品等。

本阶段，宝宝手部动作的发展为探索事物和认知的发展提供了条件，二者的相互作用发生了某些转变。我们经常能看到宝宝在兴趣和目标的吸引下像个科学家那样在“工作”。我在兰兰 13 月龄的时候开始和她一起玩拼图，第一个是一块式形状拼图，即一个形状就是一块独立的拼图，有圆形、正方形、三角形、长方形和星形，每一面是一组大小不同的同类形状。我们从圆形开始玩儿，最开始可以抠下一块并尝试归位，接下来可以把一面上的同类形状全部抠下来再一一归位，一个形状玩熟练后再玩下一个。这个拼图她玩了将近 10 个月的时间，中间一直没换过，每次拿出来她都会专注而愉快地玩上好一会儿。

本阶段，宝宝对练习简单技能和尝试解决问题兴趣很大，对成人动作的模仿也更加容易。15 月龄时的一天早上，兰兰开始用一个吸管杯和一个辅食瓶相互灌水。她学我把吸管杯的水往辅食瓶里倒，摇了摇辅食瓶没有声音，于是吸了一下吸管，喝到了水，确定有水后又往出倒。4 天后，早上玩不倒翁套塔，共有 3 个大小不一的摇铃套圈可以套，她套了 2 个后怎么也套不上最后一个。2 天后的早上玩套杯，这次刚拿出来她就会一个一个套了。16 月龄时，兰兰喜欢模仿家人擦桌子、拍化妆水和测耳温；20 月龄时，手边如果有一只小碗和一个杯子，她会把小物品放进去再相互倒出倒入，乐此不疲；21 月龄的一天，她想把糖块从碗里挪到小桶，一个一个地放了 3 块后便拿起碗把剩余糖块一次全部倒入小桶。

大运动

大运动相比以往更加轻松自然。孩子活泼好动和好奇爱探索的天性只要不被限制，运动能力就会向前发展。

18 月龄的宝宝大肌肉动作发展的重点是攀爬、站、走、上下楼梯和捡扔球等。一些运动能力强的宝宝在上个阶段已表现出对攀爬的兴趣和能力。家里如果没有楼梯，家人可以带宝宝爬其他楼梯，也可考虑用带台阶的攀登式游戏滑梯替代，但要加强看护。14 月龄的兰兰能自己上大床了，那时上沙发还需要随便踩个东西，上更高的床却能完全依靠自己；18 月龄时，能小心地上下单个不高的台阶；进入 21 月龄，兰兰对攀爬再次产生了浓厚兴趣——喜欢上桌子。同月龄宝宝的妈妈们一起聊天常常很有意思。比如，杉妈说“杉杉这个月开始爱爬高了，一不留神就会爬上窗台和餐桌”。这时，昕妈就会说“我家妞也有这心思，原来是又要发展新本领啦”。庆庆的大动作发展较快，一岁前能上下床和走路，17 月龄时开始小跑和小跳，18 月龄时能骑扭扭车和滑板车，21 月龄时上台阶拒绝拉我的手。

18月龄以后，跑、双脚跳、迈过障碍、攀登、平衡、钻圈、投掷等也将开始发展。从19月龄开始，兰兰喜欢上了蹦高，此时可以小蹦两下，只能刚刚离开地面；到了23月龄，她可以蹦高四五厘米。游乐园的蹦蹦床和家里的床垫都能提升孩子这方面的兴趣和能力。三轮车是适合本阶段孩子的运动工具，邻居家的孩子不管是男孩还是女孩，18月龄后会骑这两样的不在少数，有的还会骑带辅助轮的儿童自行车。20月龄时，兰兰开始喜欢上做操。邻居天天的姥爷喜欢运动，此时天天已能模仿姥爷做较长一段四肢运动操了。

TIPS

在 1 ～ 2 岁之间，宝宝的胳膊容易脱臼，家人在参与亲子互动时应注意动作的安全性。

循序渐进说句子

语言能力的发展对宝宝的全面成长影响巨大，借助语言表达，他们将更全方位地融入家庭生活和社会交往。即便说话晚的宝宝，在本阶段末也将会开口表达。也有个别孩子，他们一直不大说话，等到某一天突然开口成句。但总的来看，这种情况很少发生，多见于双语或多语言环境下成长的孩子。

然而，在出生第2年里，语言表达看起来仍进展缓慢和难以预期。言语发生后，经过1年左右时间，宝宝才能达到可以初步沟通和表达的程度，这确实是一个不短的时间。实际上，在言语发展早期，“句子”的定义是不同的。

TIPS

二宝开口说话的时间和词汇量的推进通常比大宝更早、更快。

发展经过

除了语音和语义，句法和语用也是本阶段的学习重点。在12～18月龄，多数宝宝将掌握第一批词汇，词汇量为50～60个。此时宝宝所能表达的词汇通常少于所能理解的，且理解的词义有时与成人有较大差异，这种差异将会在使用过程中逐渐缩小。

言语发生之后，语言的发展将经历以下几个阶段。

单词句阶段：此时宝宝往往用一个单词表示意思，家人需综合考虑孩子说话时附加的情境因素，如手势、表情和体态等，一般理解起来并无障碍。兰兰的这个阶段主要集中在10～15月龄：从14月龄开始，她能发较多的单音词；16月龄时，发音明显增多，单字音都愿意模仿。是否和宝宝说婴儿语（大量使用叠音字）要看其所处阶段，刚学说话时家人应多示范叠音字，以增加宝宝对说话的信心和兴趣。

双词句阶段：此时宝宝往往用两个单词来表示一个句子，比如“妈妈抱抱”。本阶段，双音词汇一直是孩子的学习重点。14月龄的兰兰开始能说一些双音词汇和双词句，比如“鸡蛋”“不吃”“不去”，到了16月龄时，她已能模仿较多的双音词。女儿常常令我感动，因为刚学会的词一天内总是不断重复，直到可以自由使用。当宝宝能表达较多双词句时，家人就应减少使用婴儿语，给孩子示范更多发音。18～24月龄，宝宝的词汇量迅猛增长，此时他们开始说由两三个词（通常是名词、动词和形容词）组成的“电报句”，进入短语和词组阶段（或可统称为电报句时期）。

发音方面的困难在本阶段仍很明显。首先体现为上声字（三声字），尤其是后字为三声的情况，比如说“蚂蚁”为“蚂义”，兰兰到21月龄时才解决了这个问题。其次是声母发音困难，宝宝们学发音的“拦路虎”不尽相同。按发音部位区分，宝宝较先学会的是唇音和舌根音，对平舌和翘舌音等则比较难区分。不少宝宝把“g”发为“d”，比如说“哥哥”为“的的”，兰兰就是这样；有时还把“s”“sh”发成“w”或“f”，比如叫叔叔先是“巫巫”，后来是“夫夫”；“t”有时发“p”，如“兔兔”说成“瀑瀑”；“k”发“t”，比如“扣扣”说成“透透”。“z”和“t”、“x”

和“h”的发音也可能成为一些宝宝学发音的“拦路虎”。第三个较普遍的困难是部分韵母，但总的来看比声母容易，从不会到会过渡也较快。有的宝宝开始时分不清前鼻音和后鼻音，比如叫“上上”为“姗姗”。

完整句阶段：完整句可分为短句（简单句）和长句（有修饰的复杂句）。19月龄的兰兰可以说5字句，带主（含物主代词）谓宾（含物主代词），开始加主语“我”，即能以语言标志自我及清楚地表达自己的需要，比如“我吃饼干”。20月龄时，进入了长句阶段，能说10字左右的句子，把“小燕子穿花衣，年年春天来这里”当儿歌念，偶尔会用“也”“还”“和”，比如会说“小熊有尾巴，妈妈没有尾巴，我也没有”；能说整首《咏鹅》和其他7首唐诗的部分诗句，以及《小白兔》《拉大锯》《小小狗》《小黄鸭》《排排坐》《虫虫飞》这6首儿歌，能念几句《三字经》；有时喜欢用假声喊话自娱自乐。21月龄时，爸爸下班回来，她会主动说“爸爸爸爸我爱你，就像老鼠爱大米”。23月龄时，一天下午睡得晚，醒来一睁眼说“呀，天都黑啦”；经常用“我吃饱了”“我记住了”来报告情况。在本阶段最后4个月，兰兰已能与家人进行日常基本交流。

家人的积极回应与情感交流

我们通常认为多听最重要，心理学家最初也这么认为，现在则肯定了家人的积极回应对孩子学习语言有更重要的地位。孩子通常都有学习热情，但也较为敏感，容易受挫折。刚开始，宝宝做出一个新的发音前需要很大的勇气和决心，有时甚至无异于一次冒险。当没有把握时，孩子就会把怀疑的目光投向家人，这时父母一定要及时鼓励和夸奖。爸爸妈妈的热情回应和亲子间的情感交流是对宝宝最好的支持，当父母把孩子看作交谈对象时，得到爱和鼓励的孩子就获得了信心和勇气。此外，对交谈内容稍加扩展或补充完整，尝试问答式对话，做接龙和传话游戏等都是不错的方式。

虽然最初学说话困难重重，但整个习得过程却十分宝贵。我们都希望引导孩子养成好的心态，其中比较重要的两个，我认为是克服困难和体会成功。虽然孩子尚不能意识到这一点，但这个过程他已经亲身体验了。当他们拿出很大勇气、费很大劲说出一个词来，骄傲便会溢满小脸蛋儿，那是在邀请爸爸妈妈一起分享呢！

记忆的发展

1岁以后，宝宝的记忆发展进入了新的阶段，表象记忆和语义记忆稳步发展。《发展心理学：儿童与青少年》一书中介绍了对儿童的事件记忆和自传式记忆的研究进展，以及复述、组织和提取等记忆策略的发展，提示我们婴幼儿记忆最深刻的是在“熟悉的环境中重复发生的事件”，但对特殊经历的回忆也是有益的。

孩子对细节的记忆常令父母惊讶。有一天我给兰兰洗澡时用了浴液，并告诉她能起泡泡。隔了2天，刚开始洗澡她就想要泡泡，指着浴液，我给她拿了洗发液，她说不是这个。这两个瓶子从背面看起来简直一模一样，区别一是文字，二是一个有瓶盖另一个没有，她已经能区分出这个细节。

记忆与认知能力的发展密切相关，比如语言能力和知觉发展。怀特研究发现，在2岁前的几个月，孩子的短期记忆能力已发育完全，对时间的感觉也得到扩展，能回忆并谈论一天中发生的事情，并对第二天做出期待。有段时间，每晚我和兰兰一起回忆她在当天晚些时候的经历，坚持了一阵子，发现她的记忆力提高很快。一开始，她并不能准确说出当天最后一次出门时的同伴或去处，一般都是胡乱说几个常见面的小朋友名字。这时，我就会讲述事情经过，并告诉她所去之处的特点等一些细节。这样到了快2岁的时候，她对当天甚至几周前部分经历的回忆已较为准确，尤其是对一些细节的记忆。

我们也可以从其他角度来解释上述变化，比如亲子交流和成人的帮助。亲子交流除能增进感情，还能帮助宝宝发展记忆力。孩子在交流中获得了具体线索，这些线索有利于提取信息。除了具体线索，成人的其他指导（例如发起提问或反复念诵儿歌等）对孩子发展记忆策略也有帮助。有了这些帮助，孩子将会尝试像成人那样用语言与家人分享记忆。就是从2岁7个月开始，兰兰能大致回忆当天的主要经历和一些细节；快3岁的时候，她常能想起数月前的事情，对一个多月内的事情记得更加清楚；到3岁入园时，她已能大致向我讲述清楚一天的经历。

小宝宝的记忆显著依赖于多种感觉。除视觉、听觉外，味觉和触觉也很重要，丰富感知觉经验对记忆的发展亦有帮助。院里放小白兔笼子的地方说话有回声，我和兰兰在那儿做过“喊话”游戏。后来有一次走到一个类似的地方，一站到入口处她就开始喊“妈妈”，她的小伙伴敏敏也跟着一起喊，因为她告诉敏敏这里有回声。一天晚上，我递给兰兰一个爆米花，她马上说和在哪里吃过的颜色一样，但比那个更甜。

开展互动游戏亦是发展记忆力的好方法，语言能力的提升为此提供了新“武器”。当宝宝能够开口表达时，“接故事”和“找图片”这些游戏将会更有乐趣：刚开始可在宝宝熟悉的短故事中间留出一两个字让宝宝接；玩找图片时，先让宝宝熟悉整幅图，然后挡上一部分让宝宝猜。大部分家庭离不开数字设备，爸爸妈妈可利用家庭影音记录引导宝宝回忆先前经历。

同时，记忆时间将会逐渐延长。有一次，我拿出一张玩具产品彩页，问她有哪个玩具，她指出聪明小鸭和小熊不倒翁2个，那时这2个玩具已在家里消失了4个月。1个月后家里新添了小商店玩具，凉棚的贴纸是爸爸贴的，等她不怎么玩了我就收起来几个月，当再拿出来时，她马上告诉我贴纸是爸爸弄的。2岁以后，她时不时就会想起较久以前的事，尤其是当场景重现时。刚过2岁生日，一天在院子里玩耍时，她告诉我以前在某个角落看到过一只小猫。有一次在家里听音乐时，她告诉我肯德基是听音乐和玩滑梯的地方。

随着记忆力的发展，转移注意力将会变得困难。2岁3个月的兰兰对当天想做的事情几乎总也忘不了，一个想法被别的事情打断后还会接着去做，尤其是在吃东西这件事上。一天晚上她想吃面包，我说要等爸爸回来一起吃。1小时后爸爸到家，她赶紧激动地要求爸爸打开面包。这时大人很难再用转移注意力的方法，而不得不去寻求其他办法。

表达情感

半岁左右，婴儿开始出现依恋和认生，这是婴儿的情感需求与表达。认生究竟是否属于情感表达？我从莹莹身上找到了答案。莹莹2岁前，姥姥和奶奶相隔一段时间换一次班来带她，每次换班都很困难，要半个多月才能完成。莹莹是个聪明的孩子，怎么可能一点儿都不记得呢，再说换班周期一般不会超过半年，她和每个长辈相处的时间并不短。莹莹1岁半的时候，有一天我带兰兰在外面玩儿，莹莹的奶奶和姥姥也在外面一起陪她玩儿。奶奶已经过来一个多星期了，莹莹还是只找姥姥。当奶奶抱着她独自去玩儿，她马上发现情况不对，哭着要找姥姥。可见莹莹的表现是一种强烈的情绪和情感反应。

表达方式不是问题。不会说话或一言不发都不妨碍婴儿表达情感，很多八九个月的宝宝都会向主要看护人表达情感。14月龄的时候，每逢爸爸周末在家，兰兰午睡都超不过2小时，比平时短很多，大约是想和爸爸多玩一会儿。小宝宝是行动派，通过动作和行为表达情感在本阶段仍很常见，很多日常细节都是孩子自然情感的流露。20月龄的兰兰看见爸爸妈妈拥抱很开心，不管当时正在做什么，都会立即跑过来让我们分别亲她一下，很有意思。

用语言表达情感更令家人印象深刻。当宝宝第一次呼唤爸爸妈妈，也许不一定是巧合，而是他们努力多日的结果，成功做到的那一刻，他们自己的高兴或许并不比父母少。我一直清楚地记得兰兰第一次叫我“妈妈”时的可爱模样，一边喊一边还用手轻轻拍拍我，温柔极了。家人可以在宝宝语言能力提高后逐步引导并和孩子相互抒发情感。兰兰21月龄的时候，我教她对爸爸说“爸爸爸爸我爱你，就像老鼠爱大米”。一开始她可能并不清楚自己在说什么，但当她看到爸爸的激动反应、听到“爸爸也爱你”之后，便会更加积极主动地去表达。

小宝宝的情感表达常常急切又细腻。对很小的孩子我们有时并不能平等看待，连带对他们的情感也不去仔细体会，而当宝宝的细腻表达超出我们预期时，方令我们惊讶和疼惜不已。其实孩子平时就在一点一滴地积累着，只是不为我们觉察罢了。以下是君妈分别在君君16月龄和22月龄时做的记录。

君君近来特别喜欢爸爸，晚上一听见开门声，不管当时正在干什么，都会立刻站起来朝门口奔去。有一次因为着急没能站起来，爬着就朝门口去了，他听觉的敏锐和行动的迅速已经可以和我家狗宝媲美了。往往是爸爸刚进门，君君就张开双臂朝爸爸扑过去，爸爸也乐得连衣服都不脱就一把抱起君君疯一会儿。有一次爸爸回来时君君正犯困，爸爸抱起他，他趴在爸爸肩膀上似乎睡着了。爸爸就这样穿着厚厚的大衣抱着他的小娇儿站着，好一会儿也没敢动，直到君君眯瞪一会儿又兴奋起来。

门刚打开，君君就呵呵笑着冲到妈妈面前，一把抱住妈妈。妈妈赶紧蹲下抱住君君，轻轻拍拍君君的背。君君也学妈妈轻轻拍拍妈妈的背，觉得亲热够了才放开妈妈。妈妈站起来刚跟姥姥说了句话，回头一看，君君已经无比激动地拿着妈妈的两只拖鞋整整齐齐地摆好，示意妈妈换鞋！妈妈感动得差点儿流眼泪：君君真是长大了！

向谁表达情感孩子们心里有数。华盛顿大学的研究人员发现，18月龄的宝宝已经可以通过一种被称为情感偷听的方式，直接倾听和观察成人之间的情感互动，然后用这种情感信息来塑造自己的行为。我了解和观察到的类似情况发生得更早，比如同事10月龄的儿子小石头由阿姨带，最近3个月不曾见过姥姥，姥姥来看他，见妈妈和姥姥很亲，第二天他就主动要姥姥抱。

1岁半以后，小伙伴之间的互动多了起来，一起玩耍令他们感到高兴和亲近，逐渐地，他们也开始向小伙伴表达情感。1岁半的兰兰每当看见熟悉的小朋友，瞬间就会欢呼雀跃，老远看到就会大声喊对方的名字。小伙伴们看见兰兰也是这种反应。孩子之间开始用欢乐的情绪和激动的声音表达欢喜之情，这是他们进入新的社会交往阶段的一个标志吧。兰兰很早就喜欢和崇拜大姐姐，14月龄时的一天，她看京京姐姐玩旱冰鞋很羡慕，赶快把手里的小球递给人家。小男孩对小哥哥的崇拜之情常常表现为追随和模仿。

孩子有时还会以消极的方式来表达情感，如因为不想和妈妈分开而哭或发脾气。家人一定要及时找出原因，努力理解孩子的内心世界，及时给孩子示范情感表达和语言表达的积极方式，并鼓励孩子用这种方式表达。一些家庭对宝宝发脾气感到很挠头，其实宝宝的需求有时很简单，很多时候，他们只是需要家人了解自己的情绪情感并帮着表达出来。如果家人尝试去这样做，会发现这真是一个不可思议的方法，既容易又有效。

自我意识的发生与发展

自我意识的发展是一项终生事业。个体最初意识到的是自己的身体、形象和生理状况，继而体验并认识到内心的心理活动，学着调节和控制自身行为和情绪，评价自我及在群体中的地位与作用，不断推进自身的社会化。

自我意识并非天生就有。8月龄左右，生理自我意识首先出现。此时主要表现为对自己躯体的认知，认识到自己的存在，开始不自觉地关注自己，对着镜子里的自己微笑、说话和做各种动作，如10月龄的聪聪就会对着镜中的自己微笑和亲吻。如果宝宝满月后就经常照镜子，认识小手、脚丫以及手的动作和能坐会爬等都开始得较早，并且家人经常围绕这些（例如玩“找五官”游戏）与宝宝互动，婴幼儿生理自我意识出现的时间或许会有所提前。

心理学家很早就开始研究婴幼儿自我再认的发生。较早的研究是从婴幼儿对镜中映象的反应来了解其是否有自我意识，比如不让宝宝察觉的情况下，在其鼻子上点个红圆点，然后让宝宝照镜子并观察其对镜中映象的反应。研究发现，婴幼儿自我认知的发生将经历3个阶段：第1阶段是游戏伙伴阶段，宝宝会对着映象微笑、发声和拍打，还会到镜子后面去找那个不存在的人；第2阶段是退缩阶段，宝宝似乎感到害怕，从镜前退缩；到了第3阶段，自我意识或自我认知出现，他们会立即去摸自己鼻子上的红点而非映象的鼻子，2岁的宝宝几乎都有这样的表现。

自我的发展分为主体我的自我意识和客体我的自我意识。1岁前后，婴幼儿显示出主体我的认知：将自己作为活动主体，探索伴随自身动作而出现的结果。涉及自我意识和自我评价的复杂情绪也在此时开始出现。有些宝宝，比如聪聪，在七八个月时就开始出现这些探索行为，例如扔东西、摔东西，或用自己的动作观察镜中映象是否有反馈，即开始把自己的动作与动作的对象区分开来，开始认识到自己的能力，并在潜意识中出现了对自己的肯定。到1岁半前后，宝宝将显示出客体我的自我认知，这是个体自我意识发展的第一次飞跃。此时他们能从客体（照片、录像）中认出自己，能用人称代词称呼自己和他人。家人如果经常邀请宝宝看自己的照片或录像，有可能会加速这个过程。我的侄子在1岁生日那天看到自己的照片时，激动地指着照片并脱口而出“我”。

美国心理学家苏珊·哈特研究指出，婴幼儿的自我意识是在自己的运动、动作和与他人的交往中产生的。12～15月龄，开始能区分由自己和他人所产生的运动的区别，对运动的源泉和起因有明确的认知；15～18月龄，开始能将自己作为客体来认知；18～24月龄，具有用语言标志自我的能力。她还提出了儿童自尊的多维层次模型。

从使用自己的名字到使用第一人称是孩子用语言标志自我的一个普遍过程。14月龄的兰兰很有趣，一天早上我问她：“谁是咱们院里第一胖妞（那段时间我经常称呼她“胖妞”）？”她回答“兰兰”。从此直到18月龄，她一直称呼自己“兰兰”。刚进入19月龄，她开始说“我”了，并将“我”作为主语用到短句中。2个多月后，兰兰和别人交流时能用“你”了。有的孩子会对“我”和“你”混淆一段时间，兰兰也有过两次。家人如果时常主张一下自己，比如告诉孩子“这是我的手机”，可能会促进孩子更快区分“我”和“你”。兰兰2岁2个月的一天下午，我俩在外面等小朋友，她第一次用了“他们”，问我“他们怎么还不过来”。与此同时，她开始喜欢说“我的爸爸”“我的妈妈”，并对使用大名兴趣十足——不管是喊小朋友还是介绍自己，统统都用大名。她的几个小朋友也是如此。总体来看，兰兰的自我意识发展比较顺利，执拗行为发生得也早。自己能做的事不让别人参与，否则就要重来，这是孩子自我意识增强的表现——当我们不用“逆反期”这样令人畏惧的词语时，感受竟如此不同。

促进宝宝自我意识健康发展的因素很多，其中对主要抚养者的安全依恋是健康自我发展的重要条件，亲子互动的氛围营造、频次和内容等亦很重要。爸爸妈妈可以和宝宝玩发展自我认知的小游戏，或一起阅读相关主题的图画书，经常和宝宝谈论日常生活计划或回忆近期经历等都是有益的方式。成人对宝宝的评价也会影响其自我意识，本阶段应以表扬和鼓励为主，坚持积极评价，避免消极评价，家人的持续鼓励、肯定和积极反馈陪伴着宝宝自我意识的健康发展。

最艰难的时刻：面对执拗

兰兰是个比较容易沟通的孩子。然而就是这样一个孩子，执拗的时候仿佛换了个人。从状况开始出现到2岁9个月结束，兰兰执拗持续的时间长达一年半还多。如果只算家人比较难挨的时间，前后加起来也有一整年。这是头3年里最困难的时期，兰兰的执拗会出现在每一天的不确定时间。

如果你也正为此事苦恼，那么不妨从以下两点开解自己：一是国外科学家研究发现，一个人如果小时候经历过比较明显的执拗期，长大后成功的概率更大；二是执拗期也是体验纪律的关键期，在此期间我们越是温和、坚定，美好的日子会越早到来，而且持续得也越长久。

寻求自主感

开始挑战大人的权威是寻求自主感的外在表现，这是宝宝的又一个重要成长。我的笔记中有这样一条记录：刚过1岁生日，兰兰的“执拗症”开始出现。

怀特说：“在17～20个月期间，宝宝对挫折的忍受能力达到了最低点，同时，他的意志力达到了最高点。”这句话等于告诉我们，成人此时应该有最高的忍耐力。他在《从出生到3岁》里还有一段话：“我们告诉那些参加我们项目的家长，如果孩子的试探和挑战行为在他22个月的时候就消失了，那就说明家长所做的工作非常出色。如果这些行为在24个月的时候消失，说明家长的工作做得不错。如果这些行为在26个月的时候仍然存在，说明家长还需努力。”于是从兰兰22月龄时我就开始盼望，最终兰兰对我的试探和挑战行为在25月龄时基本消失，此后并非未再发生，只能说相对而言较轻、较少，但她对家里其他人的试探和挑战行为又持续了半年多。这个可喜的变化即便在宝宝30月龄甚至36月龄之前才出现，我认为同样值得家人欣慰。

19～20月龄，兰兰的执拗达到了近半年来的顶点。先说19月龄时的糟糕情况：爱翻自己的衣柜，每次都把所有衣服拿出来放地上，然后一件件扔远，一边扔一边喊“不要”。生气时（比如不让她坐玩具钢琴）先拍3下自己的头，然后扔身边的积木，大约持续半分钟。这种情况以前没发生过。这时我马上给她凳子坐，或者转移一下注意力，她就不再发脾气了。随着词汇量的增加，她的意志和执拗明显增强了，比如晚上我给她换睡衣，她说“不穿”，就真的没法穿上；她说“我吃饼干”，如果给别的她就不要。她这是在体会语言的魔力吗？

同事告诉我有一次在商场，她给19月龄的女儿买衣服时看上一条小裤子，孩子说“不要不要”，她还是想让女儿试试，结果费了很大劲也没穿上去，还惹得孩子哭了整整1小时。情绪稳定下来后碰到一件上衣，孩子自己说“试试”，事情就进行得非常顺利。另一天她给女儿理发，孩子不愿意，又发了一通小脾气。

20月龄时，情况当然不可能马上好转。兰兰开始拒绝穿衣服，包括外出的鞋袜和衣服，要抱到门口的童车上穿，或者要两个大人配合才能穿上，整个过程她一直喊“不穿”，可到了外面又很高兴。有时她会把杯里的水、水瓢里的水、碗里的粥直接全部倒在地上或桌上，发脾气也频繁起来。遇到不想配合或者做不好的事都会发脾气，每次都比较突然，比如突然就把桌上的玩具扔得到处都是，边扔边喊“不要”；有一次还拍了两下大人的脸。发脾气持续的时间倒是很短，大概20秒钟，此时仍然可以通过转移注意力来尽快结束局面。

22月龄时，兰兰重要的口头禅开始出现——“不帮忙”和“我自己来”。比如，重新开始扔东西；经常不让家人收拾玩具，偶尔甚至不让动她的任何东西；不合心意时一着急还要哭一回；晚上睡觉前只能开大灯，不让开台灯；睡前非要下地玩儿；不管多晚都要不停念书；提醒尿尿不尿等。本月发脾气的频率有所下降，但做错事后很不情愿马上道歉。

23月龄时，口头禅仍常挂嘴边。“搞破坏”几分钟后我引导她道歉，她就又发脾气和扔东西。在这个阶段，家人自己需要道歉时能做到就可以，不必强求孩子，孩子心里明白就可以，要给他们台阶下。2岁半以后，主动承认错误对她来说已不再是障碍。

幸亏我是经历过整个过程之后才把这些整理罗列到一起，也幸亏我脾气好，这么一看把我自己都吓了一跳，这不就是一段水深火热的生活吗？和3岁时的兰兰简直判若两人。

应对方式

亲子冲突不断不一定会影响亲子关系。执拗是这个发展阶段的特点，家人首先应以平常心对待，并要积极帮助孩子。有人可能会说只要家人放手，矛盾自然就会消失。这只是个大原则，长期相处是这样，但这个阶段有其特殊性，而且每日的育儿生活又十分具体。执拗问题的关键是当宝宝自我意识开始“膨胀”时，他们还没有自我评价的能力，他们做想做的事情，却没有意识到做这些事情需要一些条件。因此，这不仅是亲子之间的矛盾，更是孩子成长中的一个自我矛盾，此时孩子最需要的依然是家人的帮助。

对一些重要问题，家人要坚持以一贯方式对待。比如，对探索行为应继续给予支持，给孩子表达自己的机会；对可能会形成不良习惯和心理的行为，应及时给出明确反馈。这种反馈要能让孩子明白家人对这些行为的容忍限度是什么，每一种惩罚（比如没收被摔的玩具）的具体原因是什么。

顺应或引导孩子都很重要，及时满足宝宝的合理需求还能减少消极情绪发生。家人可根据具体情况做出选择。帮助孩子全面成长是每个家庭的重要工作。针对孩子表现出的合理诉求，家人应积极顺应，因势利导。针对一部分孩子没做过但想做，或者可能会引发亲子冲突的事情可以和孩子商量着来，尤其是当事情并不紧急时。比如，对待孩子因为不想剪发而发脾气这样的事情，父母不要急迫，孩子的消极情绪多并非好事。此时父母可以给出一个“正负搭配”的组合，即把一件可能会引发消极情绪的事情和一件愉快的事情搭配起来，比如问孩子“我们玩一会儿玩具再剪头发好吗”。孩子对自己答应的事情通常都能配合，家人应给孩子提供这样的成长机会。此时孩子的语言能力提高了，发脾气时家人可以鼓励他们讲出来，也可以用新奇的方式或新鲜的词语来减轻孩子的执拗心理。

同样意思的一句话，和孩子的关系远近有时很重要。把要引导的东西和孩子的健康、安全或其他益处和风险相联系，内容具体一些，这种方式对孩子较为有效，且不会伴随产生消极情绪，但注意不要变成吓唬。如果我们经常用这种方式和孩子沟通，他们动脑筋的时候也会越来越多。

用“轻短隔离”代替惩罚

绝对要禁止打孩子。其次，家人也不能跟孩子一起发脾气，那样做没有任何益处。必要时家人可以让孩子感觉到自己生气了（但没有发脾气），并且给孩子一个明确的行为反馈。

通过实践，我总结了一个词叫作“轻短隔离”，就是通过将孩子与某个物品或身边的人短暂隔离而使其明确自己不受欢迎的行为，进而主动改变自己的行为。家人可以此代替对孩子的惩罚，实施中应注意“度”的问题，解决方式是设置一个明确的时间并依此执行。

家人最初使用这个方法时应明确告诉孩子其中的联系。被隔离的感觉当然不好，哪怕只有一两分钟，但如果孩子不能领会，就难以发挥预期作用。有一天，兰兰把一支蜡笔故意摔到地上，我马上把蜡笔拿走，放到一个她够不到的地方，并且告诉她“今天上午你不可以再用蜡笔，因为你把它摔到地上了”。有时他们的行为并没有明确指向，只是乱发脾气，此时妈妈可以把孩子当下喜欢的一个玩具收起来。如不确信孩子是否明白二者的关系，可在重新拿出来时重复一遍。

月龄越小，解除的间隔应该越短。这样做并非仅为避免孩子很快忘记原因，实际上，同样的方式只要反馈几次甚至只要一两次，就会给孩子留下印象；给出特定时间主要是为孩子把注意力放到这件事上，自己去辨识不受欢迎的行为及其结果。

在宝宝对家人依恋的高峰期，家人偶尔可以通过隔离自身来化解冲突。比如，妈妈可以说：“……做得不好，现在你自己玩儿，妈妈要去房间休息一会儿。”等回来的时候，妈妈可以和宝宝再讲一遍，但语气要温和，毕竟这个阶段的宝宝对妈妈的分离焦虑还很严重，不要给他们太大的负担。

这种方式是引导孩子自己去体会，所以家人讲述原因时应简洁明了，不必讲道理或向孩子做过多解释，亦不能表现出丝毫得意或者同情。家人不能因为害怕给孩子立规矩而失去他的爱，否则反而会给孩子的健康成长留下麻烦。本阶段是孩子体验纪律性的重要时期，有规矩的家庭才会有真正快乐的孩子。

“这是我的东西”

当婴儿意识到自我的存在后，就会逐渐产生“这是我的东西”和“我想要某个东西”的想法。

宝宝对自己物品的占有应得到家人的支持和保护。到了本阶段，尤其是1岁半以后，宝宝对自己的物品逐渐会表现出较强的占有欲。邻居枣枣对自己物品的独占意识很强，有几次我看见她很生气地用语言和手势同时主张着自己的主权：“这是我的自行车。”当时，枣妈想邀请别的小朋友骑，并未挪动车的位置。这种意识和行为也是这个月龄宝宝的共同特点。此时家人应帮助孩子维护他们的东西，哪怕是不起眼的东西，比如一张纸或一片树叶，不要因为别的小朋友想玩儿就随便支配，应先征求孩子的意见，慢慢引导。到孩子2岁以后，可以建议小朋友之间交换东西玩儿，这种方式孩子比较容易接受。

对别人包括家人物品的归属应同步进行引导。比起上面的顺势而为，对别人物品的归属则需要家人做引导。我从兰兰1岁前开始介绍物品的各自归属，3个月后，经过我的解释，她能够不强占别人的东西，对吃的也能做到。我之所以这样做，源于有一次我去做客，亲戚家的小孩拉开我的包就开始乱翻。在一些家庭里，宝宝可以随意玩大人的电脑和手机，我自己则很难接受。其实所谓的引导并无特别之处，只是从兰兰能听懂一部分话开始陆续说过家里一些物品的分配。兰兰15个月大的时候，我带她回了趟老家。有一天她想去拿一个东西，我说了两次不可以拿都没效果，最后我告诉她那是别人的东西，她立刻就走了回来。1岁半的兰兰很热衷给家人分东西，比如《南方周末》是爸爸的，《读者》是妈妈的，并且不允许奶奶看。尽管她大字不识，但总能把每份报纸和每本书分得清清楚楚。这并非引导的结果，而源自她的日常观察。这种由孩子自己观察而来的秩序感是一个积极信号，这个信号告诉家人可以引导宝宝去认家人的物品了。

最初，宝宝会以为别人的尤其是家里人的东西也属于他们。当一个孩子拼命去抢另一个孩子的东西，多半是因为这个孩子还不能区分自己和他人的物品。以前有过孩子偷窃商场珠宝的事情发生，那个孩子可能也是带着这样的误解，也有可能是其他原因。如果家人在吃、穿、用、玩等方面一味满足孩子，而没有引导孩子也来关注和尊重自己的物品，就会强化孩子的这种误解。很多宝宝都有过类似的疑惑，我从女儿试探的眼神里看到过这种疑惑。偶尔她也会动一下我的某个小物件来试探我的态度，由于我态度明确且一致，她就不再试探了，这其实是亲子双方相互尊重的结果。快2岁的时候，兰兰拿着我的面膜会说“这是我的面膜”，拿起我的手机就说“这是我的手机”。我通常会接上一句“这不是你的，这是妈咪的”。她有时还会重复一两遍之前的话，但马上就会改口说“这是妈咪的”，一边说一边把东西递给我。如果在家里首先解决了这个问题，家人就不需要对孩子在外面和幼儿园争抢别人的东西额外担心。

家人可以和宝宝做些约定并加以示范，并为其准备日常的必要物品。兰兰1岁半时我给她买了一个小包包，后来她又有了一两个小包。她并不怎么用自己的小包，但也从不动我和爸爸的包。对装玩具和书的箱子、抽屉和书柜等我们也陆续做了一些约定，我们还约定我和爸爸的手机她不能随便动，想看要先问一下。这些她都能做到。家人之间相互尊重对方的物权对宝宝也是一种积极示范。

小宝宝需要的尊重

父母对3岁前的记忆几乎一片空白，这种情况下让我们去理解和尊重小宝宝可能有一点点困难。

尊重是相互的，对于小宝宝也是如此。这种相互不是说父母今天尊重孩子明天就能获得孩子的尊重，而是需要假以时日，慢慢培养。孩子觉不觉得自己卑微就存在于这一点一滴的小事中。随着孩子慢慢长大，这种影响会逐渐显现。我总结了以下5条，分享给大家。

对私人物品的尊重。1岁半时，兰兰对自己的物品占有欲很强，经常对小朋友的争抢表示不满。我告诉家人拿她的东西给其他小朋友前要征求一下意见或打个招呼，愿意给才能给，不愿意就告诉小朋友，并鼓励她自己去表达。因为她不乱动别人东西，这样做她在逻辑上不会错乱。在家里，我把兰兰的东西送人或借给别人前，也会征求她的意见。有一次，我带她练习骑自行车，一会儿她跑到别的地方玩儿，当回来时看到别的小朋友在骑自己的车，她马上表现出不悦，往车的方向走去。我和她商量了一下，她同意让小朋友玩儿，且情绪马上就恢复了。父母会发现一个有意思的现象：如果我们直接把宝宝的东西给别人，他们常常很不高兴，但如果先征求一下他们的意见，却常能爽快答应。这其实就是宝宝获得尊重的结果。

专注不被打断。这一点对于成人有难度。专注做事是一项重要能力，经常随意打断孩子就是在破坏专注力的养成，还有可能会让孩子觉得自己不重要而埋下自卑的影子。这种情形随处可见，比如家里来了客人，孩子正在玩玩具，家人一把拉起孩子，要求孩子向客人问好；或者孩子正在玩一个游戏，家人想起一件事，立即喊一声叫孩子过去。这些事情并不起眼，不仔细想甚至可能意识不到其影响。

耐心倾听宝宝的感受，鼓励宝宝表达想法。这也是宝宝情绪和情感发展的需要，当家人表达出理解时，他们便得到了最大的支持和尊重。除了语言，家人还要注意观察宝宝的感受和情绪，他们时常把这些写在脸上，成人很容易就能做出判断。不要求孩子在众人面前做不愿做的事情，比如念诗、唱歌；在家人面前不愿做的事也不要太勉强，比如道歉，可以延迟一些时间，先化解情绪，待孩子平静后自己去理解。引导宝宝表达想法对以后的生活和学习很重要。在语言表达能力还不发达的阶段，要允许孩子慢慢表达想法，并给予其帮助。

对探索、尝试的满足和对时间的宽容。蒙台梭利说："父母的代替是对儿童的无视。"这句话很有分量，孩子需要有耐心、多鼓励、不嘲笑和信任自己的家长。1岁以后，宝宝会自己尝试完成一些事情，比如用勺子吃饭，这时家人就不必代办。类似的事情细数其实并不少。宝宝习得一项能力需要一定周期，家人不应在时间紧张时进行，比如在出门前让宝宝练习穿衣，自己则在一旁不停催促。宝宝有充足的时间去做好一件事情和发展一个兴趣，并且他们不厌烦这个过程，大人急躁的心态和习惯对宝宝没有任何益处，只能增加他们的急躁情绪和挫败感。如果家人想帮助宝宝发展对穿衣服的兴趣，完全可以在平时通过玩游戏、示范和自我练习来进行。

给宝宝一点儿台阶。家人不应在别人面前评论孩子的缺点，当然也不必夸大优点。家人有时会随便承诺孩子而不去做，那么当孩子承诺家人而不去做，或者做出各种调皮捣蛋的举动时，以积极的建设性的语言回应比消极语言对孩子更有帮助。比如出门前妈妈一再问宝宝喝不喝水，宝宝拒绝，可是一出门他就喊渴。这时家人很容易会说：“我刚才不是问过你了吗？你不是不渴吗？”或许我们可以这样说：“刚才不口渴，现在一口渴就告诉妈妈，真是好宝宝！口渴就要马上喝水，下次出门前我们带个水壶吧，你记得提醒妈妈哦。”

发展中的观察力

观察力对早期思维的发展至关重要，是婴儿认识世界和增长知识的重要途径，是想象力和创造力发展的重要源泉，也是智力构成的重要组成部分。达尔文曾说：“我既没有突出的理解力，也没有过人的机智，只是在觉察那些稍纵即逝的事物并对其进行精细观察的能力上，可能在众人之上。”

关注细微是孩子的专长。兰兰快1岁半的时候，《花园宝宝》玩偶套装来到我家。包装上有个很小的标签，取下来后我看了一下，告诉她里面都有谁，但是没有小点点，然后把卡片递给她。没一会儿，她高兴地指着一个地方表示那里有小点点，我仔细一看还真有，但真的是很小。一天晚上我带兰兰去枣妹家玩儿，她家有个大些的卡片，上面画着《花园宝宝》里的3位汤姆。兰兰马上指出“红汤姆的裤子掉了”，枣妈笑着说看了这么长时间都没注意到这一点。有一次，我陪兰兰一起看《天线宝宝》，她说：“天线宝宝怎么还戴围嘴呢？我长大了，我不戴了。”这些反应对于小宝宝来说普通又可贵，孩子们的关注点与其生活内容密切相关。

小宝宝有着天然的洞察力，观察能力的自我发展一直在自然进行中。本阶段，亲子互动形式更加多样，宝宝观察力的发展也更加明显。和爸爸妈妈一起玩儿时，他们就能自然主动地做到这一点。孩子们的观察不只是看，还包括对其他感官的运用。

学习观察自然进行就好，方式可以多样。家人稍加引导，孩子的观察便能更为细腻。在日常活动中自然互动已足够，比如鼓励宝宝提问或一起做游戏、阅读和做操等。图画书里有些图的细节文字并无体现，我引导兰兰一点点扩大对图的观察范围并由此扩展故事细节。时间长了，她会很习惯这种方式，有时会指着一个很不起眼的东西讲出一个小情节。比如“找我家”游戏，即从熟悉的地方一点点扩大距离。刚开始可以从离家最近的地方找，如离家100米处，逐渐可以扩大至社区的几个大门。当他们对途中的标志逐渐熟悉和有把握，这会成为一个既有趣又有成就感的游戏。慢慢地，可以再增加一点儿内容，比如让孩子做家人的带路向导，这就又增加了一点儿趣味和动力。

引导观察方法对孩子很有帮助。家人可引导宝宝全面观察事物，还要有重点、有顺序地进行观察，同时可以引导宝宝做对比观察，找到不同点和相同点，比如观察梨和苹果并找出异同。有时我会问兰兰今天院子里有什么不同，然后指出一点儿变化，比如什么地方多出个棚子，接着她就指着地告诉我上面长出了新的小草。

对人的观察很重要，家人可根据宝宝的月龄特点加以引导。我小时候没有得到这方面训练，以至于到了高中和大学阶段还要不断做自我训练。后来我的观察力虽有很大进步，但在较长一段时间里仍要靠意识去控制。兰兰和小朋友告别转身后，有时我会问她小朋友穿什么颜色的上衣。一开始她不能马上回答，需要回头看看，过几次她就能马上说出来。然后我再一点点地问更多细节，比如刚才见到的阿姨有没有戴眼镜，或者小朋友穿什么颜色的鞋子。2岁以后，这种互动可以更加深入。兰兰2岁2个月的时候，我在家里问她当天见过的阿姨有没有扎辫子，下次再见面她便会从这个角度去观察。有时我并不确定自己提的问题的答案，兰兰说完后我也不说什么，等下次见到同一个人再确认，结果发现她先前的回答都是准确的。3岁2个月的时候，有一天我带她去了两个地方，晚上回到家她告诉我，今天讲课的阿姨长得像某个邻居，剪头发的叔叔长得像石头哥哥的爸爸。

以下几方面对观察力的发展亦有重要作用和影响。

好奇心是观察力发展的重要动力。这个月龄的宝宝对周围事物依然保有强烈的好奇心，经常会主动观察并尝试探究动作与事物以及事物与事物之间的联系。

家人满足宝宝好奇心本身就有助于观察力的发展。宝宝如果对敲打物体感到好奇，家人可提供不同形状和质地的东西，引导宝宝用不同物体敲打同一物体，或用同一物体敲打不同物体，并引导孩子去倾听和观察。12月龄时，兰兰获得允许，可以帮妈妈打开电脑，她先去按电脑的电源开关按钮，由于没按到头，主机开关按钮只闪了一下，她就又去按电源按钮，主机开关按钮又闪了一下。反复多次后，我去按开电源并开启电脑，整个过程她始终专注地看着。19月龄时的一天，兰兰盯着我的湿头发看，我便问她头发为什么会湿，她说是“洗澡”。我说“真棒，如果下雨天没带伞头发也会湿”。尽管不知后一句她听懂没有，但我一般会稍微扩展一下我们的谈话主题。一天早上，我吃紫薯时手指被染成紫色，她看来看去，我就问她我的手指头怎么了，她说“紫色”。我又问她为什么会变成紫色，她说“吃紫薯”。

注意力是观察力的重要来源。注意是观察的重要来源，没有注意就谈不上观察。宝宝的专注力是一项宝贵的心理资源和学习资源，家人参与共同活动往往能成为孩子提高观察力的重要机会。

其他方面亦与观察力密切相关。宝宝有加工整合信息的能力，其他比如模仿能力和记忆力等也都与观察力密切相关。22月龄时，有两回睡觉前兰兰又跑下床，我就把一只大河马玩偶放在她睡觉的位置，她一看很难受，头两天还哭了，不情愿地重新回到床上。到了第三天，她发现问题并不严重，不过还是回头看了看，直接把大河马带走了。到了第四天，她连带走大河马的兴趣都没有了。

家人可通过宝宝的模仿行为了解其观察力的发展。

认识丰富的颜色

本阶段，宝宝的认知能力获得了新的发展，家人可尝试教他认颜色。颜色比起实物来有些抽象，认颜色和区分颜色也是对归类能力的培养。

首先受到宝宝关注和喜爱的是红色。红色色彩亮丽、辨识度高，在3岁前一直为多数宝宝所喜爱。后面的颜色认识顺序似乎并不严格，兰兰认识颜色的顺序是绿色、黄色、蓝色、橙色、粉色、紫色、黑色、白色、灰色。家人可根据宝宝的反馈逐步扩展。一般情况下，宝宝最初能够正确辨别和命名的几组颜色依次为：黑白红、蓝绿黄、紫橙，但也与家人的引导顺序直接相关。明确的命名有利于宝宝辨别颜色，这并不意味着要等宝宝会说话之后才能进行，任何形式的反馈都是可以的。

认颜色是一个自然而然的过程。家人可以将颜色与日常事物相联系，让宝宝体会颜色和生活的关系及其作用。比如，待宝宝熟悉了常见的蔬菜和水果后，家人就可以加入对食物颜色的描述，比如红色的苹果、紫色的茄子。家里的食物和物品的颜色已足够丰富，其他比如穿什么颜色的衣服、用哪种颜色的碗和勺等都可以捎带介绍给宝宝。家人可以用不同颜色的蜡笔画出不同事物——红色蜡笔画苹果或绿色蜡笔画树叶等，以增加孩子的感性认识，帮助宝宝熟悉颜色的区别与特点。

颜色分类游戏能帮助宝宝发展思维能力。宝宝能区分某些颜色后，家人可以让其取出某颜色的物品。我那时用得比较多的是积木，因为积木颜色丰富且安全易用。刚开始，家人可以拿起一个积木并以语言描述，待宝宝熟悉之后，可以让宝宝从众多颜色的积木中取出所有红色积木，或者让宝宝把红色积木送回家。这样反复多次后，宝宝自然就能区分不同颜色了。1岁半时，兰兰已经认识10种颜色，很喜欢把相同颜色的积木放在一起。接下来，家人可以引导宝宝把不同事物按照同一颜色分开，继而可以引导宝宝把红色的衣服、餐具、图片、玩具等分别归置。经过这样一个过程，孩子对颜色的认识便深化了，还同时发展了思维能力。

TIPS

宝宝对透明无色比较难理解，一般要到3岁以后才能逐渐体会。

按部就班，戒掉纸尿裤

从白天自主排便到白天自主排尿，中间有很长一段距离，需要几个月到2年时间。从白天自主排尿到夜里自主排尿，中间也有或长或短的时间。西尔斯说在对宝宝进行如厕训练前要用5000块尿布，这真是一个不小的数目，但如果仔细算一算，这个数似乎还不够。

随意控制小便的能力以神经系统的成熟为先决条件——随着中枢神经系统功能日趋完善，大脑皮层逐渐能控制反射性排尿，婴儿也将逐渐进入随意排尿的新阶段。新生儿和较小婴儿的排尿动作是原始的脊椎反射，即当膀胱充盈达到一定程度时，尿便被排出了。8月龄时，兰兰早上2次排尿的时间间隔明显延长了，平均1小时1次；晚上20～40分钟1次，控制能力不如早上清醒时好。有时排尿频繁是受到睡眠不足和情绪的影响。到了13月龄，兰兰在白天已能控制一部分小便了。

开裆VS死裆

随着纸尿裤的普及，开裆裤的消失也许只是早晚的事。我小时候肯定也穿过开裆裤，但没有留下半点儿记忆。现在国内卖的婴儿裤很多都预留了开裆线，拆拆缝缝都很容易。有些老人习惯给宝宝穿开裆裤，年轻的爸爸妈妈慢慢也能习惯，但这么做究竟能省多大的事或是不是真的省事又是谁都说不清楚的。如果宝宝穿着开裆裤去做体检，大夫就会提醒妈妈这样会影响身体健康。最晚到学爬时家人就该给宝宝穿死裆裤——从学爬到走路熟练期间衣服脏得很快，活动量又大，穿开裆裤会给宝宝的健康和安全带来威胁。绝大部分宝宝此时白天还不会控制小便，家人很快就会发现这样并不比开裆前更麻烦，我们之前所图的方便根本就不存在。邻居诺曼的爸爸是个美国人，他坚决反对自己的中国丈母娘给孩子穿开裆裤，这样诺曼就一直穿纸尿裤。

夜里控制小便

兰兰的情况正好相反，从1岁5个月开始，她先是夜里能控制小便。这在同月龄邻居家宝宝中间是最早的，这样晚上就不再用尿不湿了。在此前1个月，晚上能戒尿不湿的征兆已经出现，那时一连几个早上醒来后她的尿不湿都是干的，这样反复了几轮。那段时间我先是带她住在老家，紧接着爸爸又带我们出了趟门。那次回老家，我们睡兰兰哥哥的床，我告诉她这是哥哥的床，不能尿床，但每晚仍给她穿纸尿裤。之后出去玩儿，白天在酒店休息的时候，她着急要下床，原来是急着去尿尿。这两次出门期间，兰兰晚上几乎都没有尿。这样旅行结束返回北京后，我便尝试帮她晚上停用尿不湿。

爸爸起初不同意，担心我晚上太辛苦，但我觉得趋势已很明显，也许她并不需要很大的帮助。刚开始的1周，晚上确实睡不好，半夜一有动静我就问她要不要尿尿，没反应我也要把一下。头3晚把尿还挺顺利，往后我再把她并不尿，好在没有清醒，接着又睡熟了，一直到早上也没尿床。这样到第2周我就放松了，兰兰表现稳定，半夜我就不再惦记了。兰兰那时已经会说“尿尿”，事情很快变得更加简单，偶尔晚上想尿就会告诉我。20月龄时的一天，凌晨4点钟她爬起来说要尿尿，尿完后马上就重新入睡了。

从17月龄开始的13个月时间里，兰兰半夜尿床的次数不超过9次，包括30月龄时的一次。那天夜里尿憋得厉害，白天玩得又很乏，就尿床了。其他几次尿床主要是由于睡前喝水后没来得及排尿就入睡了，而且尿床的时候也并非没有任何反应，有的是边报告边尿，有的是报告以后太困了不配合把尿。偶尔尿床后我从未给过她压力。

帮助宝宝晚上控制小便对于一些家庭将是一场持久战，会持续到2岁半、3岁半甚至5岁。像兰兰这样能在1岁半就做到这一点应是少数，我抓住了时机也是一点原因。3岁前能做到这件事都是很好的，家长不要给自己尤其是不能给孩子压力，包括在处理湿褥子时也不要表现出丝毫厌恶，有一些尿床极端延长的案例便与此有关。

白天控制小便

兰兰夜里戒掉尿不湿如此顺利，我便天真地以为她白天控制小便也指日可待，实际上并非如此。茗茗20月龄时白天能控制小便了，基本上每次都会提前报告，这在这个月龄的孩子中间亦是少数——此时孩子的反应和控制能力一般都还达不到。我详细问过茗茗妈妈，她告诉我是在一次回娘家期间成功的，再具体的就说不上来，总之是一夜长大。我那时也用了一些办法，主要是事前提醒兰兰或定时带她上坐便器，偶尔也和她讲讲不尿裤子的好处。那段时间情况确实好了很多，兰兰白天报告尿尿的时候多了起来。

暂时性倒退随时可能发生，这有时更令妈妈们苦恼，难免会有“一朝回到解放前”的挫败感。其实只要大趋势是明朗的，对短暂的倒退从容应对就好。茗茗后来有2周白天又不能控制小便了，但很快情况就又好转了。兰兰白天还是只能控制一部分小便。过了2岁，反而倒退了。2岁1

个月的时候，一天外出聚餐，出门时她穿着纸尿裤，我没带备用的。以前在这样稍微陌生的环境里她的控制力会更好一些，那天却不是，饭还没吃完，已经换了2条裤子，后一次是她坐在宝宝餐椅上一边说笑一边尿，自己似乎毫无察觉。此前的一两周里，白天她对尿尿几乎都没有控制力，不报告，也不找坐便器，可以说是“严重倒退”。

这种状况持续的时间并不长，我决定重新尝试和她沟通一下。有2次在她尿湿裤子我给她换新裤子的时候，我问她裤子湿了是不是不舒服，她说是。我告诉她如果不尿裤子，屁屁和裤子都会干干爽爽，舒服又干净，只要提前报告想尿尿就能这么舒服。这么沟通后过了不到1个星期，从此白天她不再尿裤子了。那个月她还学会了自己穿、脱裤子，排尿也能憋住了，比如在超市里报告后需要等待结账和找厕所时能够延迟排尿。

除了神经系统的发育，做到自主排尿还有赖于家人适时和适当的帮助（这一点反过来能推动意识水平的进步）。纸尿裤主要是2岁半以前穿，尽管如此，从上个阶段开始，家人就可以尝试提供这样的帮助，比如要求孩子尿尿时下蹲或者报告，以及尝试使用坐便器等。兰兰开始用坐便器的时间不算晚，但直到半年后也就是18月龄的时候，她才开始主动坐上坐便器尿尿（不是每次都这样）。

完全做到白天自主排尿一般要到2岁半以后，当然这一点也存在个体差异。兰兰在蒙特利尔上幼儿园时，我了解到2岁半以下的孩子都穿纸尿裤，快用完时老师会提醒家长补充。中国小男孩多多2岁入园时已不用纸尿裤，这令老师颇为吃惊。总体而言，24月龄前后做日间小便训练是一个理想的时间。

阅读札记

亲子相处之道

电影《看上去很美》当初给我很大震撼：小主人公方枪枪和爸爸、老师之间的关系让我清晰地意识到儿童和成人世界的冲突。

海姆·G. 吉诺特的《孩子，把你的手给我》一书主要讲述父母如何有效地和孩子沟通，为面临生活中常见状况和相处难题的父母提供了具体建议和长效解决方案。作者熟知孩子的心理，提出爱需要技巧和积极且一致的回应；沟通中要针对孩子的感受做出反应，而不是针对其行为；给孩子制定规则并执行时，对感受要宽容，对行为要严格。当我们回忆儿时的经历，就更容易在其中找到共鸣。作者所倡导的接纳孩子和引领孩子的思想似乎是为与儿童沟通而准备，实际上在和婴幼儿的日常沟通中也十分有效。举个我生活里的例子。

快 2 岁时，有一天兰兰的屁股碰到窗台沿儿被撞疼了，她哭了起来。

爸爸说："兰兰不哭，兰兰不疼，兰兰最勇敢！"

听到这句话，她哭得更凶了。

我关切地问："屁屁碰疼了呀，告诉妈咪哪里疼？"

兰兰指了一下地方。

"是这里吗？"我问。她点点头。

“妈咪帮你吹吹，吹吹就不疼了。”我用力吹了一口气，她马上就不哭了。

书中“积极的养育：孩子生活中的一天”这一章对于已入园或上学的孩子家长十分有用。作者还告诫家长要重视语言的破坏力量，并分享了对待孩子的谎言、偷窃行为、嫉妒和焦虑心理等的对策。摘录几条作者的原话。

要想减少敌意，父母应该给孩子提供体验独立的机会。孩子越自主，敌意就越少；孩子越自立，对父母的不满就越少。

如果孩子被称赞聪明，那么他很可能不大愿意接受富有挑战性的学习任务，这种情况并不反常，因为他们不想冒险而失去高分。相反，如果对孩子付出的努力进行夸奖，那么他们可能对于艰难的任务会更加坚持不懈。

称赞的时候要做明确、详尽的描述，这需要一点儿努力才能做到，但是孩子能从这些信息和赞赏中受益，远比那些对品格的评价要有效得多。

亲子关系和将来的同伴关系、师生关系对孩子的成长都很重要，《窗边的小豆豆》对这些关系的描写令人感动，值得一读。

物品推荐

日常生活所需物品

广口（宽口）杯；软毛牙刷；洗澡用具和玩具

促进大运动所需物品

楼梯；小滑梯；超市推推车、三轮车；各种大小和形状的球；沙包；沙滩玩具等

促进精细动作所需物品

串珠、串珠游戏架；敲锤玩具；画桌

促进认知所需物品

婴幼儿读物（绘本故事、儿歌等）；拼图（2 ～ 4 块）、场景式积木等；手鼓（腰鼓）、玩具钢琴、架子鼓等；小桌椅；玩偶；过家家用玩具屋、玩具厨房；玩具车

PART

03

24 ~ 36 月龄
渐入佳境

发展关键词

发展思维 | 全面成长 | 走向理性 | 走出家庭

24～36月龄

关键词

发展思维　全面成长　走向理性　走出家庭

展　望

- 此时家人已很难再将孩子当成小宝宝看待——相比头两年而言，此时他们已走出婴儿期，长成孩童。他们时常表现得像个小小演说家、社会交往家、运动员或是科学家，个性、社会性与认知等将会在本阶段获得明显发展。
- 本阶段是发展运动技能、语言表达、社会交往、思维能力、常识、秩序感、创造力和艺术感受力等的重要阶段，其中语言表达能力发展迅速，孩子们将逐渐能应付日常基本交流。陌生人焦虑和分离焦虑明显下降，孩子们在对社会交往的喜悦和对分离的失落的矛盾体验中曲折向前，这个矛盾是孩子们走向分离而不焦虑的必然过程，并会不时带给家人一夜长大的惊喜。通过学习日常生活技能，孩子们将能更好地融入家庭生活。
- 思维能力发展迅速，推理思维获得发展，思维的独特性仍很明显；开始走向理性，亲子沟通将逐渐顺畅；自我意识和复杂情绪继续发展，违拗心理仍然存在；期望得到家人的积极评价，对情绪和情感的控制能力亦在提高。

- 本阶段是家人帮助孩子发展性别意识、丰富数概念和假装游戏的内容、扩展空间和时间知觉、扩展和延伸谈话主题等的适宜时间。调整亲子沟通方式，继续培养良好的生活和学习习惯；日常以鼓励为主，避免泛泛夸奖。社会交往能力稳定发展，家人经常带孩子参加亲友聚会，提供与小伙伴交往的机会。为孩子提供参与家务活动的机会。引导孩子学习自我保护。为顺利入园做全面准备。

运动能力的发展

在上个阶段，宝宝初步完成了从移动动作向基本运动技能的过渡。本阶段，儿童的基本运动技能将会获得进一步发展，平衡性、灵活性、敏捷性和协调性方面将会有很大进步。这些变化带给他们不小的成就感和交往乐趣，亦有助于促进其他能力的发展。

本阶段，大肌肉动作的发展集中体现在走、跑、跳、钻爬、平衡、攀爬、投抛等方面。孩子们经常边玩边跑，家人也可以带他们去公园小跑。跳的形式很多样：从高处向下跳、离地向上跳（蹦高）、向前跳（蹦远）、向后跳、单脚（腿）跳、分合跳、跳过低矮障碍物等。一些约20月龄的宝宝已能蹦高，到了24月龄，很多孩子已经蹦得有模有样。接下来比较容易的是向前跳，润润2岁半时一次差不多能向前蹦六七十厘米。对于单脚跳和分合跳加以练习的话，3岁前能够习得，此时孩子一般只能用固定的一只脚。家人不一定能想到这些运动方式，入园早的孩子能提前接触到这些活动。兰兰2岁半的时候开始练习单脚跳，3周后就可以连续跳了。

平衡和钻爬是幼儿园小班的常规活动，比如走斜坡，头顶沙包行走，双臂平举在宽窄不同的平衡木上自然走，钻拱形门等。此时手膝着地协调自如爬行对于当初跨过爬行阶段的孩子已没有障碍。攀爬体现为双脚交替上下台阶（如滑梯台阶）以及向高处和远处爬，例如在攀登架上爬上爬下。投抛体现为原地挥臂过头抛物及与成人近距离传接球，可用网球和沙包做练习，安全又有乐趣。以能听口令做体操，且动作较为准确为目标。兰兰的两个小伙伴很厉害，他们热衷于玩踢腿和劈叉这样一些具有挑战性的动作，从1岁多就这么玩儿。茗茗是其中之一，她的爸爸经常陪她踢球和玩球，妈妈常陪她做各种腿部动作，她的运动能力就比较好。在0～3岁，如未进入日间托管机构，孩子各项运动练习的机会主要取决于家庭的活动安排。

代步工具对孩子有独特吸引力。2岁3个月的小成成骑着带辅助轮的14寸自行车到处跑，他更喜欢和大一些的哥哥玩儿，尤其喜欢相互追着骑车，到3岁9个月时已经能骑卸掉辅助轮的两轮自行车了。学习骑自行车尽管并不很容易，但学习的障碍也不明显。当腿的长度和力量发展到一定程度后，小朋友之间的互动更加重要，家人还能透过互动发现一些问题，帮助孩子提高。

日常活动只要有助于发展孩子的协调性、耐力、速度和平衡就可以，一些书上的描述已落后于实际。现在无论城乡，练习运动的工具都不缺乏，加之家长比以往更加注重对孩子运动能力的培养，一些三四岁的发展目标往往在3岁前已经实现。在农村或山区，或是父母喜欢做运动的家庭，2岁多孩子的活动能力已经很强，甚至爬山、翻矮墙都不在话下。

加拿大的孩子运动能力普遍很好。很多两三岁的孩子已能独立抓杠子吊上几分钟，有的还能向前移动换一两次手，3岁孩子上冰场也不罕见。小学低年级的孩子普遍会游泳和侧手翻，学校的体育课、社区儿童活动以及夏令营等都有这方面的练习内容。有一次，我在渥太华的一个公园里看到两个小姐妹在翻跟头，过了一会儿她们的妈妈做出了更加优美的动作。有这方面经验的家长告诉我，这个动作需要练习一段时间，开始练习的年龄很重要。而且这里爬墙、上房和上树的条件也比较便利——房子矮，院子里就种着树。

摆脱睡眠依赖

琪琪的姥姥告诉我，她12月龄的外孙女日常有三宝：粉单子、大拇指和小手绢。睡觉时必不可少的是第一件。这种情况在这个月龄较为普遍。除了实物，其他依赖对象还有声音、光线和家人的陪伴等。当宝宝过了1岁特别是2岁以后，家人日渐感到睡眠依赖物很多余，且需要格外清洁，于是开始尝试一些办法，但有时反而会加强这种依赖。

有和没有依赖对象，哪种情况下孩子休息得更好？在婴儿期尤其是尚未建立起安全的母婴依恋之前，依赖对象确实会带给孩子安慰。现在，孩子已进入幼儿期，这个问题可以改成：惦记和不惦记依赖对象，哪种情况下孩子休息得更好？孩子有时睡不稳，依赖还是不依赖此时容易转变成亲子双方的持久战。前面这个问题可以用来测试家人的心态。如果家人以前对孩子的睡眠干涉较多，就应在孩子入园前做好调整。家人先要调整好自己的心态，然后要相信和鼓励孩子，逐渐帮助孩子摆脱睡眠依赖，以得到更好的休息。

天天的姥姥告诉我，天天入睡前要给他挠挠屁蛋才行，她担心孩子入园后午睡会有困难。如果告诉孩子小屁孩才需要挠屁蛋或者拍着睡，有的孩子就能接受并会很快发生积极变化。还有一些孩子的依赖不能很快戒除，家人可以一方面夸赞孩子长大了，一方面逐渐缩短或减少依赖物的使用情境。比如，和孩子商量这周去奶奶或外婆家（或邀请哥哥姐姐来家里），让奶奶和外婆（或哥哥姐姐）看到你长大了，睡觉不用妈妈拍，有的孩子经过几天可能就会适应。如果没有，可以和孩子接着商量，如妈妈整理完衣服再去拍一拍，让孩子去体会和逐渐适应自己入睡。

家人还可以通过讲故事来疏导孩子的依赖心理。兰兰的依赖物是《花园宝宝》里的红汤姆玩偶。这是她的第1个人形玩偶和动画人物玩偶，2岁后对其由喜欢变成依赖。2岁5个月时，兰兰在家时随时随地都有可能要找它，睡觉更是离不开，除了入睡阶段，有时半夜醒来也要找，好像梦里也惦记似的。

一天晚上，兰兰入睡后我把红汤姆藏好。第二天看她情绪好的时候，我告诉她汤姆回英国给妈妈过生日去了，他们一家彼此想念，要多住些天才能回来。她有点想儿哭，但也理解汤姆想爸爸妈妈的心情。当天晚上我提议“打电话问候一下”，“通话”过程中兰兰哭了两次，一次半分钟左右，平时她很少能哭这么久。第二天晚上她主动要给汤姆打电话，很害羞地说“我想你”，说的时候情绪还不错。19天后，汤姆回来了，兰兰很高兴，似乎完全能接受这种安排了。分开期间，依赖的小纠结统统消失，可“团聚”后又出现了，这样又有了第二次、第三次的短暂“分离”。第三次“团聚”后没过几天，我发现她对汤姆的依赖已大不如前，白天很少围着它转。很快她又入园开始了新生活，红汤姆则过起了和其他毛绒玩具一样的“普通生活”。回顾整个过程，我和爸爸当初应该做些更细致的工作，比如及时安排好花园宝宝的“作息时间”和“日程表”，并提前做好沟通，相信情况会好很多。

由此可见，父母引导孩子摆脱睡眠依赖的过程也是孩子发展自我意识和认识自我的过程。带着长大的喜悦，他们也会逐渐鼓励自己去面对生活中的新变化。

解决叫醒和闹觉

叫醒孩子和处理闹觉经常会演变成一件事：当唤醒的时间不对，孩子就会闹觉。小孩子睡不清醒和大人发怒时很相似，都有点儿神志不清，情绪容易失控。

叫醒的时间与方式

被叫醒或吵醒不是件愉快的事，睡到自然醒最好。但有时家人有其他计划，或为控制日间睡眠量，或者早上要入园等，这些时候就需要叫醒孩子。叫对时间和用对方式不仅能顺利叫醒孩子，还能减少闹觉的发生。

叫对时间的主要依据是睡眠规律。6月龄时，宝宝的睡眠模式已接近于成人，由非快速眼动睡眠（NREM）和快速眼动睡眠（REM）组成。前者占据近70%的睡眠时间，包括浅睡眠和深睡眠等；后者在新生儿阶段至少占到睡眠时间的一半，此时则减少为25%～30%。成人的一个睡眠周期是90～100分钟，宝宝的短一些，大概60分钟。相对于中午和下午，早上叫醒时更容易得到宝宝的配合，这是因为随着黎明渐渐到来，深度睡眠逐渐消失，加之经过整晚休息，一般都比较容易清醒。

本阶段，宝宝在午睡1～2小时后被叫醒状态会比较好。宝宝们很容易在行驶中的车上睡着，浅睡眠阶段比较容易叫醒宝宝，下车时一抱，马上就能清醒。如果继续睡至近半小时，适合给宝宝挪地方，否则睡眠容易被中断。最好不要在深睡眠期叫醒他们，那样宝宝会很难受，容易哭闹；也不要在宝宝做梦时叫醒他们，经常剥夺梦的结果可能会造成情绪低落等。梦境主要出现在快速眼动睡眠期间，此时眼球会不由自主地快速移动，家人比较容易观察。孩子经过快速眼动睡眠醒来后，比较适合开展创造性活动。有几次，兰兰在不恰当的时间被迫醒来后，不清楚发生了什么，比平时哭的时候更难哄。过了3岁，这种情况会好很多。

叫醒的方式很多。用音乐叫醒就很好，尤其是对于习惯听音乐的宝宝来说，可能还很愉悦。如果用其他方式要尽量柔和自然，比如轻声呼唤、抚摸或者打开窗帘。最忌讳的是大声吵醒宝宝，这对宝宝的大脑发育不利。

唤醒的内容也很关键，对于玩得很累、睡觉很沉的宝宝来说更是如此。家人可以讲讲宝宝当天或近期最感兴趣的事情、游戏或是最喜爱的一个故事，或拿来宝宝喜欢的动画人物玩偶等吸引其注意，这时孩子很容易就会接上后面的话，自然也就清醒了。此外，美食仍是这个阶段的重要诱惑之一，可以使宝宝的情绪比较稳定、轻松和愉快。

处理闹觉

处理闹觉常令家人感到棘手。对于被迫醒来而生气哭闹的孩子，家人应尽量用转移注意力的方式来缩短这个过程，用什么转移注意力取决于孩子的兴趣点在哪里。

孩子不仅在睡不醒的时候会闹觉，困了还想玩也会闹觉。这种情况下父母先要有个判断，对孩子当天的睡眠、活动情况及其对睡眠的影响要心里有数，提前做好睡觉准备，并给孩子营造一个好的入睡环境，通过尽快入睡来消除消极情绪。

平时的家庭规则不适用于处理闹觉。孩子在早上也可能会闹觉，主要发生在睡眠量偏少的情况下，但闹觉的程度还是比较轻。有一天早上，兰兰没睡醒，吃早饭时非要拿几个空碗。这时再让他们重新睡觉也比较难，不如容忍他们闹一会儿，直到清醒为止。兰兰有几次闹觉的时候很执拗，坚持要把物品摆在原地或者做被限制的事情，此时很难再用平时的方式去沟通，让孩子尽早入睡才是明智之举。一天晚上她困得不行，非要给我刷牙，我只好让她刷了两下。第二天我立即调整了给她洗澡和刷牙的时间，提前至晚饭后半小时左右进行，这样她再犯困时就能随时入睡了。

缓慢发展的时间知觉

在快到2岁前的几个月，宝宝对时间的感觉得到扩展，此时他们能回忆并谈论一天中发生的事情，并对第二天做出期待。这时家人的期待难免也会提高。然而实际上，相对于空间知觉，时间知觉的发展更加漫长，时间概念也更加难以建立。如怀特所言，在0～3岁的大部分时间里，孩子们“都只有此时此地的概念”。

时间知觉没有专门的感觉器，我们无法直接感知时间，只能通过中介，而计时器和日历这样的中介即便对于大孩子也难以理解。婴儿最早的时间知觉主要是依靠生理变化而产生对时间的条件反射（生物钟），此后，生活制度和作息制度、昼夜交替和四季变化等也成为发展时间知觉的重要线索。

TIPS

有规律的生活有助于孩子发展时间知觉。

对时间单位的理解需要积累一个较长的过程。孩子首先能对“天”有所理解。如果家人经常与其沟通需要等待的时间，比如告诉孩子3分钟

（说1小时无济于事）后喝奶，也会推动孩子对“分”的理解。对小时的理解则更难一些。与此同时，他们仍在逐步认识着四季、上午和下午等。

孩子们以“今天”和“现在”为起点逐步向未来和过去延伸，对“明天”和“昨天”等本阶段难以准确运用，虽然他们时而能够准确表达。兰兰2岁2个月时的一天早晨，告诉我她身上的新睡衣是昨天晚上穿好的，但之后还是会反复。12月龄后的一个周一早晨，同月龄的兰兰和莹莹在去幼儿园的路上相遇。两个小朋友聊起周末的事情，莹莹说“明天我爸爸带我去他们单位了”。“前天”和“后天”、“过去”和“将来”的概念就更难了。我听几个6岁的小邻居对话也会时而搞错这些时间概念，我还听过两个4岁的小朋友讨论“将来”他们2岁时去做某件事情。

类似的趣事还有很多，比如孩子会以高矮判断年龄大小，不明白两个人之间的年龄差距是恒定的；对年龄大的人出生年份或月份小感到困惑等。有一次我和4岁半的蓁蓁聊天，我告诉她长大以后她的弟弟会像爸爸那么高，而她会像妈妈那么高。她立刻说弟弟比我高，弟弟比我大。我不确定她说的“大”指什么，便问长大以后你还是姐姐吗？她略带迟疑继而闷闷不乐地摇了摇头，好像有些难过。当她听说自己一直都是姐姐时，才破涕为笑。

在儿童时间概念研究方面，爱因斯坦和皮亚杰有一段佳话。1928年，爱因斯坦向皮亚杰提出一个问题：孩子以怎样的顺序获得时间概念，并建议皮亚杰研究儿童对速度和时间概念的认知。爱因斯坦想知道孩子先后分别了解哪些概念，每个概念如何而来，概念之间如何相互影响，等等。1946年，皮亚杰的《儿童时间概念的发展》出版（首版是法文版，英文译本出版较晚）。他发现孩子先发展的是快慢观念，然后才是时间观念。

以下是本书部分原文，海云师兄帮助做了校译。

简而言之，定量时间同时涉及几何体系、动力学体系、力学体系，其程度远甚于定性时间……时间的先后顺序是从因果关系推导出来的。

在我们看来，幼儿的时间概念很不连贯，这种现象源于他对物理空间进行量化认知时普遍面临的困难；幼儿对于速度守恒不做任何假定，因而无法领会表的等时性等规律，这很正常。

值得指出的是，和同质性一样，不应该想当然地认为它（时间概念）同样适用于所有心智发展阶段；实际上对于幼儿，时间是不连续的、局部的，因为运动一旦中断，时间也相应停止了。

因此，“纯粹的持续时间”肯定是个彻头彻尾的神话；持续时间是构建性智力的产物，日常生活中对自我意识的组织和身外宇宙的阐述都同样离不开这种构建性智力。

由此可见，孩子对时间的理解发展缓慢。

“不是‘小斗’是‘小斗’”

如同其他方面的发展，发音也会有反复。2月龄前后，兰兰就爱说“阿锅”和“阿狗”，9月龄的兰兰仍能发“哥”的音，1岁生日时还说过“瓜瓜”，但此后直到2岁半一直不会说“小狗”，每次都说“小斗”。润润也是如此，在1岁头几个月里，她还经常把“小狗”挂在嘴边，可到了2岁，怎么也只说“小斗”了呢？不过既然说过，将来必定还能说。

在邻居家2岁多的小宝宝中间，把“小狗”说成“小斗”的不在少数。虽然如此，孩子们却很清楚应该是“小狗”而不是“小斗”。有时候家人也说“小斗”，兰兰会立即纠正，告诉我们“不是‘小斗’是‘小斗’”，并且特意强调后一个“小斗”，像我们最初给她示范的那样，仿佛这样就真的是在说“小狗”。有一次我和高高妈妈聊起这个情况，她说高高在家也会这样认真地纠正她。2岁半的惠惠把“发烧”说成“八刀”，她的姐姐向我解释，站在一旁的惠惠马上说“我没说‘八刀’，我说‘八刀’”。

孩子们学习说话时的“拦路虎”不尽相同。有时自家孩子说不了的，别的孩子却完全不在话下，或者情况相反。有的孩子把“h”发成“f”，有的则会把“h”发成“x”；有的孩子把“z”发成“d”，有的则会发成“t”。接触的孩子多了，妈妈会发现原来有更多的发音障碍和替代方式，自己的孩子只是“小斗”队伍里的一员罢了。除了“b”“p”“m”“f”“d”，其他声母“拦路虎”在兰兰的小伙伴中间都出现过。个别的发音困难在4岁前仍很常见，比如“l”和“g”。

孩子们自然就能克服发音困难。不过，这个自我矫正的时间需要多久还说不定呢！实际上，每过一段或长或短的时间，随着输入的增加和语言的使用，“拦路虎”们便会排着队逐个消失，家人有时甚至说不清更替发生的时间。那些把“说”发成“佛”，把“花”说成“发”，把“鹅鹅鹅”念成“我我我”，叫“润润”为“沃沃”，把“快”发“tuài”、“兰”发“楠”的日子都成了珍贵的过去。有一些发音经过沟通和家人的鼓励则很快能自我纠正，比如“四”和“系”，“瓶子”和“瓶肌”，“吃饭”和“七饭”。唱歌活动对发音自我纠正亦有帮助。

TIPS

3～4 岁幼儿发音不准的现象仍很常见。在这方面孩子们完全能自我纠错，家人只要多些耐心、多陪孩子阅读就好。

顽固的“拦路虎”也不例外。兰兰的多数拦路虎都只停留了较短时间，而“g”发为“d”则持续了较长时间，这个再加上“k”“l”“z”共同构成兰兰2岁半前最后4个“拦路虎”。到了2岁半，“拦路虎”又少了一半，只剩下“g”“l”2个“顽固分子”。以至于2岁8个月的一天晚上，当兰兰说出“小狗”的时候，连她自己都没有注意到。我听了好开心，叫来爸爸一起听她说了好一会儿。从此她能稳定地呼唤“小狗”了，此时距离上一次她发“g”的音已过去近20个月。“l”则在3岁生日当月她自己纠正过来了，此前莹莹和润润都能清楚地喊她兰兰，倒是她叫自己“楠楠”。

“小斗”们终将成为历史和美好而有趣的回忆。

渐入自如表达之境

有了前两年的积累，本阶段孩子将进入语言学习能力的爆发期。这一年仍是言语发展的高峰期，孩子们将能掌握日常基本口语。3岁左右的孩子基本能掌握母语的全部发音，词汇量将增至1000个左右。

语言学习能力增强

2岁多的孩子语言学习能力相当强，这一点表现在多个方面。

喜欢学习和使用新词汇。兰兰很热衷读物里的语言，有几次洗澡时她说“我要洗头，我不想和小豆豆一样头发臭臭，没人愿意和她玩儿”。她还崇拜故事里的成语，学会的第一个成语是“五颜六色”，很快又会用“小心翼翼”。每用一个新词她自己都很高兴，有时会在用之前先反复念叨，还会创造一些机会来用这些新词。有一天我带她去坐公交，等了好一会儿才等到，她高兴地说“太好了，车终于来了”。一天晚上，我找零食没找到，她试探着说“这真是太无奈了”。小孩子对语言的敏感常常超出大人预料，有时他们会用那些仅听过一两次且不常用的词，但往往一用就很准确。

能够扩展句型和转述意思，语法运用能力发展迅速。有一天她对着《花园宝宝》里的玩偶反复说：“我把花园宝宝尿湿了，花园宝宝被我尿湿了。”这是个新的句子，她在自我练习。与此同时，孩子们对问句、否定句和复杂句的使用也多了起来。另一个变化是转述意思。一天下班后，我俩走到小花园，她告诉我谁谁说这个观景台是什么什么样，说明她能转述别人的话了。传话也不再是前段时间的“复读机模式”，而是去转述意思。家人可以为孩子创造这样的机会。

语言表达的逻辑性增强，清楚自己想表达的意思。兰兰2岁3个月的时候，一天中午我对她说现在马上睡午觉，可她很兴奋，一点儿困的意思都没有，我就又说“今天你不能睡午觉了，晚上早点儿睡吧”。我本想激发她睡午觉，没想到她问我：“你到底是要我睡觉还是不要我睡觉？”3岁前夕，兰兰开始纠正家人对她的话的误解，在沟通过程中她会反复评价我们的理解是否正确，直到说出她想要表达的意思才肯罢休。

发音更加准确。2岁3个月的时候，兰兰特别爱发后鼻音，比如会拉长声音叫“茗茗”。2岁5个月时又爱上卷舌音，遇到卷舌音就会拖长发音，比如说“老师”和“知道”。这些现象在兰兰的小朋友中间也能见到，表明孩子们的发音更加准确了。

自我言语

“自我中心言语”和“自我言语”分别是皮亚杰和苏联心理学家维果茨基提出的概念，前者指较年幼儿童的非社会性言语（不指向他人也不考虑听者），后者指儿童的口头言语表达形式，可以发挥自我交流和指导儿童思维的功能。维果茨基的观点对家长有所启发，尤其是对那些担心孩子自言自语的家长。

维果茨基观察到这种自我言语将会随年龄增长而简化：从完整句、单词句到唇部运动，再到没有声音的内部言语。儿童在试图解决问题或达到重要目的时更可能自言自语，他的自我言语会转变为认知自我指导系统，后者会对问题解决活动进行调整。

调整亲子阅读方式

对阅读的兴趣和语言能力的发展密切相关，为此本阶段可以考虑对亲子阅读方式做些调整。兰兰刚过2岁生日，我在讲完一个新故事后开始让她复述一下梗概。一个新故事被家人讲过一两遍或两三遍后，如果配合提问，就能给她留下基本印象。听过两三遍后，她一般能跟着家人接故事，这时面对提问，回答会更加流畅。一字不差地接故事是她的最爱，侧重于锻炼记忆力，而复述故事更多的是发展思维能力。一天晚上，爸爸给她读了一个新故事，我还没有看，她告诉我是“受伤的拖拉机”。我便问她拖拉机是怎么受伤的，又是谁想出好办法把它修好的。她给我讲了一遍，讲得还比较准确。

自从开始引导兰兰复述梗概，她更加关注故事本身了。不过故事逻辑复杂一点儿的，有时听一次还弄不明白。

语言表达与日常生活

语言表达能力的发展大大丰富了孩子们的日常生活。

不管是当乖孩子还是当小馋猫、捣蛋鬼的时候，语言都大有用武之地。兰兰2岁4个月的时候，家人一帮忙她马上就会说“谢谢”。那段时间每天都说很多次，她给家人帮忙后也要求我们对她说“谢谢”。语言也是小馋猫们的重要武器。一天晚上，兰兰去问爸爸“你想喝酸奶吗？你不喝我就喝”。那天晚上，她刷牙后又要吃东西，为此和爸爸发生了争执，爸爸告诉她刷完牙不能再吃东西。

“可我还是很饿。”她说。

“你不吃东西就多念一本书，一共念两本。”

“那好吧。可我还是很饿。”

“实在饿，那就吃吧。”

“太好啦！吃完念三本书！”她得意地欢呼起来。

孩子们对同音字的误解为日常生活带来很多趣味。比如他们把小鹿的“角”理解为“脚”，把“修”东西、起“泡泡”理解为“羞”和“炮”，把“举个例子”理解为“举个栗子”，这时对话常常会很有意思。有些幽默也是由于对词语的误解发生的，记录下来隔段时间看仍觉得很有趣。邻居京京跳绳很厉害，看得兰兰很羡慕。我对她说“京京姐姐是你的偶像”，她惊讶地说：“姐姐有大象那么厉害呀，那她和大河马也是好朋友吗？”

是否教孩子认字

一些孩子会在本阶段某个时间表现出对印刷字的好奇。家长如果借机引导孩子认字，会引发孩子的识字热情或者说对汉字的一点儿崇拜。2岁半的惠惠对一本图画识字书很有热情，认识妈妈教过的一些字，但对于单词较为随机的字则有些捉摸不定，或发生记忆差错。比如，“河”字，妈妈有时说“河流的河”，有时说“河水的河”。有的家庭直接用字卡，孩子也能认识。兰兰对汉字也有一点儿兴趣。有一次，我在商店给她挑帽子，她自己选了一个汉字挂图要我买。她在认字方面并没有表现出明显的好奇心和热情，本阶段我没有教她认字。

TIPS

3 岁以后是认字的适宜时间。

有的孩子对认字不仅有热情，而且能力出众。兰兰的同学可可是个小男孩，他3岁时已认识几百个字；另一个小哥哥大齐4岁时已能自己阅读。对于这种情况，家长就应该满足孩子的认字愿望。

对视频内容的反应

和很多家庭一样，本阶段之前我们几乎没有在兰兰醒着的时候看过电视。电视的回看功能和网络点播很方便，家人没必要非在孩子清醒时看电视。如前所述，不应让2岁以下宝宝接触屏幕（除了视频聊天），这是美国儿科协会给家长的具体建议。

上个阶段，我试着让兰兰接触了一点儿视频节目，主要想看看能否对她的语言发展有所帮助。第一个视频是《婴儿画报》的配套光盘，初次接触动画，她的反应是既高兴又紧张。有个故事说一个小姑娘在海边捡到一个大海螺，和妈妈一起把它放入“大海妈妈”的怀抱，并且说“我要我的妈妈”。这个故事兰兰一看就紧张，我的猜测是这个反应和分离焦虑有关，看其他故事有时也会紧张，于是简单尝试后便放弃了。

我小时候看过的动画片，比如《猫和老鼠》《蓝精灵》等不适合给一两岁的小孩看。英国的《花园宝宝》专为1.5～4岁的宝宝量身打造。14月龄时，兰兰收到小洁阿姨的礼物——《花园宝宝》里的红汤姆玩偶。几个月后，她开始接触这部动画片。

令我惊讶的是，看这部动画片的时候兰兰有很多情绪互动，经常会高兴地笑起来。光是这个反应，我觉得就算选对内容了。接触2周后，她开始跟着配音叔叔学说话，主要是数小点点，从1数到10，兰兰一开始能跟着数到4。那时她一天看2次，每次10～15分钟。看她那么喜欢，我便给她买了里面其他几件玩偶。加拿大麦吉尔大学教育学院副教授亚当·杜布先生在关于儿童电子产品使用的讲座中提到了这一点，认为玩偶有助于孩子建立视频和生活的联系，对内容的理解有帮助。他还提到月龄小于30的孩子难以将视听内容与现实事物连接，因而不可能从教育节目中学习词汇。

一些视频内容为孩子提供了模仿对象，促进了孩子模仿学习能力的发展，随着月龄增长，有时也能促进语言和情感体验能力的发展。逐渐地，孩子们会把视频故事或电视里的一些内容带到生活中。24月龄的莹莹看小朋友跳舞的光盘已近半年时间，模仿得有模有样，能表演一支完整的舞蹈。她也学了不少光盘里的歌曲，喜欢同时又唱又跳，有时走着走着就要跳一段。兰兰25月龄的时候，一天晚上我给她洗澡时她有点不好意思地说："谢谢妈妈给我擦头发。"我问她这是谁说的，她说是电视里的小熊优比。但在本阶段，积极影响还较为有限。

TIPS

孩子们对电视广告的兴趣通常较为浓厚。这主要是因为广告画面变化快，制作精致，视觉上很吸引小朋友。

“妈妈，我害怕你去上班”

不想让妈妈离开自己去上班是孩子对妈妈的依恋和分离焦虑的表现，有的家庭在这个问题上会胶着很长时间。那些处在分离焦虑高峰期又尚未建立起安全依恋的孩子，反应可能会更加激烈。情绪表达性语言有时也会推动焦虑情绪的发展。分离焦虑持续时间的长短主要取决于爸爸妈妈的情感、态度和处理方式。同时，其他日常养护人的反应也很重要。安全感的培养是解决问题的关键，还要处理好重要的细节。

坚持每天上班前和孩子打招呼是有益的方式。从兰兰还不会挥手表示再见时开始，我就让爸爸这么做；我出门时也会这样，并且告诉她晚上会回来一起玩儿。我对早上的告别方式也犹豫过，但反复想想还是觉得这样做更妥帖，比起不声不响地消失，这样做起码能给孩子一些安全感，即时间长了，孩子就会明白再见意味着很快能见面，焦虑就会慢慢减轻。家长闪电般消失是非常不好的方式和暗示，会延长孩子分离焦虑的时间和加重消极情绪反应。即便对于成年人，如果我们的家人每天总是突然就消失，也是一件有压力的事情。

父母应注意自身情绪，坦然面对每日的告别。那时候，我和她爸爸一上班她就喊着要出门，仿佛这样可以平息一下自己的情绪。出门前，妈妈不要和孩子太亲昵，否则分开时亲子双方都容易陷入沮丧和焦虑。孩子情绪不佳也会影响家长的情绪，这时候家人应控制好情绪并保持微笑。

珍惜下班后亲子重聚的幸福时刻，及时对家人表达爱意。兰兰2岁生日当月，我重新转为全职工作。那时我和她爸爸每日下班回家后，她都会赶紧跑到门口看一眼，确认我们回来后就开始跑，一边跑一边欢呼，高兴得不知如何是好。过了一周，又改成不停蹦高。我们也赶快亲亲她，并表达日间的思念。

孩子很容易受一些暂时性条件和变化的影响，使得焦虑情绪有不同表现，家人要有耐心。兰兰2岁2个月的时候，我需要出差4天，走之前告诉她我会很快回到北京。在接下来的周一早晨，上班前我仍像往常一样和她说再见，她却没有呼应。第二天早上一听到这个还是很不高兴。这种状况持续了1周，很快，早上她又能愉快地和我道别了。在她3岁前的春节假期里，全家人朝夕相处了半个月，开始上班后一连2周时间在我们下班回到家时，她都是另一种表现——好像根本没有看见我们一样，继续做自己的事情，要20分钟才会主动热络起来。面对她的不同态度，我还是保持一贯的热情，情况很快就好转了。

孩子的分离焦虑时常会反复，家人应及时沟通和处理好，并要保证孩子和小伙伴的日常相处。2岁8个月的时候，兰兰对我上班这件事的焦虑又持续了半个月。一天早上我出门前她对我说："妈妈，我害怕你去上班！"我俯身搂着她说："可是妈妈必须去上班。"然后亲亲她的小脸告别，她马上哭了起来。晚上，我和家人商量后告诉兰兰上班是大人必须要做的事情，就像小朋友在家里玩儿或者上幼儿园一样。那2周她情绪不好，我让奶奶和阿姨把她的日常生活安排得丰富一些，出去和小朋友玩耍的时间也安排得更充足。2周后，她又能像以前一样主动和我告别，并会愉快地说"妈妈再见，晚上见"。

至于上班期间是否和孩子联系的问题，我建议父母从一开始就不要这样做，除非出差期间。这样做容易使孩子增加一次情绪反复。如果这个安排较为仓促或难以固定下来，也容易增加父母自己的焦虑和失落情绪。

在整个第3年中，因上班分离导致兰兰出现焦虑的状况只困扰了我们4次，每次持续的时间并不长，我想这主要是因为我们给兰兰带来了比较稳定的安全感。不管面对何种情况，爸爸妈妈自己对于上班前的分离一定要情绪稳定，温柔而坚定地回应孩子，并尽可能地保证陪伴时间和提高陪伴质量。这样做有利于培养孩子的积极情绪反应，缩短分离焦虑持续的时间和周期。

“请听我说”

2岁尤其是2岁半以后，多数孩子基本能应付日常交流。不仅如此，他们还要表达自己，像维护自己的物品那样争取着表达的权利，渴望自己的声音被家人听到和接受。

孩子有时会学家人那样要求对方配合。比如，从2岁2个月开始，兰兰要求家人配合的事情多了起来。过了1个月，她经常会告诉家人要怎样怎样做。此前的2个月时间里，平时去小花园和返回家时我经常让她带路，她对这个角色慢慢有了一点儿感觉，等快走到家门口时，她会告诉我这就是我们家，并让我从右侧进门，她则从左侧进门。一次在商场里，地上有几个圆形的红色贴纸，她就招呼我和爸爸沿着圆圈走，并说“跟着我”。有时玩儿和吃饭时她也会要求家人配合一下，比如示意家人把碗放到桌子上，低着头吃饭，这样就不会弄脏衣服。有段时间她还经常邀请爸爸玩蒙床单和传球的游戏。

表达意见也是常有的事。这个对那个不对，这个可以那个不行，唯恐别人忽视他们的存在，尤其想要自己动手。如果这些诉求没什么不妥，家人就可以满足孩子，不合理的就及时表明，帮助孩子了解自己和身边发生的事。庆庆有时会对家人说“你不行”，一般是兑奶和换衣服的人不合心意，他要选择心仪的人陪他玩。

还有一个变化是孩子开始喜欢当众做自我介绍。内容虽然几乎一成不变，但每次介绍的时候他们都很认真，最后还要小鞠一躬。2岁半的润润是邻居家孩子中最早开始向大家做自我介绍的，兰兰看了很喜欢，很快也学会做自我介绍了。

家人应引导孩子勇敢自然地表达真实想法和感受。有时孩子会想法子说歪理，以掩盖内心的某个真实想法。比如明明不想出门，非说是风大不能出门。而且这么说的时候往往还很固执，其实他的心里很可能有着担心或抗拒。家人要揣摩其心理，引导孩子自然表达，包括表达出自己的恐惧害怕。

成年以后，我们经常能看到自己的不足，有时甚至会把性格缺陷这样的残酷评价送给自己，比如孤僻、不善言辞、闷葫芦、不敢表达自己等。有时我们自己也不禁会好奇：这种状况究竟肇始于哪个阶段？我见过很多两三岁的孩子都是那么喜欢表达自己，那么勇敢。对于孩子的这些变化，家人应十分珍惜，千万不要压制孩子的表达。他们将来要面对的世界或许更为嘈杂，更加不稳定，他们更需要依靠自己和周围的人。多数时候，沉默少语并不比积极表达更有建设性。

小小权利，十分满足

哪种孩子容易快乐？他们的家长往往不是不提要求或者处处要求，而是既鼓励又有所要求，同时尊重和信任孩子。而孩子呢，则了解家人的期望并为之努力。

人们已经意识到严格的家庭教育会带来一些问题。英国教育家尼尔在《夏山学校》一书中多处谈到其消极影响，例如他认为“家庭中的严格管理相当于家长把自我憎恨投射在孩子身上”，一些“精神疾病是父母严厉教育的结果”，以及“没有人会真正爱他所怕的人”。

但并非像有些家长认为的那样，和孩子没有建立相互约定的可能和必要——这种说法源于家长对孩子的不信任。实际上，提前做约定对亲子间的交往很重要也很有效，尤其是到了孩子2岁以后。除非此前已形成不良习惯，否则孩子理解和接受约定并不困难。孩子对自己的承诺虽未前思后想，但如果家人能做好引导，孩子就能遵守承诺。这并非意外惊喜，而是由我们对孩子的信任和引导而来。

2岁多时，孩子们经常会表现得“通情达理”，主要源于孩子自身在走向理性以及对家人的模仿。如果首先没有家人的尊重，这种表现或许很难持续发生。兰兰偶尔也玩我的手机，但她会提前问一句“我可以玩吗”，我同意之后她才玩儿，喜滋滋地仿佛得到一个大奖。她2岁生日那天，我很正式地分给她3个抽屉：三屉柜中间的1个抽屉和电视柜下面的2个小抽屉。我和她约定了每个抽屉的用途，并且告诉她我不会用她的抽屉放别人的东西，她也不能动我的抽屉，每个人只能用自己的抽屉。她点点头，看上去很兴奋，也许这正是她梦寐以求的，而且最大一个抽屉里装满了她喜欢的图画书。在这样的互动中，孩子也会习惯尊重他人和遵守约定。重要文件我就放在自己的抽屉里，位置都很矮，她完全能够到，但我从不担心她会乱动或是文件突然失踪。

家人如果担心一件事情不安全或对孩子没益处，而孩子的意愿又很强烈，此时除了及时沟通，也可考虑将其中一项或相关的小小权利分配给孩子。这样做常常会皆大欢喜，还能避免冲突和危险，增加孩子的生活经验，比压制好得多。比如家人都不希望孩子动电视，但孩子很好奇就想去探索。我告诉兰兰不能动电视机，但可以去开下面的DVD开关，以后每次做这件事她都很开心。再比如约定每天看1集《花园宝宝》，她很满足，活动结束后也没有不愉快发生。这样孩子既获得了尊重，又满足了求知欲。

这种约定还可以是划定一个范围，在范围之内让孩子自主选择。比如告诉孩子每天都可以吃饼干，但不能超过5块。第1天，孩子想吃第6块，这时妈妈可以说：“我们刚才说好不能超过5块。如果今天超过5块，那明天就不能再吃饼干了。”这时宝宝可能还是选择继续吃，那么第2天妈妈就真的不给饼干吃，并且告诉孩子为什么这样做。这样就能加深孩子对自己的承诺和权利边界的理解，下一次孩子很可能就会心情愉快地遵守承诺。等孩子再大一点儿或当他们已习惯这种约定，妈妈就可以在孩子想吃的时候把饼干桶交给他们而不必在一旁监督，我和兰兰就是这种情况；再往后家人可以把饼干桶直接交给孩子保管。

事后弥补约定好过没有约定，并要做到及时反馈。父母经常有料想不到的事情，不能判断随意的一个处理方式对孩子会有什么影响，有时我们干脆也不会去想，谁也不可能时刻关注每件事情，那就事后弥补一下。如果权利分配不及时，弥补约定后家人又不作为——没有给予孩子及时反馈，就容易埋下隐患，比如孩子想独占或随意使用一些东西。因此，对约定做好及时反馈很重要。

权利有两个方向——给予孩子和孩子给予。孩子的权利主要体现在他们可以对自己的物品做出安排。本阶段，家人可尝试在邀请小朋友来家玩之前，让孩子给大家准备玩具和点心。他们通常对这项工作很感兴趣，作为小主人又很兴奋和骄傲。可等小朋友们真的过来，他们可能又舍不得了。妈妈不必因此着急，等孩子情绪缓和后再做沟通，通常并不会有什么问题。如果孩子已经建立起遵守约定的习惯，家人可以在活动开始前再确认和强化一下。

宝宝的小心事——负面情绪的来源与调节

2岁多的孩子情绪反应更加丰富，时不时还会有点儿小心事。这一变化是在提醒父母：孩子长大了，我们面对的不再是一个小婴儿了。

孩子一天天长大，负面情绪“携带”的时间也在延长。疏导和清理孩子的不良情绪是育儿生活中的一项重要工作，父母应关注孩子的心理变化，经常倾听孩子的感受，鼓励其表达，孩子就会很自然地和家人说出那些小心事。家人如果不以为意，甚至还在孩子面前嬉笑谈论这些不快，就会给孩子带来双重伤害。

父母去关注并不意味着要付出多大努力，孩子的世界很单纯，高兴和不高兴都挂在脸上，家人很容易觉察。当孩子面露不快、生气或表现出害怕时，父母就要意识到孩子遇到了小问题。我们都希望自己的孩子能成为一个高情商的人，这种转化由己及人，最初需要父母帮助孩子表达出自己的情绪。当孩子和父母学着一点点去化解自己的消极情绪，将来才有能力和别人以及这个世界融洽相处。如果孩子生气的时候父母更生气，害怕的时候等来的是父母的嘲笑，孩子就很难获得这种人格力量。

孩子们在吃的方面一直心事不断。2岁半的兰兰给家人分水果时，一边考虑分配方案（常常是能少给就尽量少给），一边说这个东西是小孩吃的，或者会说这个东西大人吃了会不舒服。我们并不为难她，说少分一点儿就可以，分到之后还会表示谢谢。等到3岁多，她不需要提醒就会主动和家人分享，而且常常并不给自己特殊照顾。

孩子们对喜爱之物会投入很大热情，这一点很宝贵。如果心爱之物消失不见，孩子就会闹情绪。父母首先要肯定孩子的情绪，再从积极的方向去引导，比如讲个孩子能接受的温暖故事，或以某种方式再现其心爱之物。兰兰刚过2岁生日，一天中午，我们从公园返回的路上爸爸抱着她，一股大风吹来，她的帽子被吹到了河里。她当时就哭了，当天一说起这件事仍眼泪汪汪。晚饭前我从电脑里翻出她戴那顶帽子的照片，告诉她帽子虽然丢了，但电脑里还留着照片，还陪伴着她，她就不再难过了。这件事给她留下了深刻印象，后来有几次遇到刮风或者到了水边她就会马上拿好帽子，过了一段时间才放松下来。

孩子对故事里的人物也会投入情感，分不清现实和故事的界限，父母要对内容把关和做好解释。内容适龄很重要，超越理解的东西容易被孩子误解，还可能因此而紧张害怕。孩子对故事中的人物有了好恶，有时还会把这种好恶带到生活中，家人可以有所解释和引导，但首先应尊重孩子的情感。一天晚上我和兰兰在床上聊天，她忽然说“我不是小胖墩，我不是小胖墩”，一边说一边还打了两下自己的脸蛋。我说：“你当然不是小胖墩，小胖墩是卡梅利多[1]的小伙伴。”她一听又高兴起来，重复了一遍我的话。

家庭气氛不好最令孩子担忧。父母爱孩子，也是孩子的最爱。孩子会担心失去父母的爱，一次普通的家庭争吵足以让孩子产生这样的担心。一天早上，邻居莹莹看上去很不高兴，那时她2岁3个月。她的奶奶告诉我，头天晚上家人因为莹莹不吃饭而发生了争执。在良好家庭氛围中长大的孩子能更从容地面对自己的内心世界，而在那些经常发生争吵的家庭，孩子

1　卡梅利多是童书《不一样的卡梅拉》中的一个人物。

则生活在惊恐之中，心理健康发展得不到保障。急躁的父母在孩子面前一定要克制消极情绪，如果没有克制住，事后一定要及时和孩子道歉，并拥抱、亲吻孩子，告诉孩子“爸爸（妈妈）很爱你”。

孩子还会因为自己的捣蛋行为而害怕。那些发完火、打了人、摔过东西的孩子心里很害怕，需要父母的安慰。这种安慰并非要父母去纵容，而是采用一贯的规矩去处理。日常生活有了行为边界，孩子才能真正感到自由和快乐。

有时家人对发生的“糟糕”事情并不了解，这时就要做好观察和沟通。一次，我带兰兰在院子里玩耍，高高和她一起玩儿。我和高妈聊了一会儿，没太注意两个小孩后来说了什么。吃饭时间到了，我叫兰兰一起回家。以前她总是欢快地去按电梯，这次刚开始也小跑了几步，但突然又停住了，胳膊丝毫没有抬起来。我按了电梯，进去后蹲下来问她今天为什么不按电梯。她沉默了一会儿，告诉我她有虫子。她一直夹着胳膊，一定是认为胳膊下面有虫子吧。出了电梯她也不去敲门，而是直接坐在门口的小凳上，始终夹着胳膊，进了家还是闷闷不乐。我高兴地建议她可以去洗洗胳膊，这样小虫子就会被冲走。她一听很高兴，马上跑去洗。我给她冲了冲胳膊，告诉她这样就没有虫子了。她重复了一次，我又问为什么没有了，她说“因为被水冲跑了”，然后就高高兴兴地去吃饭了。晚上我给她洗澡的时候，她又说起这件事，还把胳膊高高举起来，告诉我没有虫子了。

负面情绪通常来自日常小事，但对孩子来说却是大事。家人只有从孩子的视角出发考虑其感受，才能真正分享、分担和化解孩子的负面情绪。

胆小鬼和小勇士

孩子们的恐惧和勇敢所体现的方面不尽相同。有时他们像个胆小鬼，有时又会变成小勇士，有时这2个“小人儿”还会相互打架。

宝宝的“面目”1：胆小鬼

从3岁半尤其是4岁以后看，兰兰并不是个胆小的孩子。但在本阶段，令她担心和害怕的人和物还是不少的。

兰兰对声音比较敏感，尤其是当超出预期或有过不适体验后。有一天，爸爸给厨房玩具装好电池后拧开灶台按钮，这时灶台发出了打着火时的声音，兰兰立即把手指放进嘴里以自我安慰。但她又很想尝试，过了一小会儿自己去打开按钮，这才恢复了从容。2岁半以后，故事鸭开机时响亮的嘎嘎声一直令她紧张，直到3岁时才肯自己去开。

兰兰还害怕各种会飞和能爬的动物。春天和初夏时节，每次在公园里看到虫子，我都会和她一起蹲下来观察一会儿，那时她并未表现出紧张。到了6月，飞虫多了起来。有一次我俩下楼晾衣服，她站在床单旁突然开始不停喊妈妈，原来是飞来一只苍蝇。我过去告诉她苍蝇会“跳舞”，不咬人，不用害怕，甩甩胳膊就会飞走。过了一会儿，她又喊我，还是一只苍蝇。一会儿又飞来一只蝴蝶，我让她跑去追，她有点儿犹豫，我就跑在她前面去追。晚上出门散步时看到一群蚂蚁，她一看见就很紧张，我告诉她这是小蚂蚁在搬运和储存食物呢，可以观察但不能打扰。这些时候，我们能感受到小孩子天然的敬畏之心，美好但会影响情绪，家长还是要做些引导。等到快3岁时，她已能从容地在一群群小蚂蚁旁边观察上半天了。

对陌生人的警惕和紧张仍然存在。一个有趣的现象是兰兰和小朋友的妈妈打招呼很从容，但当和他们的爸爸打招呼时就会犹豫。对于比较陌生的叔叔，她会转转眼珠考虑一下，或者斜着瞄一眼，然后才会说“叔叔好”。我告诉她和别人打招呼要看着对方眼睛，她仍只能对阿姨和奶奶们做到这一点。有几次她不想和陌生人说话就捂起脸来，那2周当说错话或者不确定一件事的时候也容易害羞。比较糟糕的情况是对同月龄的小朋友也保持高度警惕，这种情况通常是因为曾与这个小朋友发生过激烈冲突。邻居涵涵2岁时被另一个小女孩吓怕了：那个小孩月龄还小些，但人高马大，有一次拖了涵涵十几米远，以后再见到这个女孩，涵涵就会害怕得哭出来。

孩子对看不到的陌生人更加恐惧。借助陌生人传达对一件事情的态度和要求，一些棘手的问题有时能迎刃而解，但如果使用不当，容易吓到孩子。想借助陌生人对付调皮捣蛋时，家人应对不见面的陌生人做中性和积极定位。说服快2岁半的兰兰停止胡搅蛮缠，有效的方式之一是引入陌生人并和生活常识相结合。比如，当她晚上睡觉不让关灯，偶尔半夜还惦记着要开大灯，我就告诉她供电局的叔叔告诉我们晚上睡觉时除了尿尿，其他时间都不能开灯，这样才能有电用。她洗手的时候不停放水，我告诉她自来水厂的阿姨不希望我们浪费水。引入陌生人的头几次，她听到就会哭，尤其是听到叔叔，心里有点儿害怕。我第一次提到“自来水厂的阿姨”时她便停止了放水，我当即向家人宣布了这个好消息，她却没有丝毫的高兴，走到沙发边发了一会儿呆。但到了第二天，她便及时关上水龙头，后来有时还会监督家人。

宝宝的“面目”2：小勇士

2岁多的孩子愿意尝试更多挑战，这有时会令家人感到紧张。

孩子喜欢挑战难度增加的运动。比如滑滑梯、爬很高的楼梯、玩各种车和球，这些都是孩子的挚爱，常常看见就想尝试。这些运动是锻炼身体和发展好奇心的有益方式，家人可根据孩子的掌握情况循序渐进地放手。

吃的方面，孩子们常常更加乐于做新的尝试。家人有时会从自己的担心出发吓唬孩子，像辣椒这种东西可以说小孩不能吃，如果孩子仍想尝试，那就尝试一下，承受不了孩子也就不会再要了。兰兰2岁2个月的时候，有一天我们在外面吃拉面，她说她也想吃辣椒。她这么一提我才意识到她还没有体验过辣的味道，我就给了她辣椒。结果刚吃没2分钟她就喊着要水喝，后来再见我和爸爸吃辣椒就会说：“你的饭太辣，我不吃。”

此外，孩子们还喜欢观察动物等。这些活动既能锻炼勇气，也能增加生活乐趣。

胆小鬼和小勇士的较量

2岁以后，兰兰的一个变化是每当她表现出犹豫和害怕，经过我的解释和鼓励，她通常会说“妈咪，我不害怕”，但心里并不能立即克服这种情绪。有一次我按错遥控器，电视屏幕上出了雪花并发出声音，她感到害怕。我说这个声音还真是有点儿凶，不过它并不会动，就像人生气了，发发脾气而已。几天后她自己动遥控器弄出了雪花，那天我下班刚进家门她就告诉我电视坏了，只会生气乱叫。当我拿起遥控器，她一边说“妈咪，我不害怕雪花”一边往我身后躲，不知是否之前的解释不太合适。孩子对害怕的东西口是心非其实也是在鼓励自己。

有时候是另一种情况：一开始确实很勇敢，但开始后又变得害怕和犹豫。有一次在鸟巢附近玩耍，当时正值电影节，广场上有旋转木马，她很想坐。那一趟只有我俩在上面玩儿，一开始我们坐上一匹大马，她非要下来，我以为她想坐前面的小马，却说什么也不肯再坐。可能群马一起一落的情形令她感到害怕。之前她坐过两次旋转木马，有时也坐投币的玩具车，并没有这种反应。下来后我又陪她看别人怎么玩儿，告诉她马为什么会动。后来再碰到她仍想要玩儿，但直到快3岁时即使再坐她仍有点儿害怕，于是我们改坐到沙发上。下来后我问她为什么不想坐大马，她说“我太小了”，听她这么一说我很心疼。

孩子们面对有些事情时起初并没有勇气，家人的引导和鼓励往往能使孩子勇气大增，比如去维护自己的权利、与人交往或做其他一些有挑战的事情。

本阶段的应对建议

恐惧感容易带来挫折感，家人应理解孩子的处境并积极回应。

父母首先应避免过度保护孩子和限制孩子的行为。孩子们的自我意识、好奇心、活动能力和探索范围在不断扩展，当他们听家人不断发出“可怕”“危险”“不可以”“快躲开”这些提醒，就会变得害怕或不开心。我们小时候并没有收到多少警告，而现在的孩子几乎每天都会收到家人的警告。从某种意义上说，孩子有勇气是家人共同鼓励的结果，这一点我们应时常提醒自己。

当害怕被表达出来，孩子的恐惧情绪便能得到很大程度的释放。任何形式的表达都可以，用语言表达更加方便。家人也可以通过游戏的方式鼓励孩子表达，或帮助孩子把恐惧表达出来。孩子描述得越细致，家人越能了解和理解其感受，这种理解和尊重为孩子增添了自信和力量，能帮助孩子更加从容地面对恐惧。有时，倾听本身就能帮助孩子减轻担心。

面对孩子恐惧的事物，家人要镇定。有些成人自己很害怕某种动物或者电闪雷鸣，这种情况下最好不要表现出担心害怕，更不要大呼小叫。每个人都有害怕和禁忌，只要注意表达方式，并不一定会带给孩子消极影响，而且家里总有人可以做这个工作——带孩子放松地去面对“可怕的”事物。家人和孩子分享从害怕到放松的过程，对孩子来说也是一个很好的安慰和示范。

随着孩子一点点长大，家人可尝试做一些知识性和积极有趣的解释，尤其是对孩子所害怕的日常之物和自然现象。这种引导并不会一步到位，可随孩子认知能力的发展逐步扩展和深化。

又爱又恨的秩序感

西尔斯说："2岁的孩子开始表现出对秩序的欣赏。"这句话十分迷人，同时又十分迷惑人。而当看到蒙台梭利列举的事例——几个月大的宝宝不停哭泣，原因是一把雨伞或一件衣服被放到了"错误"的位置，我们对秩序感的含义才恍然大悟：原来秩序感并不一定指整洁有序，而是指一个事物或一件事情的一贯位置、形态、顺序和归属等，甚至是最初的状态。如果整洁有序是孩子通常所处的环境状态，他们的秩序感才会指向于此。

蒙台梭利认为，对于儿童来说"杂乱无序是一种痛苦"，"它被看作对儿童心灵深处的一种伤害"。她认为0～3岁的孩子对秩序有强烈要求，秩序的敏感期从1岁或1.5岁开始。3岁时最为明显。

有关物品归属的秩序感

这些与秩序感有关的心理活动通常很有趣，比如孩子很容易会对物品"归属"做出固执判断。1岁半的兰兰每次看见奶奶拿起《读者》都会说"这是妈妈的"，并且一边说一边还把书抢到手，然后把它放到通常放置的地方。我告诉她妈妈的书奶奶也可以看，她点点头仿佛能理解，但下一次还是会做出同样的反应。2岁之后，情况仍没有明显变化。一次晚饭时，奶奶坐到爸爸平时坐的椅子上，兰兰马上说“奶奶不能坐，这是爸爸的椅子”。她对自己的东西当然也会保护，比如不让我坐她的小凳子。

孩子们通常会在物品的归属上表现出强烈的秩序感。对于不适合她的食物，我就告诉她这是爸爸妈妈的，这样当在她面前独享咸菜、辣椒、冰激凌、糖块和巧克力时，她通常并不发表异议。君妈把小三轮车送来让兰兰玩儿，我提前告诉她这是君君的车，你可以玩儿，但以后要归还，这种方式她很乐于接受。在本阶段较长一段时间里，家人想让孩子和别人分享自己的东西通常仍比较难，尤其是当孩子以为家里的一切甚至别人的东西都属于他们时，情绪有时瞬间就会失控。

有关状态、位置和顺序的秩序感

对于婴幼儿来说，秩序感还体现在事物的状态、位置和顺序上。他们认为这些本非事物自身属性的内容属于事物本身，成人应尽快适应孩子的思维方式。如果这些事物有归属对象，比如某个家庭成员，他们还会再进行一层关联。比如，上面提到的报纸和杂志，它们应该“属于”家里的红色小茶几；如果我是某物的经常使用人，兰兰就将其归属于我。此外，茶几要“待在”某个固定位置；报纸要叠好或摊开；妈妈不能频繁更换发型或妆容。这都来自她的观察。

一个特殊情形是对于多个相同事物，孩子可能会将事物的状态、位置和顺序与归属对象进行关联。比如，兰兰快3岁时，家里发生过一次这方面的冲突：那天晚饭时我和爸爸换了一下位置，而她坚持认为爸爸常坐的椅子属于爸爸一个人——既指向椅子的归属（家里的椅子都一样），也指向椅子位置的归属。第二天，她在餐桌上“大方”地告诉家人：“今天大家可以换个餐椅坐，坐哪个都一样。”但是，在孩子2岁半以前，对抗其秩序感通常并不是一件有益的事，成人应主动去适应孩子的思维方式和理解孩子。

事物的初始状态通常较为重要。4个半月的聪聪游泳已有近3个月时间，以前都是在同一个游泳室，那天做准备时被临时更换到另一个，大好心情陡然失去踪影，他变得烦躁不安起来，继而使劲大哭。兰兰对一个完整的东西被掰成两半很难接受，会着急地说东西“坏了”。有一天我买了一块圆形香皂，配套的底托没有孔，我就把香皂放到一个有孔的皂盒里，她不同意，坚持要放回原装底托。

把物品放在固定位置对孩子是很好的示范和安慰，家人尤其要预先想好孩子自有物品的合适位置。有一天爸爸给兰兰带回一个安全飞镖玩具，随便放在一个地方玩了一会儿，隔几天再玩的时候，爸爸把飞镖放到了其他位置，兰兰一看很着急，立即将其放回最初出现的位置。2岁5个月的时候，一听要量身高，她就会跑到固定的衣柜旁，那是爸爸第一次让她站着量身高的地方。邻居庞庞有3辆运动车，大人有时会挪动一下，那时他刚满2岁，马上就能发现情况并立即纠正“错误”，一边重新归位一边说“不能乱七八糟”。

秩序感有时还体现在做事顺序上：入园2周后，兰兰在家仍要按照幼儿园的加餐种类顺序进食。

有关习惯的秩序感

有些习惯形成后也会进入孩子的秩序行列，并有可能与前面几点相关联。一天早上同事上班出门的时候，她2岁多的女儿哭个不停。她问女儿为什么哭，孩子说“你今天还没有和我说再见呢”。邻居润润的秩序感之一是只能睡自己的小床，这是她出生以后的一个习惯，有时妈妈邀请她上大床睡觉，她会说“这不是我的床，我要睡自己的小床”。兰兰从小自己入睡，等她大一些，我有时也很想黏她一下，抱着她睡觉，但每次最多只能坚持几分钟，她马上就会说“我要自已睡”。蓁蓁的习惯是每次都把餐盘和碗里的食物吃干净，并会监督家人不能剩饭，掉出去的也要吃，如果有人制止，情绪就会变差。

家人的态度与应对

理解孩子的秩序感需要家人付出一些努力。孩子独特的秩序感有时会造成家人的误解，进而可能会引发亲子冲突。秩序感有可爱的一面，有时又令人哭笑不得。如果孩子坚持把玩具放在一个不安全的地方，妈妈可能就想发脾气。但是这样做丝毫不能解决问题，家人首先要平息自己，然后尽可能去了解孩子这么做的原因。

如果已经发生了令人烦恼的状况，家人也不必着急和自责。孩子的“轴”和习惯可调整，这一点既令我们困惑，也带给我们希望。兰兰的情况是，一方面她对喜欢和熟悉的事物有着清晰定位；另一方面家人又很容易调整她的某个习惯，如有几周她在晚上睡觉前要求开大灯，经过几天引导，她很乐意自己去开小灯而不再要求开大灯。

从长期来看，为孩子创造一个整洁有序的环境对亲子双方都大有益处。家人对日常环境如能安排得当，对秩序的敏感便能成为孩子发展安全感、记忆力、观察力和良好生活习惯的重要推手。

随着思维水平和社会交往的发展，有一天，孩子们将会更加放松地生活。

再见，乱扔玩具的“小恶魔”

孩子一直在感知世界，婴儿期扔东西就是在学习和探索。2岁以后，扔东西的原因更加复杂，比如发脾气、无聊、制造混乱、向小朋友展示玩具等。如果想玩积木或玩具箱里的某个玩具，他们很可能会把积木桶或玩具箱里的东西一股脑儿地全部倒出来。

整理玩具应逐渐从家长收拾转变为亲子共同完成，直至孩子能独立完成。在开始玩玩具前家人就要和孩子做好约定，比如告诉孩子收拾玩具是玩玩具活动的一部分，也要完成好。父母陪伴孩子一起收拾，尤其是在中午和晚上睡觉前，或是每一次玩耍结束后，这对孩子的引导最直接。家人的引导需要持续做些尝试，一些妈妈更愿意在孩子入睡后自己去收拾，这就剥夺了孩子做这件事的机会。等孩子大一点儿，父母可以专门设一个固定时间的音乐提醒，并且每次都愉快地期待和展开这个时间，假以时日，就能见到效果。在整理玩具时，可以尝试用讲故事和做游戏的方式吸引孩子参与，这个方法尤其适用于引导初期使用，以增加孩子对收拾玩具的兴趣。比如讲小邋遢乌龟富兰克林的故事，或者用孩子感兴趣的书或动画片中的人物、毛绒玩具设计一些故事，并在孩子表现好时及时夸奖。

孩子经常乱扔玩具，家人难免要反省。比如是不是自己有时也乱扔东西，或是未及时给出明确态度，或是在秩序敏感期没有营造一个整洁有序的环境，或是没有坚持和孩子一起收拾玩具等。如果父母自己总是把家里弄得一团乱，又对孩子提出保持整洁的要求，就会使孩子感到为难。在1岁半之后的几个月里，兰兰不让家人收拾堆在地上的玩具。我认真思考了先前的处理方式，懊悔之心油然而生：如果这就是她想要的秩序，将是一件糟糕的事情。那段时间我整理玩具时格外小心，有一次她没反对，让我看到了希望。后来我又邀请她一起帮助玩具“回家”，她也能参与一下。也许是这种方法发挥了作用，也许是她的心理又发生了变化，总之经过一段时间，尤其是一过2岁生日，当我告诉她小积木也想“回家”（积木桶）睡觉，她竟然愿意在家人的帮助下主动收拾玩具了。此后，有时出门前也会稍微收拾一下才走。不过，之后仍有反复，直到3岁前她才经常愿意和家人一起收拾玩具。

TIPS

家长可以通过引导学习分类等提高孩子收拾东西的本领，比如准备几个用分类图案或是故事场景包装的箱子。

家人还可结合本阶段孩子的一些心理特点来做引导。有个美国妈妈，根据孩子对自我物品的占有意识强而分享意识弱的特点，告诉孩子入睡前如果不主动收拾，就会把被乱扔的玩具送到慈善机构分享给别的爱惜玩具的小朋友。据说这个办法很有效。不过我对这个办法心存疑虑，觉得这样做可能会带给孩子较大压力，还会强化孩子的占有意识和弱化分享意识。孩子们喜欢让家人开心，这令他们有成就感，体会自己参与的整理工作为家人带来的方便和愉快是件幸福的事。孩子们也逐渐有了同理心，如果引导他们体会被扔玩具的感受，比如不舒服或疼痛，家人就能看到变化。家人如能结合孩子对秩序感的内在需求持续示范、陪伴，并积极回应，引导的效果则更为持久。

也有一些临时或相对被动的办法。有一次家电维修人员要来家里，我告诉兰兰，叔叔是来检查小朋友们收拾玩具的，结果2分钟内她就把地上的玩具收拾好了。开门的时候我故意说：“请进吧，今天兰兰收拾得很干净。”这种机会和方式只是暂时的，虽然也可以多次尝试，但难以指向内在需求。谈条件时如果设计不好也是这个结果，比如妈妈告诉孩子收拾好玩具后才能吃苹果，因为这种时候孩子往往更关注自己的目的而非家人的目的，而家人的表述又经常变化。这两种方式都难以指向一个习惯的养成，甚至还不如借助幼儿园老师对收拾东西提出要求的时机效果好。

保持整洁有序是一个良好的生活习惯。在我熟悉的孩子当中，只有茗茗和妞妞2岁多时能自己主动收拾玩具。妞妞2岁9个月来我家，自己摆积木玩儿，结束游戏时不经家人提醒就把积木一点点全部放回桶里。但对于不少家庭来说，引导的效果会时而反复，2岁多的孩子未必能较为稳定且主动地收拾东西。家人不要着急，更不要因此给孩子压力，而要在使其成为孩子自我需求的方向上努力。持续的奖励记录（例如在板子上画小星星或者粘贴纸）也能发挥一些作用。

疯狂游戏家

孩子对游戏的投入和喜爱已经有一段时间了。到了本阶段，他们在游戏中表现得更加主动和灵活，创造力也不断被激发出来。有时候，他们看起来已经像个大孩子了。亲子游戏最初由父母主导，此时逐步转变为双方共同推进。

不同心理学派对游戏有不同解释，比如古典游戏理论强调进化论的影响；现代游戏理论中，精神分析论认为游戏有调节情绪、释放焦虑和补偿愿望的功能，认知论认为游戏能练习、巩固能力和创造“最近发展区”。

当游戏对孩子有很强吸引力而家人又参与较多时，亲子关系也会随之更加亲密。我和兰兰玩的这些游戏很令她兴奋和喜欢，那段时间她特别黏我，我们之间通过游戏玩伴的身份加深了感情。家人须记住一点：不能在游戏中滥用家长的职权。那些在游戏中既尊重孩子的独立性又坚持自己合理要求的父母，有助于孩子形成自信、独立、爱探索、自我控制、自我肯定和喜欢交往等个性特点。

家里互动得这么好，妈妈难免会对孩子参与小伙伴集体游戏产生不切实际的期待。实际上，游戏的社会性发展是一个循序渐进的过程——从非社会性游戏逐渐向平行游戏、社会性游戏过渡。进入本阶段后，如果有认识的小朋友在场，孩子们很少会独自玩儿，而是更倾向于一起玩较少互动或是场所相近、活动雷同的游戏。那些相互熟悉或性格开朗的小朋友之间可能会玩社交假装游戏——有角色分工、言语沟通和互动等，但没有计划和共同目的。有研究表明，假装游戏的认知复杂性能可靠地预测儿童今后的同伴交往能力。

社会性游戏的较高级阶段是合作游戏。这种游戏有共同目的和明确分工，小朋友之间能够彼此协调合作，主要出现在3岁以后。

假装游戏

随着孩子认知水平的发展，游戏的类型也随之变化，本阶段以象征性游戏也叫假装游戏为主。该类游戏富有创造性，重在活动过程，以主题游戏为主，运用与现实物相仿的代替物，通过想象建构虚假游戏情境。8 ~ 24 月龄是装扮能力开始出现的时间，也是皮亚杰提出的象征功能开始出现的时间。假装游戏在 1 岁前后开始出现，到了上个阶段，孩子们参与假装游戏增多。2 岁以后，孩子们在游戏中更加善于运用物品——用一种物体表征另一种物体，以及模仿成人的各种活动，如交通类、医药类、特定场景类（如厨房、超市、商场、游乐场、沙滩）、音乐类等现实生活场景，并能从中认识事物、积累经验、辨别是非、解决情绪冲突、发展语言和社会性乃至创造发挥。

TIPS

此时的孩子仍喜欢重复，即使一个星期只玩一个游戏，他们也会很开心。

2岁半的兰兰是个疯狂游戏家，很多玩具都因此“大放异彩”。她每天拉着我们陪她买东西和做饭吃，用的是小商店和厨房玩具；我俩用大块积木玩“过生日”游戏，用拼插积木假装在做幼儿园的活动、去“春游”；用小动物玩具玩“动物之家”和“给牛弹琴”游戏；用两层的小型储物架玩“小粉姑娘的一天”——用木块搭院墙、楼梯和床，用盒盖当脸盆；用几个小娃娃玩具玩“照顾小宝宝”；用玩具水果玩“卖水果”和“种树开花结果”；用一套书里的几个卡通人物卡片，立起来一起“上课”和“对话”；用家人的腿玩“滑滑梯”。对这些游戏，兰兰会在接下来的几天甚至几周内继续玩和做一点儿延伸。这种状态持续了2个月的时间，每天可以用废寝忘食来形容。她经常连晚饭都顾不上吃，还不让我吃，或者为了快点儿接着玩只吃一小点儿。等了一整天，晚上我一到家她就高兴得不得了，急于和我玩这些游戏，尽管白天她自己玩的时间并不少。第二天早晨，如果我说起头天晚上一起玩的游戏，她马上就能清醒。

后来，我们就干脆用空手变或用空气代表任何东西，连道具也不需要了。我们坐着玩儿，用一块毛巾盖住膝盖，假装下面是百宝箱，从里面取出各种物品。由于完全是无中生有，第一次她还有点儿蒙，但马上也能跟着变出一些“东西”，这很快就成为她最喜欢的游戏之一。

孩子还会把外面所见主动带入游戏。一次我带她做完体检回家后，她拿布袋和绳子当工具给我抽血，还检查了我的耳朵和心脏。

积木和拼图

不少这个月龄的孩子都喜欢积木或拼图，尤其是积木。他们已经玩了一段时间，此时已较为熟悉。看似普通的拼图和积木对婴幼儿的认知发展有重要作用。就我自己的体会而言，拼图目标明确、方案唯一，在注意力和记忆力发展方面，其作用往往优于积木；积木的开放性和扩展性很强，且较为直观，在创造力的培养上其作用优于拼图。

积木是一种古老的玩具，也是孩子们较早接触的一类玩具。积木的材质有布质、木质、塑料等，形式有搭建式和拼插式。主题多样，常见的有森林、车辆、城堡、游乐场、小商场等主题。

玩积木能促进认知发展，还能发展手部动作，不同月龄的积木游戏和目标指向有所不同。1岁以前，宝宝只能抓较小的积木，2岁宝宝则喜欢较大的软积木。12～18月龄的宝宝可以用积木玩认识颜色、形状和数数的游戏；18～24月龄的宝宝可用积木玩分类游戏和敲打乐器游戏等，以激发其模仿、想象与创造力等。借助万能的积木，18月龄的兰兰认识10种颜色和4种形状——圆形、方形、三角形和星形，能区分大小多少。2～2.5岁的孩子喜欢用大块软积木玩搭高再推倒的游戏，有些孩子此时已开始尝试拼插式积木，玩这种积木还能锻炼手部力量和精细动作。2.5～3岁的孩子可以用积木玩假装游戏和讲故事、搭建筑游戏，后者可按图片搭建，不过这种方式对空间知觉能力有一定挑战，本阶段自由玩耍的方式更好。不论哪种方式，孩子们都能从中体会到趣味和成就感。

24月龄的兰兰已表现出较好的注意力，这和她玩拼图不无关系。13月龄时她第一次接触拼图——最简单的一块式形状拼图，之后是颜色拼图和两块式物品配对拼图。

TIPS

家长应选择孩子取下拼块时没有很大困难的拼图。

拼图更换频率取决于孩子开始接触的时间和接受情况，接触越晚更换速度通常越快。太容易或太难，孩子的兴趣就难以维持，尤其是后一种情况，因为参与程度有限，孩子很快就会表现出拒绝。在玩1～4块组合拼图期间，宝宝的尝试可能会进展缓慢。待4块组合拼图熟练后，家长再提供8块和12块组合拼图。初期玩拼图一般从4块向25块左右组合逐步过渡，一旦突破4块，8块和12块的区别将不再那么明显，此时家人可尝试加快更换节奏。同学的儿子多宝在2岁9个月时已能玩64块恐龙拼图，是个十足的拼图迷。

拼图主题也很多样，延伸出的故事可以增加孩子的兴趣。兰兰喜欢《花园宝宝》，我就买来《花园宝宝》拼图，这些熟悉的“朋友”令她感到亲切和兴奋。孩子对拼图主题难以理解或者不感兴趣也会影响接受情况。

最初开始玩拼图，难点在于分图的定位。这一点既是对孩子而言，也是对家长而言。家长的困难在于并非不知道怎么拼，而是很难一下找到孩子能接受的方法。玩一两块拼图时这一点还比较容易解决；玩4块组合拼图时，家人往往难以一下找到合适的辅导方法。在配对拼图之前，兰兰玩过一个小场景拼图，画面由4块拼合而成，我让爸爸辅导她。爸爸让她根据纸板上图形的线条或纸板四周边沿延伸出的图形去匹配，这样说明和示范后，兰兰基本就能自己拼了。她在玩4块组合后暂停了2个月，之后重新再玩速度就快多了，主要是对方法的理解深入了一些。在我引导的时候，我会让她先看整体拼图，记住主要形象和大致布局，然后再从局部开始，主要依赖她的记忆力。这个方法刚开始有点儿难为孩子，但她逐渐也能领会。这样到2岁半前，她能玩二三十块的组合拼图，经常会一个人专注地玩上几十分钟。

一点点创造力

佐佐木正美认为，孩子通过不断重复地做同一件事来发展主动性和创造力。在过去的2年中，我们看到了孩子所做的无数次重复，将其称为创造者的尝试也无不可。

本阶段是创造力发展的萌芽期，孩子们开始表现出对创造的热情和兴趣。一幅小画、用积木搭起的“建筑”，在假装游戏中运用象征物品（儿童厨房玩具）等都是孩子的创作。他们经常会为自己的创造感到骄傲，并希望得到家人的肯定。

创造力的培养主要体现在创造能力和创造人格两方面，核心是创造性思维能力。创造人格指向好奇心、自信心、专注以及愉快的情绪等，这些在出生头3年里一般都能得到自然发展。营造不受或少受限制、有吸引力和适当挑战性的环境，培养认知能力等都是家庭能为孩子提供的帮助。

家人的帮助要具体。比如家人为孩子提供锻炼感知觉、学习和尝试的机会，激发孩子产生新的认识和解决问题的想法。我家餐桌的桌面为木质，四个边为金属，兰兰早上剥鸡蛋习惯在桌面上磕。有一次，我建议她在金属边上试试，鸡蛋壳很容易就被磕开了，这样她对金属和木头的差异就增加了一点儿感性认识。偶然看过一个小小实验，没事的时候她会自己鼓捣一下。在假装游戏中，家人可以提出主题和人物活动等建议，示范并启发孩子创造性地利用道具。逐渐地，很容易就能调动孩子的想象力和创造力。艺术和手工活动也很不错，孩子可以在其中尝试建构新事物。“麻烦的2岁”是对这个阶段孩子行为特点的概括，他们经常调皮捣蛋，家人可从中发现一些积极信号，引导孩子进入探索的新阶段。

家人的鼓励、帮助和孩子天然拥有的好奇心是一个很棒的组合。托兰斯、麦金伦等心理学家研究发现，有创造性的儿童往往具有强烈的好奇心，后者是创造性高的儿童所具有的个性心理特征之一。本阶段，孩子对事物之间的联系仍有很大兴趣，会不断尝试去探索事物或验证自己对周围事物的认识。这种探索事物和现象的兴趣与习惯是孩子未来发展的宝贵资源，家人应给予必要支持。有一天，钓鱼玩具（钓鱼磁铁）出现在兰兰面前，我建议她在门上也可以试试，结果钓鱼竿刚碰到门就被吸住了，她觉得很神奇，到处找铁去吸。有了这些引导，逐渐地，孩子们就会主动去观察和做些思考。

孩子会在模仿中发展创造力。学会《我的好妈妈》3周后，兰兰把这首歌改编成《我的好爸爸》《我的好奶奶》《我的花园宝宝》。有一次碰到一个大爷，回家后她改唱《我的好大爷》。莹莹不仅喜欢这样改编歌词，还会在熟练模仿一支舞蹈后，增加一点儿自己的创意。小孩子的创造还体现在“扭曲”一首歌、一首诗或一个字音上，他们会把很多字读得稀奇古怪，还把儿歌唱得阴阳怪气。爸爸对这个很反感，我和他态度相反，把这看作一种小乐趣和小创造，并不阻拦。

TIPS

旅行或日常观察也是激发孩子好奇心的好机会。

家人要和孩子多互动、积极回应孩子，以激发孩子的积极情绪和推动创造力的发展。当孩子为探究事物而提问时，家人应根据孩子的月龄特点和生活经验给予回应或启发，鼓励孩子自己去探索和验证。当孩子在尝试过程中遇到困难时，父母要和孩子一起去解决。有时，只为得到家人的一句夸奖，孩子们就会激励自己做一点儿小创造。

家人还要打破刻板态度。孩子有时会说出对某个事物的理解或是对一个问题的考虑，有些不必强求正确。听听孩子的想法，沿着孩子的思路给出启发，帮助孩子发展创造性思维。比如，一天晚上，我和兰兰玩折纸，她把一张纸不停对折，最后叠起来是个很小的方形。她告诉我这是她的电脑，她把纸放到桌上，把手放在纸上做出敲击键盘的动作，一副很得意的样子，爸爸还拿出摄像机拍了一段。

社会交往和小伙伴的自然选择

孩子们在与成人和小伙伴的交往中成长。

2岁以后，不论男孩、女孩，他们对和小伙伴的交往兴趣都会大增。我们可以这样来理解：当孩子开始喜欢和小朋友一起跑步追逐，这就是在提醒我们——他们需要另一个世界了。此时孩子对与家人之外的成人交往也表现出一定主动性，比如邻居家的几个孩子在几十米外看见我就会主动喊“阿姨”，偶尔还会主动问候“阿姨好”。

社会交往

首先发生的是宝宝与成人之间的交往，包括与家人和其他成人。宝宝很早就会主动向家人发起联合注意，之后会加入小伙伴群体，后者在时间上落后于婴儿与成人的交往。在蒙特利尔，很多孩子在2岁前已入园，这样他们与成人和同伴的交往范围较早已得到扩展。在日托机构，理想的情况是孩子的交往对象较为稳定并与之形成依恋关系。在兰兰上过的2所蒙台梭利幼儿园里，这方面情况看上去不错。这里以及我在其他场所接触的幼儿，他们和陌生成人之间打招呼、说话都很自然，并且经常会主动发起对话。

孩子们更愿意和同龄人尤其是熟悉的伙伴交往。在人生最初3年里，同伴交往的发展较为缓慢，头18个月尤其如此。如果此时没有可交往的小伙伴，家人不必着急，到18个月以后，小朋友之间有了明显的社会性交往，此时家人应经常为宝宝提供这样的机会。2岁半以后，小伙伴见面后很快就能热闹起来。兰兰爱叫小朋友的大名，听孩子之间称呼大名很有意思，仿佛已是同班的小同学。在熟悉的环境中，当同时有多个熟悉的伙伴时，两两玩耍仍较多，集体玩耍也逐渐多了起来，更多时候孩子们是在相互追赶和模仿着玩儿。润润的姑姑年轻又开朗，常组织几个小姑娘手拉手玩“丢手绢”或一起唱歌。到了这一阶段就真的能组织起来，合作行为发生了。这惹得周围小宝宝的妈妈们很羡慕，忍不住会赞叹几声。那一刻我也很高兴，感觉兰兰仿佛已经可以离开家人，和小伙伴一起过集体生活了。

在互动中孩子们学习着交往，亲社会行为也多了起来，比如帮助和分享。2岁3个月的兰兰和她的小伙伴们开始舍得分享彼此的东西了，很有几分默契的感觉，完全让人忘了此时他们仍处于物品占有意识的高峰期。原来，亲密的关系能淡化这一点。一天晚上，我带兰兰出门骑自行车，碰到润润和敏敏，兰兰就下来让敏敏骑，敏敏下来后兰兰又让润润骑。通过多次分享和被分享，孩子们发现自己能享用的物品范围扩大了，而且分享还带来了一种成就感，即让自己感受到对方的感谢和满意。

在频繁的交往互动中，孩子们的自信心增加了。2013年8月1日晚上，一个邻居小哥哥邀请两个小朋友上舞台（一个长条木凳）表演，先由兰兰表演。我把兰兰抱了上去，她马上唱了《读书郎》。隔了一天，我们去朋友家做客，小朋友们一起开家庭演唱会，舞台就是家里宽阔的窗台，兰兰又被邀请第一个登台表演。这次她又很大方地拿起麦克风唱了《小燕子》，还边唱边摇晃，很开心。

孩子们在交往中产生矛盾，又在矛盾中相互了解和适应。有的家长可能会鼓励自己的孩子成为小伙伴中间的主导或者竞争者，其实同伴竞争天然存在，孩子们能够自然适应。如同怀特所言，“通过对孩子的成就给予关注，做出自豪的表达并且为孩子更好地发展自己的能力和创作更好的作品而提供帮助。一句话，就是帮助孩子成为一个能力更为出众的人，你就可以很容易地鼓励孩子发展竞争意识”。本阶段，家长不应鼓励同伴竞争，尤其不要发起分输赢的活动，让孩子们自然交往就好。必要时可以提出争执的解决方案，并逐渐鼓励孩子们自己去尝试解决。

家里如果有2个孩子，同胞交往将会后来居上。尽管同胞之间有明显竞争，但兄弟姐妹的影响很快就会超越父母，本阶段这一点将会体现得更加明显。与此同时，由于竞争天然存在，家长应在培养良好同胞关系方面多做些考虑。

小伙伴的自然选择

月龄相当此时仍是同伴间交往的重要因素。在宝宝18月龄以前，适合的小伙伴首先应月龄相当。即使过了2岁，较大的月（年）龄差距仍会带来某些障碍，但此时同胞之间的交往对年龄差距的敏感度有所下降。2岁的兰兰也想和比她大两三岁的姐姐们玩儿，但人家一般只愿意和她玩一会儿，除非只有她们两个人一起玩儿。

两个孩子能否成为彼此喜爱的伙伴，此时主要取决于二人的气质特点、认知和兴趣的发展，是否经常一起玩耍以及家长之间的关系。本阶段孩子们的脾气秉性和行为风格已有体现，比如有的孩子进攻性强，有的善于领头，有的则只爱跟随。通过陪伴和观察，家长就能看出每个孩子的选择倾向。所谓不适合，并非不能一起玩耍，而是一起玩时双方难以和谐互动。令人惊讶的是，孩子们对这一点十分敏感，在大人安排的大活动区域，他们常会选择和自己主要特点接近的小朋友，或者去主动接近自己崇拜的大朋友，小伙伴之间的交往几乎就是一个自然选择的过程。

思维发展的重要一年——孩子如何思维

在出生后第3年里，孩子们的思维能力将会获得重要发展。

思维可分为动作思维、形象思维和抽象思维。动作思维以实际动作为支柱，是小宝宝的重要思维方式。13月龄的兰兰在尝试盖瓶盖的过程中获得了解决问题的方法——包括操作步骤和双手的配合使用。有时我们不禁会惊讶：小孩子动手操作的时候似乎更聪明。对于2岁多的孩子而言，动作和形象思维依然是重要的思维方式。家人应多给孩子一些动手机会，不要太限制孩子。如果是出于安全考虑，可以重新布置生活环境，而不是限制孩子。

重要发展

按照皮亚杰的认知发展阶段理论，第一阶段是从出生到2岁左右的感知运动阶段，这一阶段也是思维的萌芽期，动作和形象思维是此时的主要思维方式。出生第3年，孩子们将进入认知发展的第二个阶段——前运算阶段（2～7岁）。此时儿童开始以符号为中介来描述外部世界，其中2～4岁是前概念或象征思维阶段，主要表现为符号思维出现，即能用某一事物代表或表征其他事物，开始出现凭借语言符号、假装游戏（象征性游戏）、延迟模仿等表征外在客体的能力。在实际生活中，有些孩子在更早的阶段已出现了这些变化。语言文字是巴甫洛夫所说的“第二信号系统”，通过该系统的活动会产生对现实的概括化，出现抽象思维，推动概念形成，扩大认识能力。本阶段，孩子能够使用词汇和表象表征经验，能对不在眼前的事物进行思考甚至比较。

在象征游戏中，把一个事物想象成另一事物有助于发展儿童的双重表征能力。兰兰、莹莹和润润都很喜欢玩假装游戏。有一次，莹莹来我家，那时她俩快3岁了，玩的时候用空气代表任何东西，愉快极了，似乎感受到极大的自由。有的孩子在3岁前较少接触这类游戏，这有点儿可惜。

本阶段，孩子的推理思维将会获得发展，其中类比推理较早获得发展；具有概括性的语言或符号的发展是推理思维产生的前提条件。一天，我和兰兰进电梯后跟进来一位陌生阿姨，对方按了7层，我们先出电梯，离开时兰兰主动说“阿姨再见”，出来后她告诉我阿姨住7楼。24月龄的一天，兰兰对我说：“我的小碗和小勺一模一样，都是紫色的。小碗里的豆子和小勺里的豆子一模一样，都是绿色的。”类比推理对于数概念和其他认知方面的发展有积极影响，但在不同语言中，其影响不尽相同，一个具体的例子是用中文和法语数100以内的数对相同月龄儿童的挑战差异较大。

对因果关系的好奇和探索仍在继续，到了本阶段，孩子们将会表达一些简单的因果推理。兰兰24月龄的时候，我开始在她面前使用“因为……所以……”的句型。过了2周，她告诉我“奶奶的床不能跳高，因为太矮（上下床)”。1个多月后的一天，透过火车车窗看外面，我问她树为什么跑得那么快，她说“因为我们坐的和谐号火车跑得太快了，所以树都飘起来了”。润润是个聪明女孩，有一次当姑姑说到“小老鼠，上灯台，偷油吃”，她马上说“油不能吃只能喝”，那时候她2岁2个月。另一个晚上，润妈快8点还没到家，爸爸说“这么晚了，妈妈怎么还没下班”，润润马上说“就是，妈妈最慢了”。

孩子们开始为自己的想法找理由，或为自己的不好行为推卸责任，有时还显示出某种逻辑性。快到2岁时，兰兰想进卫生间找人会说“想要尿尿”，睡前还想下床玩会儿会说“想去尿尿”或“想喝水”。紧接着，有一周她变成“宅女”，很不情愿和奶奶下楼，一问便说：“外面都没有小朋友，怎么出去呀。”过了一会儿，我叫她出门，她赖着不换衣服。我说你如果不换衣服，我就自己先出门，她马上说：“我在和你开玩笑呢！”一天晚上，我说不想再念故事了，她边哭边说“我喜欢你！我喜欢你”。

问问题是思维发展的表现。本阶段，孩子们的提问集中于“是什么”。24月龄的兰兰开始爱问问题，那段时间她最爱问：“那是谁？”“这是什么玩意儿？”“妈咪你在干什么？”莹莹那时也经常问这些。从现在的“是什么”到以后的“为什么”，问题变化生动体现出儿童的思维发展轨迹。

虽然此时思维发展还很不成熟，但显然孩子们已迈出重要一步。

独特的思维

孩子思维能力得到发展是否意味着亲子沟通将会更加容易和顺畅呢？有时的确会这样，但另有一些时候困难仿佛更大了，这主要源自父母对孩子的误解。下面我尽量详细列举，以便父母更好地理解孩子，不和孩子较真。

皮亚杰说学前儿童容易对很多问题做出泛灵性回答，思考因果关系时常犯逻辑错误，思维与动作密切相关。类似的“独特”之处确实不少，比如孩子对时间、空间、数和秩序等的“误解”。

孩子界定事物的方式很独特。有一天，兰兰想吃饼干，我告诉她把西瓜汁喝完再吃。于是她把西瓜汁倒进我的杯子，高兴地说她的西瓜汁没有了。她依据谈论对象的外在变化（作为载体的杯子）而非对象本身（西瓜汁）做判断，这有别于成人的思维。如本书“又爱又恨的秩序感”一文中描述的那样，孩子经常将非事物自身属性归属于事物，这确实会给成人带来困扰。尤其是当亲子发生争执时，我们不能立即判断清楚孩子到底因为哪方面发生变化而生气和烦恼，这时我们最好心平气和地听听孩子怎么说。

独特有趣的思维倾向也出现在日常交往中。比如对待小伙伴，当孩子看到平时和自己单独玩耍的小伙伴和别人玩儿时，如同自己的东西被别人一声不吭拿走那样，情绪会发生变化，但通常并无具体行动。孩子对分享的误解有时会造成家人的误解，当逐渐体会到分享能扩大自己的活动（比如增加玩具）而不是失去时，情况慢慢会有所变化。此外，他们也难以顾及他人视角，即便同时在场也是如此。比如，在喝西瓜汁的互动中，我就在兰兰身旁，她也能理解“喝完”的意思，却当着我的面把西瓜汁换了个杯子，不免让人想到“当我是空气呢”这句玩笑话。这种状况在本阶段末期将会有所变化，尤其是如果家人时常表明自己所见时。孩子在“躲猫猫”游戏中会表现出思维发展的某些特点，比如去马桶盖下面找妈妈，自己眼睛被蒙上后认为别人也看不到自己等。

日常交往中还有3个较普遍的情形。一是输赢游戏中孩子们只能接受赢，对输的情绪反应通常较为激烈。二是做错事后不愿意说“对不起”。这提示我们在本阶段不要强调输赢或强迫孩子道歉。2岁半的惠惠碰疼了姐姐，妈妈要她说“对不起”。惠惠先是说她不会说话，在妈妈的坚持下又一连用3个不同理由推托。兰兰做错事后也不愿意道歉，不过和22月龄前后被要求道歉时的激动情形相比，2岁半时已较为平静。看得出，她们都意识到自己做错事了并因此感到不自在。这是孩子复杂情绪和道德发展的表现，有时孩子会在说出“对不起”的同时哭起来。三是被别人因意外或不小心弄疼时，孩子会认为是对方故意要伤害自己，意外和不小心对他们来说不存在。

我们还可以从孩子的抱怨和欢喜里了解他们的世界，比如被某个东西弄疼时，他会认为是那个东西伤害了他。有一天，兰兰眼泪汪汪地告诉我水龙头把她的手碰疼了。类似的抱怨会持续一段时间，本阶段最好的回应方式仍是首先关心孩子的感受，逐渐可以尝试在孩子情绪平复时解释一下原因。在孩子眼中，生命无处不在，他们也不会轻视那些会动的事物。

更不用说那些经常陪伴他们的玩偶。兰兰的毛绒玩具按照大小有不同"住处"：指偶住在小盒子里，中偶在抽屉，大的在收纳箱。有一天洗澡前，她非要打开盒子玩指偶，我说它们还要再睡10分钟，她便同意和我去洗澡。范阿姨送给她一顶小帐篷，我放进去几个毛绒玩具，让她也坐进去。我先给"大家"讲了一个故事，讲完后请兰兰教"小朋友们"拼拼图和认国旗。她很兴奋，拼图速度比平时快，连上厕所都要讲解步骤。

故事的人物也不例外。那些精灵古怪的故事很合孩子的胃口，不管是花儿开舞会、小雨人干活儿、雷公公打瞌睡，还是小动物过家家、小火车动脑筋或泥娃娃爱唱歌，都为他们所喜爱。快3岁时，兰兰在迪士尼乐园和小熊维尼照相时被亲了一口，声音还很大，照完相我脱口而出"刚才那个叔叔"，一瞬间意识到不合适，于是改口问她刚才照相时听到什么声音没有，她高兴地说那是小熊维尼亲她的脸蛋呢。2周后，一天晚上我们去鸟巢附近转悠，碰到一个穿着米奇服装的人过来和兰兰照相，照完也不说话。从照相到交易，那个人一直没说话，等走远了，我想不说话还是对的，只是鞋没穿对。兰兰没有注意到这一点，她还沉浸在意外的欢喜之中。

TIPS

家长经常发问和启发宝宝提问亦有利于孩子思维能力的发展。

理解孩子的思维方式尤其是理解有局限的思维方式，对于亲子交往和选择沟通方式很重要。互动中超越孩子的语言和思维能力、不了解孩子的心思是沟通效果乏力的主要原因。

思维练习

语言能力的发展对思维水平的提高很有帮助，促进语言发展的方法通常都能促进思维发展；日常亲子对话有重要价值。比如我让兰兰传话，去问爸爸还有没有要洗的衣服，没有的话洗衣机要开始干活了。这是先后顺序，她会和爸爸复述一遍。这种交流能启发孩子了解一项工作的流程，有助于提高其解决问题的能力。有一次，我要去按电梯，她赶紧说“妈妈你先别按电梯，等我穿上鞋再按”。

分类是一项有趣的亲子活动和有益的思维活动，内容直观，难度适中，思维过程的丰富性也好。14月龄的兰兰接住爸爸递的一个空矿泉水瓶后，把它放进一排矿泉水瓶中间摆好。游戏是婴幼儿思维发展的重要媒介，按照颜色、形状、大小、数量、组合特点以及蔬菜、水果、动物、家居等进行分类是本阶段的有益游戏。分类游戏可深可浅，家人在形式和内容方面应有所设计，并示范和观察孩子的反应，随时调整难度以维持其注意力和兴趣。德国人比较注重儿童思维能力的开发，兰兰上幼儿园小班时用的是一套德国教具，初始无非也是这些内容。玩分类游戏不一定要购置新物品，现有的玩具或家用物件和蔬果等足矣。

象征游戏对思维能力的发展作用明显。具体请参见本书“疯狂游戏家”一文。

数概念悄悄萌芽

相对而言，数是抽象的，数概念的形成需要一个较长过程，表象在数概念形成过程中起着重要作用。对数概念的引导是对孩子数学教育的启蒙，家人应以形象、具体的事物为基础，以游戏和动手操作为手段，促进表象的形成，让孩子在轻松愉快的互动中体验数的美妙与神奇。

数概念的发生始于原始的多和少的概念，数概念诞生的标志是能理解具体的“1”。我在兰兰13月龄时尝试引导她比较多和少，当对比物相差较明显时，她能正确区分。引导宝宝对比“1”和“许多”（开始时使用同一种物品）对理解“1”很有帮助。

在理解了“1”之后，很快孩子们会进入机械唱数阶段。兰兰和她的小伙伴们在1岁半当月集体对唱数有了兴趣，并在之后较长一段时间里一直保持着热情。此前2个月，兰兰开始数起了小点点。润润是先锋，首先能从1数到10，隔了个国庆长假，再见面时能从10数到20。在此前后，孩子们对认识数字符号也产生了兴趣，玩具、书上，电梯里、房子外立面和车牌上到处都有孩子们想认识的数字。我在论坛里看到一位妈妈的辅导办法，她的女儿不能准确唱数，孩子的爷爷用田字格写出1～100的全部数字，孩子边认边数，很快就克服了缺漏数字和颠倒顺序的问题。

唱数是一回事，点数是另一回事。还是在2岁1个月，兰兰能在1到6之间按个数，即按物点数。3个多月后，多数时候她能点数到15，但也和间隔时间、排列形式等有关。比如，走楼梯不很快时，可以数到12级，之后就开始乱数；如果是堆放整齐的水果，能数到15个，对随意堆放的水果，此时还不能意识到自己数重了。快到2岁半时，她才真正能眼、手、口一致地点数。那段时间，晚上她经常帮我压腿做仰卧起坐，我让她点数，告诉她我每起身一次算一个，这样没过几次，数完眼前的东西或已发生的次数她就不再接着往下数了。对数量较多的东西此时很容易重复数，我告诉她可以按照某个顺序，比如从上到下或从左往右数，这样就不会数重了，这句话她基本能理解。点数引导起来很方便，比如数苹果、橙子或其他实物都可以，后来君妈给我看了几个App也有这个功用。

TIPS

小朋友们最初唱数时最容易跳过4，经常需要提醒。

口头数数和按物点数之后，家人可进一步引导孩子说出总数和按数取物。美国心理学家格尔曼等认为，幼儿计数时必须遵循5条基本原则：对应原则、固定顺序原则、基数原则、顺序无关原则和抽象原则。家人和孩子一起对着物体眼、手、口一致点数，孩子很快便能准确报出总数，兰兰能报出总数的时间和她学会按物点数的时间基本同步。接下来，不管孩子是否认识数字符号，都可以参加“按数取物”游戏。

出生后第3年里，家人应多尝试引导孩子感知和理解一点儿数及数量关系，对数序和10以内的数的组成、单双数等则不必强求。如果孩子的理解能力强或对某一方面很感兴趣，妈妈也可以满足孩子进一步探索的需求。超市玩具便是个好帮手。小馋猫在琢磨数上面通常很卖力，我问兰兰想吃几块饼干，她说“3块”，我问她：“先给你1块，还要几块才够3

块？”或者我惊讶地说：“呀，3块饼干吃了1块，还剩2块呀！”这些时候她都听得很认真。虽然这种对话暂时还看不出什么效果，但一过3岁，情况马上就发生了变化。

正序数数的困难在于数到29和以后个位数是9时下一个十位数的定位。数概念的认知发展过程和困难对孩子们来说都大同小异。一位妈妈在博文里描述了她2岁10个月的女儿从1数到100时的情景：“每次数完19、29、39、49、59这些带9的数字后，她会有意识地停下来，眨巴眨巴眼睛想一想，停顿1～2秒再说出正确的数字。”这位妈妈还分享了一些心得：一是每日利用电梯的数字显示教数数；二是利用玩具引导孩子建立数概念；三是生活中让孩子帮忙拿特定数量的东西。3岁4个月的兰兰能从1数到99，此时距离她从1数到10已过去近2年时间。4岁1个月的一天，她告诉我她可以从100倒着数到0了。和正序数数最初容易被9打磕绊类似，逆数数到1时容易打磕绊，同样因为对下一个十位数的定位问题。

家人可以尝试逐渐脱离实物或图片，引导孩子用手指表示和计数。快3岁时，实物只要超过2个，兰兰就会一个一个地用手指点一遍再报总数。由于象征游戏玩得较多，不管问她有几只大象还是几座房子，她都用手指头数，也是一个指头一个指头地数，尽管此时她已经知道一只手有5个指头。

性别意识的发展

一两岁的孩子开始遇到一个问题：“你是男孩还是女孩？”最初听到时他们有些不知所措，如果一个小女孩听家人说过“你看上去像个小男孩”之类的话，没准她就会这么回答。2岁左右的女孩见到陌生阿姨比见到陌生叔叔时更加放松，2岁半的小女孩洗澡时可能会说“我也有奶，和妈妈一样”。在本阶段，当被问到“你喜欢小妹妹还是小弟弟”时，小女孩多会说“小妹妹”，小男孩则多会说“小弟弟”。比时他们还不了解性别这回事，但似乎开始出现某种倾向。

性别意识的形成是自我认知和评价的一部分，会影响人的一生。婴幼儿建立性别意识的过程也是一个学习的过程。按照美国心理学家班杜拉的社会学习论，儿童的学习会通过直接强化、模仿和观察进行，此外还会受父母教养方式和幼儿园老师等的影响。一些研究认为性别意识在3～4岁建立。

如果家人在宝宝1岁左右就告诉他们是男孩或女孩，很快他们就能做出较为准确的区分。1岁左右的女宝宝有时会被误认为男孩，有的男宝宝会被误认为女孩。如果有人认错，家人应当场纠正。我们可以先告诉孩子性别的名称，比如“你是个男孩，和爸爸一样”，之后是外貌特征。随着生活经验的增加，家人可以逐步传递给孩子其他一些性别特点和与之相关的基本行为方式等，让孩子一点点去观察和体会。

家庭分工可以这样进行：爸爸和儿子一起上卫生间、洗澡，妈妈和女儿一起做同样的事情。在这个过程中，孩子会自然积累起一部分性别意识。在很多家庭里，妈妈承担了较多的养育责任。如果妈妈经常带儿子上卫生间，2岁多的男孩就会认为自己应该上女卫生间。家庭卫生间是一个好的解决方案，但并非总能找到。当然爸爸也要主动承担这些事情，并可以用语言做些提示。

分床睡亦是培养孩子性别意识的途径之一，但家庭居住方式既有地域又有文化方面的差异。北美父母和幼年子女分床和分房睡的情况较为普遍，美国不仅规定6岁以上的儿童不能由异性父母洗澡，对异性父母陪孩子睡觉也在实际上有限制，还有华人家庭因此遭遇牢狱之灾。杰森是兰兰在蒙特利尔幼儿园的同学，他的妈妈告诉我她租房时被询问家里有几个孩子，是男孩还是女孩。如果既有男孩又有女孩，就会被要求多租一个房间。杰森5岁，他的妹妹刚2岁，他们一家就至少要租有3个卧室的房子。不过这一要求并非每个公寓都有，他们租住的是政府系统的房子。

在中国，孩子在6岁以前和父母同住较为普遍。在兰兰和她的几个小伙伴当中，只有润润家人一直坚持和孩子分床睡。除了性别培养意识的欠缺，年幼子女和父母同住还有可能是受到家庭居住条件的限制，比如暂时没有多余的房间。但多放置一张小床在多数家庭里并没有困难。从利于亲子双方睡眠的角度看，分床睡亦是最佳选择。性学专家则认为孩子从小到大都应该单独睡，不宜与父母同床，以减少孩子与异性父母过多亲密接触，帮助孩子平稳度过恋父恋母的阶段。每个孩子的气质特点和安全感的情况不同，在0～3岁，家人应综合考虑。

性别角色和性别刻板印象给人启发也带来局限，家人对其他方面的引导不必太局限于性别的视角。瑞士心理学家荣格认为，每个人身上的男性特质和女性特质只有平衡发展才能形成健全的人格。有一天，兰兰看到大哥哥们打篮球，高兴地说她也想打。年幼的孩子心中并无相关性别界限，日后的社会却不是这样的，家人应尝试引导孩子找到一个平衡。在我们的工作和生活中，那些优秀的同事或朋友，往往既具备男性的豁达和勇气，又有着女性的细腻和柔韧，人们选择伴侣时也会有这样的期待。我们的孩子为什么不可以这样呢？兼备两性品质是一件很好的事情，或者说，两性之间共通的部分本来就不少。

让宝宝参与家务活动

随着活动和模仿能力的增强，孩子逐渐会主动参与一些日常家庭事务，这亦是满足好奇心和成就感的重要途径。对于孩子而言，参与家务和其他活动并无不同：他们没有成人视角的家务概念，只要自然开展，这项活动带给宝宝的快乐一定比辛苦多。参与家务如能成为孩子日常活动或游戏的一部分，那么其从兴趣转化为习惯将会较为便利。

宝宝走路稳当后就具备了参与家务活动的基本条件，参与项目可随月龄变化逐步扩展。1岁多的宝宝已能帮大人做不少事情，比如取书、递东西、扔垃圾、分鞋、模仿大人清洁桌面和地面等。1岁半时，兰兰看我吃完雪糕，会主动把包装纸和小木棍扔进垃圾桶。同学1岁半的儿子扫地很棒，甚至能模仿家人清扫两个柜子柜腿间的一小片空地。

2岁后，孩子愿意和能够参与的家务活动更多了。他们能帮家人送瓷质餐具、收玩具、喂小兔子、当运动助理等。2岁半后，他们还能帮家人分餐具、浇花、归拢脏衣服、自己洗脸和小玩具以及整理玩具等，其他比如开关小电器按钮这些事他们也很乐意配合。那时候兰兰很羡慕我用手洗衣服，我就拿出一只小盆，倒上少半盆水，拿来小手绢让她洗。当然，这就是玩，而且能玩不短的时间，洗完还得给她换掉湿衣服。不过这并不麻烦，还很有乐趣。她还经常帮我从洗衣机里取出洗好的衣服，并把自己的衣服挂在小衣架上。快3岁时，简单的自理项目，比如刷牙、穿衣、穿鞋、上厕所等的大部分环节孩子们都能掌握，能帮妈妈干的活儿也更多了。

家人应保护和激发孩子的参与和学习热情。这个月龄的孩子需要克服害羞和怀疑感，家人不要打击他们，不说“你还做不好，只能帮倒忙”之类的话。家人不仅要保护好孩子，有时还要激发一下。不妨每周选一件小事放手让孩子锻炼一下，也许他们很快就能做到，要给孩子这样的机会。对于孩子能力暂时达不到的事情，家人可以选择其中相对简单的环节示范后让孩子参与，比如把衣服挂在衣架上，简单的衣服自己穿等。学习新技能对于孩子是件开心的事，每当兰兰学会一个新本领就会自豪和兴奋好半天，边跳边喊“我会自己做啦”，很有成就感。

家人有时也可以对孩子说一下自己的需要。有一天下班后，我告诉兰兰我饿了，她马上跑去餐桌给我拿来一块西瓜。偶尔我会说我累了，她就会给我捶捶腿和背。从她2岁半开始我带她一起淋浴，她经常主动帮我摆好拖鞋并帮我洗脚。对于类似的待遇我从不拒绝，虽然她连挠痒痒的劲儿都没有。有些家长抱怨孩子从不关心自己或凡事都依赖家人，这很可能是因为孩子从开始就没有这样的机会。

来加拿大以后，我对北美孩子做家务有了更多了解。这里住独立屋（别墅）的家庭很多，日常家务比我们住居民楼多很多，光院子里的活儿一年四季就忙不完，人工又贵，孩子们很自然就会参与到父母的工作中，并且兴趣盎然。比如，栽花种树，一起捡树叶，清理蒲公英和杂草，收获果实，清理积雪，甚至修理房屋，其中蕴含的常识体验和与自然的相处对于孩子是很好的经历。我经常感慨这里的孩子运动能力真好，这种能力其实也离不开参与家务的积累。

国内多数家庭没有这些户外家务，但与北美的主要区别并非这一点，而是理念上的差异。我听一些邻居说家里的孩子快上中学了，眼里却什么家务活儿都没有，甚至连洗澡都要家长帮。北美家庭将孩子参与家务看作一件自然的事情，就像儿童需要玩耍一样，学校和社会也持这样的观念。兰兰在蒙特利尔的幼儿园为2～3岁孩子的家长拉出的儿童家务清单建议共有9条，包括将玩具整理放入玩具箱，整理书并在书架上排列好，把脏衣服放入洗衣篮，把垃圾放入垃圾箱，把木柴放入壁炉，叠好洗脸毛巾，摆好桌子，给踢脚线除尘等。除此之外，孩子们在幼儿园也有工作分工。

学习自我保护

自我保护是孩子的本能，引导孩子学习自我保护是家庭的一项长期工作。家人不应过度保护孩子。

保护身体

2岁前这项工作才刚刚起步，2～3岁是孩子学习保护身体和隐私的重要阶段。兰兰20月龄的时候，我和爸爸告诉她，只有爸爸妈妈和奶奶可以亲脸蛋，别人不能亲。她似乎能领会，还重复了一遍。

孩子经历一些小状况时自我保护意识会自然生发，此时做些亲子沟通的效果更好。兰兰2岁1个月的时候，有一天我躺在床上，她和爸爸在旁边玩得有点儿疯，她的后脑勺重重撞到了我的鼻子，一下子流了很多血。我担心她害怕，赶紧跑到卫生间去处理。处理完，我告诉她小朋友一起玩不能碰头，她就接着说“碰头会流血”。1个月后的一天，她和一个小哥哥站在台子上拉手玩耍，她被推了一下，后脑勺撞到了水泥地。回到家我告诉她以后小朋友一起跑步和站在高处时不能拉手和相互推，她就说“会摔倒”。入园前夕，她拿着仅剩一只眼睛的玩具熊问我怎么回事。我告诉她这只小熊可能被撞到头受伤了，以后有人碰头一定要躲开，也不能碰别人的头，头最重要，一定要保护好。

TIPS

避免在户外小便对孩子学习自我保护也有帮助。

保护自己的物品和权利

有一定自我物品保护能力的孩子能更快适应幼儿园生活。入园后，班里可能会有强势、顽皮的孩子，即使没有，打打闹闹也是家常便饭。少数内向或家长没有鼓励保护自我物品的孩子会感到有压力。兰兰的同学希希在入园后的头2个月经常半夜喊醒，一般是喊“不要拿我的水果”“别动我的书”，压力比较大。看得出希希的自我物品保护意识并不弱，甚至还很强，只是不知道该怎么办。

家人的态度很重要。为什么希希会手足无措？孩子对物品的占有欲是天然的，希希的想法和妈妈的回应有冲突，妈妈鼓励希希尊重别人的东西，却没有鼓励希希也要尊重自己的东西。家长应该正面鼓励孩子：我们尊重别人的物品，别的小朋友也应该这样做，如果他们不问一句就拿走，我们就马上告诉他“不可以”。有一次，一个小妹妹抢走了兰兰手里的纸，她很难受，我问她是不是不想让妹妹玩儿，她点点头，我就鼓励她要回来，她做到了。家人可以在孩子情绪好的时候引导分享意识和分享行为，否则就有点儿要求过高。

借日常小事引导好过讲道理。兰兰2岁2个月时发生了2件小事。一天下班后，我带回来同事送的一个喜糖纸盒，她当时正在院里和小朋友一起玩儿，我把纸盒给了她。道别的时候莹莹还想玩纸盒，兰兰还想玩莹莹的小球，我就和兰兰商量把盒子借给莹莹玩儿，然后和莹莹打招呼借小球玩儿，这样两个人都很愉快，并且第二天如约把东西换了回去。有一天，我带兰兰买东西时得到一个蛋糕玩具，回家后发现蜡烛灯不能亮，第二天上午我带她去换，并提前告诉她怎么讲。到了柜台，她就把商量好的话和阿姨讲了一遍。最终，对方帮我们换了一个玩具，等见到爸爸她就高兴地讲了这件事。

应对同伴冲突

和其他很多事情一样，在这个问题上，孩子需要的也是家人的帮助而不是埋怨。有一天我在路上听一个妈妈教训自己的女儿，埋怨孩子太胆小，只有被人打的份儿，那个小姑娘也就1岁多吧。回到家我便和家人探讨这个问题，针对兰兰在幼儿园可能被小朋友打的情况，应该告诉她怎么做。奶奶的意见是马上去打对方小朋友，有些家长试探别的方式后觉得还是直接回击比较有效。

事前沟通好，事后不强调。无故打人的孩子心里没底气，表明态度一般就可以。在兰兰正式入园前1个月，我告诉她如果被小朋友打，要马上大声说："我很生气，你不能打我！如果再打，我也要打你。"如果小朋友想打头，要立即躲开后再说。我还告诉她自己能处理的自己处理，处理不了要找老师——对于一个幼儿来说，很多情况下，求助可信赖的成年人是最可行的方式之一。兰兰在入园第1年里仅说过几次警告和一次还手，那次老师告诉我兰兰的胳膊上先被挠了一道血印。到家后我问她和那个小男孩有没有相互原谅，她说已经原谅了，我就没再说什么。只有学会相互尊重和友爱，孩子们才能更好地相处。

记住家庭人名和大致住址

兰兰1岁10个月的时候，我开始教她爸爸妈妈的名字、属相、老家所在地和北京的大概住址。这样到2岁生日的时候，她能说清楚家人的全名和基本住址，并能说出火警电话和一部分我的手机号码。2岁5个月时，她已能说出我完整的手机号码。在合适的机会一点点导入，孩子的自我保护意识也会一点点增强。

上亲子班的变化

上亲子班也被称作预入园亲子训练，能对孩子的社会性发展起到一定作用，并能减轻孩子对家人的分离焦虑。为入园做准备期间，这是一个值得考虑的选择，尤其在引导孩子调节自身情绪，缓解入园焦虑，适应与小朋友和老师的交往以及幼儿园生活等方面有积极作用。从兰兰上完亲子班和正式入园的初期反应看，这些目标基本达到了。参加亲子班对家长亦是有益的经历：增进亲子之间的互动和关系的协调；提高自身水平；获得与其他家长交流的机会；从不同的角度观察孩子，以便更加有针对性地帮助孩子。

从2岁半开始，兰兰上了3个多月的周末亲子班，是为3岁入园做准备。兰兰上的亲子班是她3岁半时转入的幼儿园开办的，每周末1次，每次半天，实际时间约为2.5小时，班上有十几个月龄相近的孩子。和平时在家的活动相比，主要的不同是和陌生的小朋友们一起玩儿，和老师互动，与家长配合参与集体游戏和活动。除此之外，回家后还要和家人一起做老师安排的手工。

兰兰每次去都很高兴。最初大家围坐一起的时候，兰兰要坐在我腿上。过了几次，老师就要求孩子们和家长分开坐。起初兰兰很投入地听老师讲故事，但过一会儿她发现我不在身边就想哭，要拉一会儿手才行。也有个别小朋友一进教室就哭，爸爸妈妈在身边也不行，或者不要爸爸只要妈妈陪。

之后每一次我都会把我们俩的距离拉远一点儿，慢慢地，她就不怎么惦记找我了。最后一个月上课时，基本上都是她自己去玩儿，我远远地看着，她也更加专注于和同伴互动。偶尔她会想起我，只要远远看见我在就接着高兴地玩儿。每次从亲子班回到家，她都会给爸爸讲一讲当天的内容，我也会和她一起玩老师分享的亲子互动游戏和其他内容。

通过上亲子班，兰兰结识了几个新的小伙伴，对社会交往（包括小伙伴、其他家长及老师）的兴趣提高了。过不了多久，他们就会一起上幼儿园，成为同班同学。另一个明显变化是和成人交往时她不再那么害羞，大方一些了。家长们则通过参加亲子班学习了一些玩具和游戏道具的制作方法以及亲子游戏的新思路，对亲子关系也有了新的审视。

入园前的准备

入园准备很重要。有的孩子入园半年后，早上入园时还常常啼哭，个别小朋友则经常请假在家“养病”。孩子适应周期越长，对家庭的影响就越大。入园准备的成效虽体现在孩子身上，但没有哪一点不需要家长去考虑和参与。家长越早开始准备，孩子就会越快适应新生活。

入园时间的考虑

对于个体适应而言，理想的情况是根据身心发展做出选择。6～18月龄，宝宝正处于认生和分离焦虑反应较频繁的时期，此时入园会推动焦虑情绪的发展。但如果是高陪伴质量的日托机构，家长不必担心这个选择会带来长期不良影响，只是我们很难找到这样的机构，或者负担不起费用。2岁4个月的兰兰和几个邻居家的孩子已观赏了一段时间幼儿园的户外活动，此时他们主动向家人提出要上幼儿园。我接触过几个在北京算较早入园的孩子：小琳琳是其中之一，2岁3个月初入园时她并不适应，3岁时重新入园很快就适应了；另外几个孩子在2岁或2岁半入园后很快便适应了。这种差异不仅与孩子自身差异有关，亦与老师的稳定性、宽容态度和积极关注有关。如果孩子将于2岁半时入园，家长可考虑让孩子和平时关系好的小朋友搭伴，在适应阶段这样做能给孩子带来心理安慰。兰兰当初是和莹莹搭伴，在3岁生日当月入的园。

在何时入园这个问题上存在较大的文化差异。不特不主张孩子在2岁半前入园，小男孩一般应晚于3岁入园，对于国内来说，这亦是较为理想的时间。但在美国和加拿大，2岁前入园的宝宝占一半左右，本阶段在园的小朋友就更多了。小邻居艾拉3岁时从多伦多来姥姥家住了一年半，对不用去幼儿园又有家人和小朋友陪伴的生活喜欢得不得了——她曾经在半岁时入托，很不适应，对幼儿园产生了恐惧，后来有段时间怎么也送不进去。加拿大各省差异较大，魁北克的小孩入园时间一般较早，孩子们基本在12月龄左右甚至更小月龄入园。这里多数公立园的接收对象是6或18月龄至5岁之间的孩子，也有的只接收3～5岁的孩子；私立园对月龄的下限通常更加宽松。偶尔我也会在兰兰幼儿园门口看到某个小小孩在哭，但大部分孩子入园时情绪都比较平静和愉快，这与以下3点分不开：幼儿园老师很有爱心和责任心，日常活动丰富；小小孩的哥哥或姐姐也在同一所幼儿园（已入园孩子的弟弟或妹妹可优先入园）；师生比较低。政府的规定是18月龄到3岁的孩子，师生比为8：1，4岁以上的孩子师生比为10：1。这一比例和国内差不多，但受到严格控制，比如大班如果有11个孩子，就要配置2位老师；班级规模尤其是小班一般并不按师生比扩大，甚至幼儿园还经常为3岁以下的孩子降低师生比。也有混龄设大班的情况，一般出现在仅接收较窄年龄段（比如3～5岁）的公立园，或是得到政府资助的家庭园（规模较小，一般设20～50个学位）。

宝宝顺利入园的五大引导

减轻分离焦虑，增加社会交往。如果孩子在 2 岁以后仍很黏妈妈或其他看护人，家人就要想办法做些调节：制造一些亲子分离的机会，增加和小朋友玩耍的时间，增加和家里非主要看护人在一起的时间，出去参加活动，去游乐园玩耍等。如果之前孩子生活较为封闭，家人应在孩子入园前的半年里经常为其创造交往机会，且不要给孩子不良暗示，比如把幼儿园和一些惩罚相联系。当然，也不要把入园生活描绘得过好。家长自己也要放松，因为自己的焦虑很容易传导给孩子。

培养良好生活习惯，锻炼日常自理能力。这两点十分紧要，一个生活习惯良好、自理能力强的孩子往往更受欢迎，也能更快适应新生活和融入集体。日常自理内容主要包括吃饭、喝水、穿脱衣服和鞋子、上厕所、洗脸、洗手、刷牙、睡觉和整理玩具等，家人还应帮助孩子建立起与幼儿园同步的作息规律，以及让孩子体会过点没饭吃的规则等。

引导孩子建立基本的是非观。多数家庭都能做到这一点，少数家庭则十分溺爱孩子，甚至对孩子打人、骂脏话、抢别人东西、浪费食物等都很漠然，有时甚至会持鼓励的态度。这样的孩子攻击性强，或者不爱惜环境，虽看似强势，却也容易在新的环境里因为不受欢迎而产生挫折感和自卑感。想要扭转这种状况需要一些运气，家长最好不要认为自己的孩子可以这样幸运。

引导孩子学习保护自己和小伙伴，以及面对基本的冲突。“学习自我保护”前面已探讨过，再补充2点。兰兰入园头一周，一天早晨有点鼻塞，我告诉她在幼儿园看到流鼻涕、咳嗽和打喷嚏的同学要躲开，自己如果有这些状况，要冲着地或墙，不能把脸对着小朋友。我还告诉兰兰放学时如果家人没有来接，一定要和老师在一起，不能自己走开。入园后孩子还要面对一些冲突，这些冲突的原因和表现形式很多。其中，肢体冲突比较常见，一般情况下是由于抢玩具、排队或是在游戏中出现矛盾等。兰兰2岁半以后，每当她和小朋友之间有了小冲突，我通常都会和对方家长商量不理睬，让孩子自己去解决，只在必要时做些引导，后来看到幼儿园老师也这样处理。

培养孩子表达自己和叙述经历的能力。首先要能表达自己的基本需求和情绪，比如渴、没吃饱、想上厕所、身体不舒服、想和谁一起玩等。上厕所是件大事，大便此时一般不能完全自理（主要是不会用纸擦屁股），孩子们经常会把大便憋回家，这对身体健康很不利。我看过女儿班上几个月的大便表，经常在幼儿园解决的孩子只占1/7，而且是固定的几个孩子；我花了一学期的时间才引导兰兰在幼儿园做到每天及时大便。通过比较不同幼儿园的情况，我猜测有几种可能：一是和老师的态度、精力有关。如果一个班有35个孩子，老师就很难顾及这些。君君的班里孩子少，老师还会给大便的孩子画一朵小红花，这样在幼儿园大便的孩子就比较多。二是与孩子的性别和自我保护意识的发展有关（主要是3岁以上的幼儿）。三是久蹲需要较好的体力（坐式小马桶更加理想）。当孩子讲出这些压力，家长就要想办法做些引导，或者去协调老师做些工作，以便让孩子能更加自然放松地上厕所。小小烦恼解除后，孩子就会更愿意表达自己。向家长、老师叙述发生了的事情、过程和一天的生活会令彼此都感到愉快。叙述经历需要孩子具有一定的注意力、观察力和好的记忆力，是一个发展和完善的过程，可以慢慢来。

幼儿园的选择

这个选择很重要，但在大城市快节奏的地方，爸爸妈妈不可能撇开自家基本情况去择园。老师热情有耐心，能积极鼓励孩子、关注孩子发展需要，注重身体锻炼，鼓励创造力与合作的幼儿园当然受欢迎，但早晚接送、学费等问题也都需要考虑，离家近很重要。综合各方面情况选好之后，家人可以带孩子提前熟悉一下新环境，比如看小朋友做操或者参加亲子班。

呜啦啦，入园啦

一转眼，孩子们就要入园啦。家人则怀着兴奋的心情，含着不舍的泪水，看着他们已经向未来出发。

一般来说，最初3个月是孩子的入园适应期。自理和交往能力越强、月龄越大的孩子适应得越快。

总的来看，孩子的适应能力非常强，尽管家长还是要做足准备，但没有必要因此焦虑。

入园适应期的问题与应对

新入园的孩子出现适应问题很常见。情绪方面的问题尤为普遍，发生较多的有情绪不稳定、哭闹、焦虑、难过、躲避，其他问题如吃饭和午休困难、排泄失控、拒绝参加活动、寡言少语或重复话语、依恋自带物或老师等也与情绪直接相关。在入园适应期内，孩子在家也会有类似反应，比如拒绝入园、情绪波动、不想吃饭、夜里喊醒等。

第一个月的经历对于新环境适应很关键。家长应提前考虑好由谁接送及如何接送，如何安慰、鼓励孩子等，从细微处帮助孩子尽快适应新环境。刚开始时，家人可以让孩子带个熟悉的玩具或喜欢的书去幼儿园，并由家里和孩子形成安全依恋的家人去送孩子。在兰兰刚入园的

4个月里，早上基本是我去送，或者我陪她和奶奶一起走到院子大门口。有些家庭也有这种情况：老人没有建立起权威，早上独自送有困难甚至很吃力，因为孩子不配合，那就不要勉强。有一天我需要早出门，奶奶自己去送兰兰，送得很困难。第二天早上出门前，兰兰还沉浸在这种情绪里，我把她抱进了电梯，出电梯后就愉快一些了。可见细节安排很重要，家人考虑得越周到，孩子适应得越快。

孩子们的情况差异较大。适应周期从几周到几个月，情绪反应从总体愉快到经常焦虑的情况都有，家长要经常鼓励孩子并保持耐心。入园第1周，兰兰的总体情况还可以，在新入园的孩子当中不适应程度较轻，在接下来的3周里情绪时好时坏，但在一点点好转。

兰兰和莹莹在一个班，比莹莹晚去1周多。她俩适应幼儿园生活差不多都用了1个月左右时间，反应也很相似：早上不想去，希望妈妈送。尤其是周一，经历过丰富多彩的周末时光，周一早上很容易沮丧。但一进教室，她们就会主动和家人挥手再见，下学和家人见面时也很高兴，晚上回家对一天的幼儿园生活都是美好回忆。入睡前还会问第二天是不是周末，表示不想上幼儿园。这期间每天早上虽然不情愿去，但穿衣、出门、穿鞋都能配合。过了最初的1个月后，即便周末说起周一要上学也不再有情绪反应了。又过了1个半月，有时就连周末都盼着要去上学。有一天兰兰有点儿咳嗽，早上没去，到了下午2点多她主动要求去幼儿园找小朋友玩儿。这与她在入园第5天因鼻塞上午没有送园，到了下午也坚决不去的情况形成了鲜明对比。

在入园适应期内，家长应和孩子多沟通，及时发现和解决问题，帮助孩子尽快适应。兰兰说她不想去幼儿园，我问原因，她说不想睡觉、害怕在幼儿园睡午觉——恐惧午睡据说以女孩为多。此前2个月她已不再午睡，幼儿园午睡时间长，不想睡也必须躺在床上，可能因此有些不习惯和不舒服。恐惧可能是因为担心醒来后见不到妈妈，这种预期可能会令孩子感到焦虑。另外，幼儿园发的被子很厚，而兰兰怕热。分析原因后，我立即和老师商量缩短她的午睡时间，睡1小时就叫醒，并且换了个薄毯子。这样调整1周后，兰兰就不再说午睡的问题了。等到入园3周多我去开家长会，老师说她入睡很快，睡得很好。

如果幼儿园过于束缚孩子，就会延长孩子的适应期。小小的月龄和大大的教室，孩子们完全可以更自由一些。孩子们在家有时会模仿老师的语言，还有饭前的背诵仪式等，家长可借此了解一下幼儿园的生活。如果孩子受到过多束缚，家长可以和老师或园方管理人员做些沟通。

有一点需要提醒家长：幼儿园下午4点多供应晚餐，孩子们在入园适应期内一般还要和家人再吃一顿晚餐，这样容易导致积食生病。家长可以问一下老师孩子吃晚饭和拉大便的情况，以决定是否给孩子安排晚餐。兰兰和几个邻居家的孩子都是从入园第4个月开始回家不再吃晚餐了，这个时间点的重合很有意思。

阅读札记

解密孩子的学习过程

约翰·霍特的《孩子是如何学习的》一书着重描述有效的学习方式，内容聚焦于孩子如何做游戏，如何学习说话、阅读、运动、绘画、数学等，观察手记的叙述方式令孩子们的可爱形象跃然纸上。作者对孩子心理活动的深入洞察随处可见，比如“孩子学习中一个很常见的模式是：开始时，有一个勇敢的飞跃，进入令人激动的新境界中。然后，会有那么一段很短的时间，他会退回到原先舒适、熟悉、安全的地方。我们不能预测，更不能控制这些前进和撤退、探索和整合的节奏，这就是为什么对孩子的学习不能或者说至少不应该确定时间表的主要原因之一”。作者还说“如果我们不是给孩子时间让他自己纠正错误，而是由我们指出并纠正孩子的错误，孩子就会越来越感到受挫，越来越害怕……”，以及“开始说话的孩子正向这个世界迈出勇敢的一步，他们需要好奇、关注、富有同情心的听众，在所有孩子的成长过程中，如果他觉得我们成年人对他要说的话不感兴趣，他一定会受到沉重的打击。对大多数孩子来说，这样的时刻来得实在太快了”。在语言学习方面，作者还启发我们要用自然的交流取代刻意教授，尽可能去理解孩子的表达。看完本书，家人一定能理解作者所说的“相信孩子”确实很重要。

《卡尔·威特的教育》的作者老卡尔·威特是一位德国牧师，这位不同寻常的父亲对天才的培养充满野心，认定对孩子的教育需与孩子的生命同步开始，深信后天教育比天赋更重要，从儿子小卡尔·威特胎教开始就为造就天才做准备，终使儿子成才。作者希望父母重视对孩子学习心理的理解和引导，发挥其心理能量，并给出很多具体建议，比如保持积极情绪，训练五感，尽早开发记忆力、创造力和想象力等，推动孩子的全面发展。阅读中读者随时会受到感染，这种感染力在学院派风格的育儿书中比较少见，常常就体现在字里行间的浓浓父爱。很难想象，如果不是深爱着自己的孩子，哪里能创造出这么好的互动和学习方式。这些文字穿越百年，娓娓道来，仍然充满智慧和如此打动人心。培养安全的亲子依恋、理解并满足孩子的发展需要又讲求科学方法的家庭教育在任何时代都是好的，本书对读者的启示是儿童成长最重要和最好的环境是父母。

维果茨基提出了社会文化理论，认为社会文化影响着认知发展的形式，重视文化在智力发展中的作用。前文提及的“最近发展区”是指儿童独立解决问题的实际水平与在成人指导下或与有能力的同伴合作中解决问题的发展水平间的差距，并给出学习和指导的最佳期限建议：以个体的发育成熟为前提，以一定的心理机能发展为条件，在某些心理特征处于开始形成而尚未成熟之时导入。

关键期和敏感期是儿童心理某些方面迅速发展的时期，提示我们在某个时期儿童最易习得某种知识和技能、行为或较易形成某种心理特征。

这些都为家庭设计日常活动和调整互动方式等提供了很好的参考框架。

物品推荐

促进大运动所需物品

风车；滑板车、儿童自行车（带辅助轮）

促进精细动作及认知所需物品

玩具手风琴、带锤木琴；发条玩具；钥匙插锁玩具；小猫钓鱼玩具；大块软积木；拼图（4 块以上）；中英文幼儿读物（亲子、同伴相处等情感类，童话等想象类，科普故事类，唐诗等文学类）；英语字母磁贴（玩具）；贴纸书、涂色书；商店、住宅、轨道火车、医生工具箱、小帐篷等假装游戏道具

附　录

情绪的发展、社会化与调节

情绪对婴幼儿的生存和发展意义重大，是婴幼儿早期适应环境的首要心理承担者，以及激活婴幼儿心理活动和行为的驱动力。情绪情感可促进、推动或抑制、延缓婴幼儿的认知加工过程，促进婴幼儿的意识产生和个性形成。

《斯宾塞的快乐教育全书》着重强调培养者和孩子的好情绪及良好家庭气氛的重要性。怀特认为在大多数情况下帮助一个儿童发展较高的智力和语言能力非常简单，而要帮助一个儿童在社会能力方面得到良好的发展，并使之成为一个生活愉快的孩子却困难得多。有时我们感觉两个孩子的发展情况差不多，但如果其情绪调节能力差异较大，就会在无形中逐渐拉开距离。家人应为孩子提供一个积极愉快的家庭环境。

（一）

婴儿的情绪出现得很早，日常活动中情绪色彩很浓。新生儿也有情绪反应，其需求通过情绪信息在母婴间传递，初期情绪反应与生理需要是否得到满足直接相关。相比对他人情绪的敏锐反应，其自我情绪意识的发展则缓慢得多：6月龄以前，婴儿尚不能意识到自己正在经历着的情绪；到3岁左右，他们才能用语言描述主观情绪状态。

情绪分为基本情绪和复杂情绪。婴儿的基本情绪是指在出生或在第一年早期出现的一些情绪，包括好奇、满足、厌恶和痛苦等。美国心理学家谢弗在其书中给出了不同情绪出现的时间表，其中复杂情绪发生在12～24月龄，体现为自我意识和自我评价，例如尴尬、嫉妒、内疚、骄傲和害羞等——“在一定程度上源于对自我感觉的降低或提升”。

婴幼儿的情绪将会不断分化。6月龄前后，婴儿能够独坐和够物；8月龄前后，其生理自我开始出现，此时婴儿的活动能力和好奇心发展很快，有的宝宝开始出现分离焦虑。一些有趣且耐人寻味的现象让人感受到小宝宝情绪反应的复杂性。有一次聚会，同学带着她半岁的儿子，小家伙看到所有人同时笑就想哭，如果一部分人同时笑则没有这个反应。8月龄的兰兰想打喷嚏但没打出来时，如果看到家人笑就想哭，并且这样的情绪还会延续一会儿；如果是打完喷嚏看到家人笑则不仅不会哭，还会和我们一起笑。10月龄以后，婴儿生气和寻求安慰将更加频繁。1～1.5岁的宝宝在熟悉环境中碰到陌生人时可能会表现出害羞；开始出现羞愧，比如洒了牛奶或做了其他不好的事情时会感到不安。尴尬情绪主要发生在1.5～2岁，这也是内疚普遍发生的年龄。这是一些研究项目中的发现，也有研究者认为这些情绪出现的时间更早。总之，到了2岁左右，宝宝的情绪已经很丰富。

消极情绪也有积极意义。比如利于发展认知和自我意识，甚至有益于积极情绪的发展。有研究发现，半岁左右的高生气婴儿比低生气的婴儿具有更少的内向性问题行为和更高的注意集中性，并且到三四岁时，他们的愉快程度、社会性、活动性比低生气的婴儿高，害羞程度比低生气的婴儿低。不过，当同时面对烦琐的育儿生活和一个情绪糟糕的宝宝，感受就会不同。比如，妈妈们经常会谈论，怎么我儿子都1岁半了，还动不动就哭和生气，一点儿都不像个小男生。在0～3岁期间，消极情绪经常甚至每天都在发生，对成长有重要影响。很多时候，抒发消极情绪本身就是一种自我修复。

消极情绪并非都有积极影响。比如，情绪会影响知觉对信息的选择。我们比较容易观察到宝宝的嫉妒心，比如当妈妈抱起别的孩子，尤其是当家里添了二宝之后。不同的孩子对弟弟妹妹的出现反应并不相同，但一般都需要几个月时间才能适应这种变化，嫉妒心强的孩子需要更长的时间才能适应。嫉妒心强的孩子如果在语言发育高峰期等特殊阶段开始面对新出生的弟弟或妹妹，有可能会有棘手的问题发生，比如语言发育迟缓：此时其注意力都在争宠和敌视上，而不是去发展新的技能。年轻的爸爸妈妈一般都比较重视对大宝情绪的安抚，这一点的确很有必要。

（二）

婴幼儿情绪的发展与其社会性发展密切相关。情绪社会化指婴幼儿依据别人的要求来表达和调节自己的情绪，是个体社会化的最初形式和主要内容，并制约着道德发展。

婴幼儿的情绪感知能力很强，甚至可以说十分敏锐。一般认为，婴儿的面部表情识别能力大约在 3 月龄开始出现，此后不久开始能理解表情的情感意义，能归类识别积极和消极情绪并能利用情绪信息指导行为，之后这种能力将会不断提高。4月龄的兰兰开始揪我头发，那时我只要给出皱眉生气的表情，她会立刻放松小手，不敢再揪了。有些家长倾向于认为对半岁宝宝不受欢迎行为的明确反馈无济于事，那么不妨先观察一下宝宝的行为反应。我看过两个视频，一个是一对百天大的龙凤胎，两人倚着沙发靠背，看上去情绪不错，突然哥哥哭了起来，妹妹一看也赶紧跟着哭，却连一滴眼泪都没有。另一个是一位妈妈发来的视频，当时她6月龄的儿子就躺在旁边，当她对着手机屏（开启了摄像功能）做出哭的表情，儿子一看就哭了，而且有眼泪，表情随妈妈的表情而变化，妈妈笑他也跟着笑。

人的成长也是情绪社会化的过程，社会化交往能满足婴幼儿的心理需要，亲子交往、同胞交往、同伴交往等是婴幼儿情绪社会化发展的主要范畴。尤其是亲子依恋——婴幼儿与成人间良好的感情联结是其形成健康情绪情感的重要依托。

（三）

情绪能力有3个组成部分：情绪表达能力、情绪识别能力和情绪调节能力。

婴儿期是个体情绪调节发展的起点，也是最关键的时期之一。对情绪的识别和理解是婴儿情绪调节能力发展的基础之一。在出生后的第1年里，随着能识别面部表情，婴儿的情绪调节行为也开始出现和发展，此时主要依赖于日常看护人的指导和支持。1岁前后，他们逐渐可以在成人指导下进行自我调节。进入1岁后半段尤其是2岁时，他们可以独立完成一部分情绪调节，但仍离不开家人的引导和帮助。对情绪表达规则的学习是一个长期过程，2岁以后，孩子将能与人更好地相处。

兰兰的情绪通常较为愉快。会坐以后，她很少会一次哭超过1分钟；语言表达流利以后，她很少会一次哭超过半分钟。一个孩子如果经常有感兴趣的事并能主动探索，并总能在需要时得到及时、恰当的满足，消极情绪就会较少发生，即使出现也较容易自我调节。兰兰就属于这种情况。

亲子关系和家庭教养方式对婴幼儿情绪调节能力的发展有重要影响，是婴幼儿情绪调节能力发展的保障。家人对孩子情绪的响应和处理方式对儿童复杂情绪的体验和表达有显著影响，并会影响其情绪社会化以及道德发展。对待消极情绪的方式很重要，我们既要关注孩子的积极情绪，引导其抒发和缓解消极情绪。孩子的消极情绪一旦爆发，家人不要一味压制，可待其抒发后再做引导，平时可通过游戏等方式引导孩子去体验和释放这些情绪。作为父母，我们可以要求孩子调整行为，却不能限制某种情绪的发生。我们还要经常去体会孩子因何而哭、生气、恐惧，特定的表情和行为意味着什么，背后的心理需求是什么，只有尊重和认同其情绪才有可能实现好的转化。孩子没什么城府，只要家人真诚关心和倾听，很容易就能帮孩子找到情绪的出口，继而亲密亲子关系。不仅如此，家人应尽量减少孩子情绪失控的状况出现，比如及时发现宝宝发脾气的征兆和规律，提前预防或在宝宝情绪爆发前做些引导。否则，亲子间就会有源源不断的不愉快发生，不利于宝宝情绪调节能力的发展。此外，家人对孩子谈论情绪体验或帮助孩子表达情绪对他的情绪识别与调节都有帮助。

如果我们经常能帮孩子减少痛苦和提供舒适感，处理好可能会触发孩子负面情绪的信息，就能推动他们学着去调节自己的情绪唤醒水平，我对这一点感受很深。当然，这并不意味着在亲子冲突中家人应一味妥协，那样可能会造成孩子不断试探底线的恶性循环，相当于人为延长了孩子的消极情绪，对其成长极为不利，常发生在溺爱孩子的家庭。此外，看护者及变化频率等也会影响孩子的情绪调节，在孩子2岁以前，这种变化应尽可能少发生。

看护者的个性和情绪对于婴幼儿情绪的调节也很重要。孩子很容易受成人尤其是家人情绪的影响，因此父母要先管理好自己的情绪，经常给予孩子积极情绪示范，做孩子正面的社会参照。如果说父母的重要作用之一是为孩子树立榜样，那么有着稳定的积极情绪的父母就是孩子的好榜样。父母的情绪状态和反应是孩子的一面镜子，我们很容易就能看到：在一个父母情绪阳光的家庭，孩子是多么开朗；在一个夫妻经常吵架的家庭，孩子也会压抑自己的情绪。一个基本原则是：婴儿可以在任何时候抒发任何情绪；家长不能在孩子发脾气的同时发脾气，其他时候也应尽量不发脾气。如果孩子总是看到家长不需要发脾气就能处理好问题，内心就能得到安慰（有时孩子发脾气是由于害怕）和鼓励，就能学着去调节自己的情绪。家长并非任何时候都不能在孩子面前表达消极情绪，偶尔以适合的程度（比如严肃的面部表情）表达是可以的；但遇到紧急的事情时一定要镇定，只有爸爸妈妈镇定，宝宝才不会慌乱。

积极情绪多多益善。兰兰2岁2个月的时候，我们带她去看大海。在海滩上我对她说：“天空真蓝，大海真美，我们俩亲一下吧！”她马上就响应了我的提议。后来有几次，当北京出现了蓝天白云，我和她说今天的天气真好呀，她就会马上过来亲亲我的脸。

1岁以后，孩子发脾气还有可能是因其自认为能做的事被大人插手、睡眠不足以及语言能力跟不上等。如果是最后一种情况，家人可以说：“孩子，你别着急，你是不是感到××？你是不是想要××？”有时看似不相关的现象，比如食欲突然大增或下降可能也和情绪波动有关系，家人要细心观察，引导宝宝抒发情绪。此外，比如紧张和害怕、见到陌生人容易害羞等情况发生时，家人也不要给孩子压力，随着孩子生活经验的增长和认知水平的发展，家人可陪伴孩子逐渐克服。

孩子们的攻击行为经常由情绪引发。如果孩子发脾气时有咬人、打人的情况，家人不要随便给孩子贴标签，而应关注孩子的积极面，把握其心理需求并加以疏导，比如孩子是否想以此引起家人关注。有时我们也可以视而不见，即用消退法——对不良行为不予注意、不给予强化，使之逐渐削弱直到消失，这个方法对解决短暂出现的发脾气动手和用语不文明尤其管用。有段时间兰兰学了“讨厌”这个词，有几天动不动就说，我就和家人沟通好装作没听见，问题两天就解决了。但如果这个方法几天后仍没有效果，家人就要及时给予孩子明确的态度反馈。

培养亲子依恋

亲子关系作为最早形成的人际关系，不可替代，相对持久稳定，影响着童年和成年期的精神健康与心理功能。

（一）

依恋感是对人类影响最深远的一种情感。孩子对父母的依恋是亲子关系中十分重要的方面，也是宝宝情感社会化的重要标志和健康自我发展的重要条件，对其日后人格特征的形成有重要影响。一旦形成安全亲密的亲子依恋关系，孩子将会更加自信，对生活会有更大热情，在同伴中更易被接受，爸爸妈妈也将更加放松从容。

有些父母把带孩子的事情全部交出去，这样做是对孩子和自己的双重伤害，且追悔莫及。在0～3岁，亲子依恋处于动态变化中，信任和亲密需要在点滴相处中积累，错过了很容易无法形成持久稳定的亲子依恋关系。

英国心理学家约翰·鲍尔比等围绕亲子依恋做了深入研究，提出婴儿依恋发展的4个阶段：无差别的社会反应阶段、有差别的社会反应阶段、特殊情感联结阶段、互惠关系形成阶段。他强调亲子依恋是一种相互关系——婴儿对父母产生依恋，父母同样对婴儿产生依恋。英国心理学家施卡福、埃莫森从相近角度进行研究，发现依恋发展的4个阶段：非社会性阶段（0～6周）、未分化的依恋阶段（6周～7月龄）、分化的依恋阶段（7～9月龄，一般会和妈妈建立起最初的真正的依恋），以及多重依恋阶段（9～18月龄）。18月龄的婴儿很少只依恋一个人。

美国心理学家安斯沃斯将婴儿依恋的类型分为安全型依恋、回避型依恋和反抗型依恋。并非每个孩子都会建立起安全型依恋，而安全型依恋一旦建立，婴儿将视依恋对象为安全基地，在陌生情境中积极探索和操作。半岁以后，很多婴儿也会和爸爸形成安全型依恋。和父亲的安全型依恋同样重要，特别是当母婴之间不是安全型依恋时。婴儿期的安全型依恋对儿童后期的社会能力和智力发展有一定预测作用。

（二）

婴儿的依恋需求在发展中变化。出生后的第一年是父母和孩子建立情感纽带的黄金期。最初，小小婴儿会用啼哭、发声、注视、微笑等无选择地同他人接触，父母要多些爱抚，尽可能多和宝宝接触、交流。父母应使孩子的日常生活保持一定的规律性，使日常环境保持得相对稳定，还要坚持积极且及时地对孩子的需要做出反应，给孩子满足感。第二年是婴儿情感发展和情绪分化的关键期，此时培养安全型依恋仍很重要，宝宝将会有更多的依恋对象，也会更加乐于探索。家人应经常高质量地陪伴孩子，向孩子表达积极情感，努力做到尊重和信任孩子，积极关注孩子的需求和探索行为，鼓励孩子发展社会交往，使其体验成就感，等等。比如，我们用1分钟对孩子说“我爱你”，并去拥抱和亲吻他，他就能确信这份爱并得到满足。佐佐木正美曾说：“被满足的婴儿才会对周围人充满信任。”埃里克森认为这种基本信任的获得是儿童的第一个社会成就，也是婴儿自我统一的基础。

持续互动有助于不断深化亲子关系。互动形式不拘一格，亲子游戏和亲子阅读就是很好的方式，经常共同参与亲子游戏利于加深亲子依恋和丰富亲子关系的内涵。亲子游戏中，亲子双方首先是游戏伙伴关系，父母应保持平等合作的心态。孩子在各种全新关系中将体会到更多亲子互动的乐趣和可能，以及亲子之间的情感流动。如果觉得有必要额外做些努力和调整，父母可以增加一起外出玩耍的时间和次数，讲一些亲子故事，一起学唱宝宝喜欢的歌曲，这些都能迅速拉近亲子关系。爸爸们也很容易会发现，只要多陪陪宝宝，父子关系很快就会变得更加亲密。而只有当这样的互动质量稳定且持续时间长时，才有可能形成稳定、安全且亲密的亲子关系。

必须赞美的是，在绝大部分时间里，婴儿一直是深化亲子依恋关系的积极参与者。他们的欢笑和泪水、勇敢和怯懦的背后是对爸爸妈妈的依赖、信任和热爱。有了这片天然土壤，良好的亲子依恋关系指日可待，家人应珍惜。形成依恋后，婴儿会频繁地与熟人接触，日常细节常能传递出孩子对特定人的依恋状况，父母应注意观察和积极反馈。2岁以后，兰兰好像一下明白了我们俩的关系，在情感上更加依恋我。有时她会说："我小时候吃妈妈的奶，现在还要吃。"在出生第3年里，每当生活中出现一些变化，比如玩象征游戏入迷、上亲子班、入园和外出旅行等，她都会表现出对我和爸爸的格外依恋，我将之理解为信任。

（三）

鲍尔比认为分离焦虑是儿童对失落的恐惧与害怕，儿童将与依恋对象的分离解释为一种生存威胁，进而产生了分离焦虑。当婴儿明白家人的离开意味着消失，即使他们很快也会明白家人消失后还会出现，但如果这种消失带给他们不安全感时，对分离的焦虑便会出现。

分离焦虑与亲子依恋相伴相生，是婴儿自然的心理成长。当亲子之间产生了依恋，婴儿的认生和分离焦虑就会发生，有时甚至越是依恋越是焦虑。如果安全感能得到顺利发展，孩子的分离焦虑就会逐渐从峰值走向低谷，其间反复可能时有发生，但总体趋势是清晰的。影响宝宝分离焦虑发展趋势的主要是父母，尤其是作为主要养护人的一方。

宝宝分离焦虑的高峰期一般在12月龄以后出现，并将在1岁时维持较长一段时间，之后其频率和强度会逐渐下降，2岁时仍有反复。宝宝对妈妈有一种天然依恋，从1岁前后开始，有的婴儿甚至在6月龄时就开始抗议和妈妈的分离，聪聪就是这样。如果1岁多仍未断奶，宝宝对妈妈的依恋和分离焦虑通常会更加浓厚，令妈妈左右为难。

从见面后出现情绪反应到分开时就表达焦虑情绪中间有一个过程。4月龄的一天，白天兰兰和我分开几小时后，再听到我的声音时一下子大哭起来，仿佛在诉说分离的委屈，这或许是孩子分离焦虑的萌芽吧。9月龄的第一天，她开始明显表现出对我的分离焦虑，看到我要换衣服出门，她很着急，大声喊叫，晚上也总要找我。在她11个半月前，我很少一次离开她超过半天时间。此前，爸爸每日早上和她道别对她的情绪并没有明显影响。

（四）

安全感的培养是育儿生活中的大事。孩子和父母的关系如果没有联结好，那么他与外界的关系在联结时就会有困难。一个社会或家庭的所谓进步如果以牺牲孩子的安全感为代价，那么这种进步本身就非常值得怀疑。我在加拿大了解到最悲伤的事情是政府曾经对原住民实行寄宿制教育，那些原住民的孩子和家人完全隔绝，我曾在街头碰到的身心健康每况愈下的流浪老人中就有这些人。尽管政府给他们很多补贴，但他们是身有住所却心无所依的人，他们下一代的状况也很令人担忧。

安全感是健康人格形成的基石，与亲子依恋关系密切，安全的亲子依恋会带给孩子最好的安全感。埃里克森认为婴儿如能受到父母或其他看护人的良好照顾，尤其是母亲如果能对婴儿采取慈爱的态度，且这种慈爱是一贯的、可靠的，婴儿就会觉得舒适和满足，会产生最初的安全感，会对周围的世界产生信任和期待。

父母将爱的表达和陪伴同时带给孩子，孩子就会拥有一份完整的爱的体验，对婴儿更要如此。只表达不陪伴或只陪伴不表达可能会给孩子带来困惑。和睦的家庭氛围是孩子健康成长的基石，所以不管生了多大的气，父母一定要在情绪平稳后尽快向孩子表达爱，而不是听凭孩子疑惑下去。

孩子的安全感需要又以实现自主为条件和表现，长久的安全感将借由父母对自己的信任和自己对父母的信任转化为自己对自己的信任。父母越早认识到这一点，养育生活就会越轻松。

除了抚养质量、家庭氛围和孩子的气质类型等，父母的安全感也会影响孩子安全感的形成。这些因素可用来解释为何宝宝对待亲子分离等有明显的个体差异。反过来，孩子的依恋对父母也有影响。孩子的好情绪当然会感染爸爸妈妈，鼓舞我们增加积极关注和减少回避行为；如果情况正好相反，可能就会激发父母出现不良的教养方式和增加回避行为。当感到自己很容易受孩子影响时，父母要想办法调整自己；当父母的注意力和焦虑投入过多时，家人应及时提醒。如果我们时常能意识到自己对孩子的重要影响，就会鼓励自己和家人做得更好。

孩子有没有安全感表现大不相同，这种差异还会随年龄的增长扩大范围。0.5～1.5岁是宝宝安全感形成的关键期，在有陌生人的场合，他们通常很黏家人，这很正常。一旦到了2岁尤其是2岁半以后，在陌生的环境里，有安全感的宝宝便不会很黏家人，而是能够探索环境和发展认知，主动和其他小朋友交往；没有安全感的宝宝此时则会表现出对新环境的强烈抗拒，一心想退回到家人身边。家人如果没能带给孩子安全感，就谈不上带给他们扩大化的安全感——信任家人所认同、信任的环境和人。此时即使家人对这些表现出积极的态度，也很难让没有安全感的宝宝放心。孩子上学和成年以后，没有安全感的人面对同学、朋友、工作团队和爱人也常常难以放松；而在充满安全感的环境里长大的孩子，将对生命充满热情，并能把这份安全感带给身边的人。代际传递常常就这样铺陈开来。

左右脑和左右手

左脑常被称为逻辑脑，在人的一生中能不断得到发展；右脑被称为艺术脑、音乐脑，甚至天才脑，一般认为0～6岁是右脑开发的黄金期。

（一）

布洛卡和斯佩里是这方面研究的先驱。1861年，法国医生布洛卡碰到一位失语症病人，患病后其无法像以往那样用语言表达自己，但听觉和发音器官完好，著名的布洛卡分脑区实验和《人是用左脑说话》的论文因此诞生。近一个世纪后，美国生物学家斯佩里和他的学生在动物和人身上进行了割裂脑的实验研究，发现各自独立的半球有自己的意识流，在同一个头脑中两种独立意识平行存在，它们有各自的感知觉和认知等，左、右脑具有对方半球的功能，但各有分工和侧重。

大脑功能呈偏侧化，大脑两半球功能的不对称性叫作单侧化，其分工与生活中用手的习惯等有关，但这并不意味着每个半球相互独立。大脑左右半球分别控制对侧肢体的活动，也就是说左脑控制右手，右脑控制左手。右利手的人，其左半球语言功能占优势；左利手的人，其右半球的空间知觉和形象思维功能占优势。这种分类并非对100%的人都有效，但利手或者说惯用手的确可以大大促进对应半球的功能发展。虽然左脑被认为是语言加工的优势半脑，大脑语言功能主要集中于此，大部分左利手者的语言中枢和右利手者一样，也在左侧半球，但这并不意味着右脑完全缺乏语言功能。实际上，右脑也具有加工语言信息的能力，右利手者和左利手者都有使用右脑处理语言的情况，有些左利手者会使用大脑两半球同时进行语言加工。

儿童大脑发育是学术界的研究热点之一。日本神经心理学家八田武志认为伴随着儿童的身心发展，其左、右脑功能差异处于动态变化中，而且左、右脑之间的联系和协同活动在日益增强，不能说左利手就是语言优势的外部标志。有学者将二者的关系总结为：右脑发达的人喜欢用左手，而不是因为多用左手才导致右脑发达。这个关系描述从长期看没有问题，但在婴幼儿期，手的使用对大脑发育的影响客观存在。此外还有其他一些研究成果，比如体育锻炼等会对左脑的语言逻辑、数据处理、推理等功能发展起促进作用等。

婴幼儿的大脑具有可塑性和可修复性，其发展在很大程度上受后天环境的影响和制约。具体来说，婴幼儿的大脑由于尚未达到完全的功能分化，其某部分（例如一侧脑半球）受损伤，另一侧脑半球可能会产生替代性功能，即大脑具有一定的补偿和修复能力。一个具体的例子是在5岁以前，语言中枢如果受到损伤，另一侧脑半球很可能会产生替代性功能而使语言中枢转移；但如果超过5岁，这种修复性功能将难以实现，言语障碍将无法被克服。

（二）

研究者对惯用手的成熟有不同结论，从4月龄到8岁之间能稳定利手的研究都有。

兰兰和邻居家的孩子们的左、右手从抓握，甚至注视小手开始得到了均衡发展，一直到手抓饭阶段，宝宝们对左、右手的使用都比较多。到能熟练使用勺子后，宝宝似乎显示出一定程度的利手趋势。但用勺子吃饭从长期看并不属于很精细的动作，难度较低，如果之前对左、右手抓握都有所练习的话，此时还很难将吃饭活动稳定落在某只手，而且此时用手活动主要发生在日常玩耍中。如果之前家人总是把玩具递给宝宝固定的一只手，且宝宝用这只手来练习抓握和吃饭，情况或许会有不同，但我没有观察到这种情况。我的观察和体会是：宝宝日常从事与空间知觉和形象思维等相关的活动既早且多，如果家长放任自流，很多宝宝在很长一段时间里对左、右手的使用都比较多。日常生活中，用手习惯养成比较重要的几项，例如用筷子吃饭、书写、画画等活动在3岁前开展得还较为有限，尤其是如果在3岁以后开始弹钢琴或做手工等，这样的活动本身就能同时促进双手的发展。如果有一天，孩子们只在电脑上打字和画画，利手和非利手的界限是否会更加模糊？

以兰兰为例，在她用勺子吃饭以后，日常用左手的时候倒是更多了，半年后用右手吃饭才多了起来，那时尚不能断定她已是右利手。此后，她要想完成一些精细动作仍离不开左手，并且左手常在其中发挥支配性作用，直到6岁前一直如此。3岁半的时候，有一天她玩打玩具飞镖，右手总也打不中，这时她用左手试了试，结果一连打中两次。快4岁时，她左、右手用筷子都可以，平时一般只用右手，画东西也用右手，打飞镖这时用右手也能打中了。4岁生日当月，她用一双大筷子在一盘菠菜里夹花生豆时用了左手，每次很轻松就能夹到。她推自行车的方向也很有趣，和我正好相反，站在车的右侧推。总之，在5岁以前的大部分时间里，兰兰更像一个双利手儿童，虽然4岁以后她较少用左手吃饭和画画，但她的左手经常会参与其他精细工作。

（三）

有的研究认为利手与遗传有关，或者母亲孕期焦虑对儿童手的使用有影响等。就我自己的观察而言，我相信儿童利手的选择是自然发展的结果，主要取决于5岁以前的日常活动和大脑发育，家长不应该干涉孩子。我在蒙特利尔参加的儿童活动中经常能看到一两个使用左手的孩子，有时也能碰到左利手的成人，图书馆的宣传海报上有时也会出现左利手儿童。总的来看，北美家庭和社会对左利手儿童较为宽容。

左利手的人占人口总数的10%～13%，矫正利手即指矫正左利手人的用手习惯。尽管有社会精英甚至多位总统惯用左手的例子，矫正左手仍较为常见，在东亚国家大体如此。对于孩子而言，这一刻可能就发生在开始使用筷子或书写等活动时，尤其是如果左利手儿童开始学习写字，陪伴一旁的家长可能就会焦虑。父母的焦虑对孩子的消极影响远大于左利手本身带给孩子的某些不便（比如一起用餐或使用某些工具时），有类似情况的家庭一定要明确这一点。

我的外甥女是左利手，上小学一段时间后，老师和妈妈开始对她实施矫正，后改用右手写字，但吃饭和其他精细动作一直只能用左手，可见矫正利手的工作可能收效有限。实际上，多数矫正的结果都是这样。不仅如此，矫正利手还可能会对脑神经系统、情绪、语言能力的发展及自信心的建立等诸多方面产生消极影响。被迫改用右手的孩子可能会留下心理阴影，这种阴影甚至会影响其一生。

后　记

大一暑假我留在学校，负责给来新夏先生送信。他是我国当代著名历史学家、文献学家和图书馆学家，彼时住在南开北村。信件来自世界各地，信封上的单位和邮寄地址常令我激动不已。我每次一拿到信，便立即骑车赶往北村。教授夫妇俩简朴随和，每次都是太太微笑着开门，先生总是在伏案工作。我高兴地以为这样的来信也令先生开心，但这些入功名册的邀请他总是快速一瞥便搁置一旁，继续伏案工作。那年夏天很热，先生家里没有空调，他的后背起了很多痱子，上身总是穿一件宽松的白色背心，书桌和书架上的陈列却那么厚重。

多年以后，这一幕仍令我感动。尤其是当我开始写这本书，更加体会到其中的吸引力与责任。我审慎地对待每一个主题和每一段话，通过生活中不间断的观察、实践和研究，每一轮修改都试图更深入地探讨各项发展的内动力。我在蒙特利尔游学和写作期间，在公共场所经常能见到各月龄的孩子，通常我向家长询问孩子的月龄后就待在一旁观察，思考着类似于小宝宝为什么非要往前爬一类的问题。一次，我在儿童图书馆做观察时获得了新的启发。我还参观了康考迪亚大学的社会认知发展实验室，参加了麦吉尔大学教育学院的家长课程，了解了北美其他一些高校的研究动向，也接触了不少家长和幼教机构。这些经历扩展了我的视野，丰富了我的认知。我在书中没有特意明确孩子们的生长地。他们中的多数来自国内，3岁前兰兰一直在北京生活，另外一些孩子来自加拿大。

有时候，一次修改所能解决的问题似乎微不足道，但不断反复这样一个过程，最后就能较为清晰。皮亚杰是天才一样的存在，有时我会在写作的间歇看一两个他的实验。我崇敬他的智慧和孜孜以求，也惊叹于蒙台梭利的洞察力和对儿童的敬畏之心。和他们“对话”的时候，我内心感到很甜蜜。现在书完成了，回想起来，最幸福的就是这些时刻。

我很高兴做了一件喜欢的事，尤其是它没有明确期限。当我完成这本书时，我的女儿刚好6岁了。“拖沓”的益处之一是我能够持续观察0～3岁儿童心理发展和早期教育的影响——人的发展是一个整体和持续的过程，这一点在幼年期已体现得十分明显。

在4年的写作时间里，长期熬夜和小专题上的困难不足道，家人的支持和老师朋友们的无私分享总是给我更多信心。亲友们给我提供了可靠的帮助，他们时常发送来自家孩子发展变化的音频、视频和照片。比如君妈，我们是同学，也是闺密，每个月她都会把俩宝的各方面情况和我分享。与此同时，我经常会就一些问题和身边的妈妈们反复探讨，她们也总是把孩子的情况和日常反思详尽与我分享。感谢中国妇女出版社对我的帮助，感谢所有支持我完成这个心愿的家人和朋友！

10年前，我请了大假窝在家里写小说然后封藏；10年后，我的心态更加开放了，好奇心却依然强烈。我为自己的变和不变感到高兴，我相信每一个细腻、敏锐和能倾听孩子的妈妈都可以和大家分享心得。

在每一个日月，让我们和孩子一起成长！

参考文献

[1] 伯顿 · L. 怀特. 从出生到3岁：婴幼儿能力发展与早期教育权威指南 [M]. 宋苗，译. 北京：京华出版社，2007.

[2] 谢弗. 发展心理学：儿童与青少年 [M]. 邹泓，等，译. 北京：中国轻工业出版社，2009.

[3] 皮亚杰. 皮亚杰教育论著选 [M]. 卢濬，选译. 北京：人民教育出版社，1990.

[4] 玛丽亚 · 蒙台梭利. 蒙台梭利家庭教育全书 [M]. 吴启桐，金海涛，编译. 广西：广西科学技术出版社，2009.

[5] 本杰明 · 斯波克. 斯波克育儿经 [M]. 哈澍、武晶平，译. 北京：南海出版公司，2010.

[6] 佐佐木正美. 关注孩子的目光 [M]. 傅玉娟，译. 北京：南海出版公司，2014.

[7] A. S. 尼尔. 夏山学校 [M]. 王克难，译. 北京：南海出版公司，2010.

[8] 卡尔 · R. 罗杰斯. 罗杰斯著作精粹 [M]. 霍华德 · 基尔申鲍姆，瓦莱丽 · 兰德 · 亨德森，编，刘毅，钟华，译. 北京：中国人民大学出版社，2006.

[9] 卢梭. 爱弥儿 [M]. 李平沤，译，北京：人民教育出版社，2001.
[10] 海姆 · G. 吉诺特. 孩子，把你的手给我 [M]. 张雪兰，译. 北京：京华出版社，2010.
[11] 约翰 · 霍特. 孩子是如何学习的 [M]. 张雪兰，译. 北京：京华出版社，2010.
[12] 卡尔 · 威特. 卡尔 · 威特的教育 [M]. 鲁曼俐，编译. 黑龙江：黑龙江科学技术出版社，2010.
[13] 松田道雄. 定本 · 育儿百科 [M]. 王少丽，译. 北京：华夏出版社，2010.
[14] 黑柳彻子. 窗边的小豆豆 [M]. 赵玉皎，译. 北京：南海出版公司，2011.
[15] 威廉 · 西尔斯，玛莎 · 西尔斯，罗伯特 · 西尔斯，詹姆斯 · 西尔斯. 西尔斯亲密育儿百科 [M]. 召艳美，译. 北京：南海出版公司，2009.